语文教育的省思与突围

冯辉梅 著

天津教育出版社
TIANJIN EDUCATION PRESS

图书在版编目(CIP)数据

语文教育的省思与突围 / 冯辉梅著.
—天津:天津教育出版社,2011.5

ISBN 978-7-5309-6438-5

Ⅰ.①语… Ⅱ.①冯… Ⅲ.①语文教学—教学研究
Ⅳ.①H09

中国版本图书馆 CIP 数据核字(2011)第 066167 号

语文教育的省思与突围

出 版 人:	刘志刚
著 作 人:	冯辉梅
责任编辑:	李勃洋
出版发行:	天津教育出版社
	天津市和平区西康路 35 号
	邮政编码:300051
经 销:	全国新华书店
印 刷:	三河市人民印务有限公司
版 次:	2017 年 9 月第 1 版第 2 次印刷
开 本:	880×1230mm 1/32
印 张:	9.5
字 数:	229 千字
书 号:	ISBN 978-7-5309-6438-5
定 价:	30.00 元

序　言

周庆元

摆在读者诸君面前的这本既具深刻学术性、又有鲜活可读性的语文教育研究新著,其作者冯辉梅女士,曾经是我的研究生,堪称优秀的校友。在我的印象中,她的最大特点就是敏而好学,刻苦钻研;即使红尘滚滚,世事纷繁,她也能沉静思索,恬淡坚守。二十余年来,她守望语文教坛,辛勤耕耘,艰苦求索,每有所得,则形诸文字,日积月累,著述颇丰。当她捧着近十年来笔耕不辍汇聚而成的《语文教育的省思与突围》一摞书稿来请我作序时,我被其中散发着"泥土馨香的思索"与弥漫于字里行间的对语文教育的虔诚执著所深深感动,欣然应允。

中学语文教育是一条劳绩与诗意交织之旅。说其劳绩,不仅因为语文教师备课、上课、课后辅导、作业批改与考试应对中的艰辛与烦琐;不仅因为在应试教育指挥棒下语文教师稍有不慎便会滑入机械重复的"题山题海"中而忘了回家之路;也不仅仅因为理论界长期以来对语文学科性质与语文课程目标的争议导致一线语文教师在其教育实践东奔西突中的惶恐与困惑。更是因为作为母语的语文教育,不仅仅是带领学生由未知世界走向已知世界然后再引向更为广阔的未知天地的探索过程;在某种意义上讲,语文教育是语文教师凭借自己的智慧与真情带领一群似懂非懂的孩子在已知世界中探幽访胜,进而发现一个新的充满洞天美景的未知领域,再迈入一个万千气象的彼岸世界的行动历程与心路历程,这是一条精神探险之旅,这无疑增添了教学的难度与对语文教师自身素养的要求;再加上语文素养的提升本身就是一个靠长期积淀与修炼的过程,语文能力的提升不能一味依赖纯技术、纯技巧式的反复操练,语文素养的背后是人的思想、情感、审美与心灵,语文素养的养成与提升和人多方面素质的培养与提升紧密相连,不仅受制于语文教育本身,更受到语文教育之外许多因素的制约。因而,语文教育的"少慢差费"、"高耗低效",一直都是纠结于语文教育者的心头之痛,也是语文教育长期以来备受非议与诟病的症结所在。语文教师在年复一年的奔波劳累中很容易让操作日趋僵化,让思想结起老茧。说语文教育充满诗意,不仅因为语文课程的文本弥漫着浓郁的诗意,不仅有静态的、平面的语言文字,更包括由静态和平面的语言文字所组合成的动态的、生生不息的言语流程以及文本的创作者深具个性的气质与精神,阅读原本就是人生一种非常优雅的生活形态,她是语文教师领着一群孩子用自己的心灵跟文本、与作者对话,直至读到有共鸣,有震动,有启迪,或生"高山流水"之感,或发"柳暗花明"之悟;更因为语文是一门最开放的学科,语文与生活同在,语文与心灵相通,这给语文教师留下了大胆创新、挥洒才华的广阔天地。当语文教育真正回归语文的本真,真正遵循学生语文学习的原始规律时,那样的语文课堂一定是美的精灵,生活的浓缩,情感的迸发,精神的晤对,灵魂的相通,交往的和谐与表达的自由!语文课完全可以上得灵动鲜活、神韵毕现!

在《语文教育的省思与突围》一书中,我们既可以感受作者对语文教育的思索与探寻中的劳绩,更体会到她行走于语文教育路途的那份从容执著、心无旁骛与一往情深。

通观全书,至少可以概括出三个突出特点。

一是"紧贴地气的理性省思"。语文教师不缺理论,缺的是如何将先进的教育理论灵活地应用于教学实践中;语文教育不缺模式技法,缺的是在学理、学问基础上合理运用模式技法的行动智慧。语文教育,热点纷呈,但不少语文教师迷失语文本位,部分语文课堂"错位异化"、"丧魂失魄",背离了应在"读、感、思、悟、说、写"的过程中学语文、用语文的本真。究其因,或对教育理论认识不到位,或心性浮躁盲目跟风。本书第一辑试图从"让理论更接地气"的视角,对语文教育教学中一些大家共同关注或为多数人司空见惯习以为常的热难点问题进行冷静思考,期望探寻一种建立在学理与学问基础上的智慧的语文教育实践。细读之,有利于回归语文本位,更有利于将素质教育理论、新课程理论与语文课堂教学恰如其分地有机融合。

二是"追求实效的实践探索"。本书第二辑"语文课堂行动突围"收录的文章,无论是关于语文案例教学法的探索、语文主动学习的实验研究还是关于语文"有效教学　高效课堂"的思考、语文教学中的学法指导等,都是从作者自身语文教育的体验与思考出发,以课堂为切入点,以问题为中心,以激活学生语文学习的主体意识,培养学生的语文素养、合作探究意识与创新思维能力,提升语文课堂教学质量与效益为归依,关注细节,提升智慧,追求实效,以期实现语文课堂的行动突围,重建语文课堂的生命魅力,具有很强的操作性与借鉴意义。

三是"走向高地的成长修炼"。当今教育缺的不是水平,而是责任与精神。教师的职业精神是教师应该具有的一种职业操守、思想意识和心理状态,是对实现自我的自觉超越。守住了职业精神,便守住了教育这一方净土;守住了职业精神,便能找到通往教育高地的探胜之路。本书在第三辑中谈语文教师的成长修炼时,指出"语文教师的专业成长不仅包括专业素养的提升和文化视野的拓宽,更包括教育信仰、职业心理的修炼。它们共同决定着一个教师能走多远与站多高"。作者认为,一个仅将教师职业视为"谋生手段"的老师,是没有什么策略与技法能让他(她)创造教育人生的奇迹的。她强调,语文教师应常怀赶路意识,以学习的姿态、研究的视角面对自己的教育人生;语文教师不读书就意味着非专业状态,语文教师在阅读中要读出教育的知识,读出教育的思想,读出教育人生的感悟,读出教师的个性,读出一个个大写的"人",进而点燃心灵的灯盏,照亮师生共同前行!这些观点可谓切中肯綮。而其字里行间更是弥散着一种对语文教育的质朴虔诚之爱和不改初衷的坚守。其情其景,言真意切,颇为感人!

唯望本书真正能为读者点燃教育人生某一驿站的一盏灯!

(周庆元教授系湖南师范大学博士生导师,中国高等教育学会语文教育专业委员会会长)

以语文的方式
行走于教育朝圣的路上

（代前言）

2011年元月7日至16日，已过不惑之年的我，带着朝圣般的虔诚，踏进北京大学的圣堂，有幸成为教育部、财政部"国培计划(2010)——培训团队研修项目"北京大学语文班的一员。在短暂的十天中，我们有幸聆听了北大中文系温儒敏教授《语文教育与语文学科专业培训》、程郁缀教授《古典诗词欣赏与人文素养提升》、钱理群教授《鲁迅与中学语文教学》、曹文轩教授《我的语文观》、北京师范大学王宁教授《语言学视野中的语文教学》、北京教育学院苏立康教授《语文教师培训的目标设计与方法选择》、华东师范大学倪文尖副教授的《阅读教学内容的选择问题》以及教育部师范司管培俊司长的《教师教育政策新进展》、首都师范大学王陆教授的《基于真实性评估的教师研修模式与实践》、北京大学蔡可博士的《网络研训：机遇与挑战》等专题讲座；全程深度地参与体验了以课堂教学设计与交流、培训方案策划与展示为任务驱动的"工作坊"培训形式。虽来不及细嚼慢品，但名师大家的博学厚重、眼界境界、智慧心能，无不深深地震撼着我的心，引领着我一步步走向语文教育、语文教师培训的学术高地与前沿阵地。尤其是他们不着痕迹的"以语文的方式进行"的言传身教和那发乎心、溢于言、动于行中的对学术研究、对教育、对学生宗教徒般的虔诚痴迷与无边大爱的深情感召,将引领我走向更深刻的自省和更本真的回归,真正以语文的方式行走于教育朝圣的路上,去探寻语文教育与语文教师培训的洞天美景。

作为一名语文教育工作者,要想站在语文教育与语文教师培训的高地上,必须思考与处理好语文教育中"道"与"术"的关系。"道"主要指向事物的本源与规律,解决"是什么"和"为什么"的问题,对"道"的理解与把握受制于语文教师的理论素养与学术素养;"术"主要指向操作层面的策略、方法与技巧,解决"怎样做"的问题,它主要表现为语文教师的教学技能与实践智慧。"道"为本,"术"为用,循道用术,术中有道。诚如全国知名特级教师、清华附中赵谦翔老师所言:"自古大师皆务本,从来腐儒急事功。养精俟实铸大器,投机取巧雕小虫。"然而,在大多一线语文教师心中,往往存在重"术"轻"道",甚至因"术"废"道"的倾向。在工作与研修中,往往过于偏重微观层面的策略、方法与技巧,期待"一听就懂,一学就会,一用就有效"的奇迹发生。殊不知,没有教育之"道"支撑的"术",永远只能是"雕虫小技";脱离教育之"道"的所谓新模式、新方法、新技巧的学习与模仿,永远只能停留于"邯郸学步"的亦步亦趋与"东施效颦"的貌合神离,不可能上升到教育智慧与教学品位的境界。教育之"道"才真正决定着我们的教育人生最终能走多远与站多高。

语文教育之道,首先在一个"爱"字。对教育、对语文、对学生发自肺腑的、真挚朴实、专注如一、不求回报的爱,这是构筑语文教师教育高地的根基所在。当今教育,缺的不是楼房,而是文化与技术;缺的不是水平,而是责任与精神。北大程郁缀教授反复强调:"我以为最大的教学法,就是爱,对学生、对教育发自灵魂深处的真爱!"钱理群教授也呼吁:"教师的心里必须装满学生,教师的职业魅力与价值在于对学生的生命负责。"可谓一语中的。首都师大王陆教授引用陈向明教授的研究成果再三强调"教师的知识体系中,处于核心位置的是教师的教育信仰知识"。全国知名特级教师、北大附中程翔老师把"至德为恕,上善若水,大爱无边"作为他教育人生的座右铭书于他备课本的首页。我们不难想象,一个将教师职业仅仅视为"谋生手段"、对学生漠然视之的教师,能有什么样的策略、技法让他(她)创造教育人生的奇迹呢?

  对教育的爱,首先表现为教师的教育信仰和职业精神。教育信仰是指基于教师对自己从事职业的意义与价值的深刻认识与理解,而形成的携手教育不离不弃的态度、献身教育无怨无悔的决心并为此而奋斗不息、追求不止的精神。它涉及教师的专业认同、专业理想、专业情意、专业性向和自我发展的需要与意识。它是教师专业活动的动力系统,是决定一个教师能否成为好教师、名教师的关键要素。职业精神是指教师应该具有的一种职业意识、思想活动和心理状态,一种向理想的教师形象拼搏进取的精神,包括对教育事业的执著和对自己的激励,以及对教育事业的热忱和对教改未来的坚信。在物欲横流、信仰迷失的现代社会中,教师必须自觉地守住良心这个道德底线,保持心性的平和与宁静,牢固树立终身从教的献身精神、认真执教的敬业精神、爱生如子的园丁精神、不甘人后的拼搏精神、不计得失的奉献精神、互相合作的团队精神、与时俱进的创新精神、躬身垂范的表率精神、刻苦钻研的钉子精神和勇挑重担的实干精神。

  对教育的爱,其次表现为对学生的爱。苏霍姆林斯基说过:"教育技巧的全部奥秘就在于如何爱护儿童。"有爱才有真教育。爱学生,才能慧眼独具,发现学生的潜在优势,点燃他们的智慧火花,唤醒他们的向上激情;才能体会他们学习的难处,理解他们内心的追求,从而找到培养他们的有效途径;才能朝夕虑思其事,日夜经纪其物;才能拒绝平庸,追求卓越,走向出类拔萃。从程郁缀、曹文轩、钱理群、王宁、王陆这些名家大师身上,我深切地感受着他们对学生、对事业的那份真诚持久且热恋般的痴情与坚守,也正是这份爱让他们开创并享受着职业生涯与学术研究中的无限魅力与万千气象。

  语文教育与语文教师发展的关键之道,在于语文教师自身的学科素养和教学素养的提升,在于语文教师文化视野的拓宽。诚如曹文轩教授所言:"语文教育、语文教师的问题更多的是素质问题,而非方法技巧问题。"王宁教授也认为语文教育的成败关键在教师的素养,"教师掌控着把学生引导到哪里去。教师缺乏有用的知识和科学的头脑,课堂就没有灵魂;教师没有引导的方法,学生的'自主'就各行其是。没有学问与学理,任何形式主义的创新,都无济于事"。钱理群教授更是语出惊人:"一群语文教师爱读书、爱写作,带领学生爱读书、爱写作,这就是语文教育。问题是现实中大多语文教师不爱读书写作,使得语文教学的气象越来越狭窄。"程翔老师则深情呼吁:"每个语文教师都应该有自己语文教学的春水。语文教学的春水就是成为一个文化人,具备一个文化人的基本素养。"可见,专业素养与文化视野,是语文教育与语文教师专业发展的基石与内核,也是语文教育提境界、语文教师发展上品位的要害所在。"语文老师必须站在文化的制高点来教课文。如果没有这样的文化背景,就字讲字,就义讲义,就很单薄。现在很多语文老师缺少这方面的素养。怎么补?我想就是认认真真读书、思考,在心里反复揣摩、玩味。"(程翔语)因此,语文教师必须牢牢树立终身学习的理念,常怀赶路意识,以学习的姿态、研究的视角面对自己的教育人生。尤其是要加强学科前沿、学理性知识、教学专业知识的学习与研究，以夯实自己的专业基础，提升自己的专业能力；让自己浸泡在一种文化之中，"语文式地"栖居着。

语文教育必须实现理性的回归，即以"语文的方式"培养学生的"语文素养"。这是本次培训语文教育专家的共识所在，我以为这也是医治语文教育长期以来高耗低效痼疾的"回春仙丹"。中学阶段的语文素养是一种以语文能力为核心的综合素养，包括民族母语情结、较强的语言感受能力与领悟能力、熟练且规范的语言行为、良好的语文思维品质以及良好的审美情趣和文化品位。新《课标》指出："语文课程应培育学生热爱祖国语文的思想感情，指导学生正确理解和运用语文，丰富语言积累，培育语感，发展思维，使他们具有适应实际需要的识字写字能力、阅读能力、写作能力、口语交际能力。语文课程还应重视提高学生的品德修养和审美情趣，使他们逐步形成良好的个性和健全的人格，促进德、智、体、美的和谐发展。"语文课程承担着养成学生语文素养的重要任务，这种养成必须是"以语文的方式"进行。所谓语文的方式，就是让学生在鲜活生动的语文实践中，通过大量高质量的听、说、读、写活动去亲近语文，感受语文，发现语文，进而享受语文。温儒敏教授主张阅读教学应该"讲求细读与涵咏，注重养成阅读的兴趣与习惯，让阅读成为学生生命中一件优雅而有趣的事"；曹文轩教授强调："阅读教学必须回归语文，从语文的角度、以语文的方式进行。在教学中，寻找更为新颖有效的文本切入视角，回到艺术形式的层面，以鉴赏的姿态解读文本。"王宁教授强调语文教师一定要引导学生"从语言现象中观察语言规律，从语言现场中参悟语言规律，避免把语言知识讲成语言教条；语文课程要善于发掘言内语境，以使感悟能有语言依托；要通过把握语言与体悟情境，把学生提升到比原来更高的思想感情境界"。在指点鲁迅作品的教学方法时，钱理群教授指出："①在于找到鲁迅作品与孩子生命的切合点，让鲁迅从高处走下来，走到他们中间去。②从学生的感受出发讲鲁迅作品，尊重学生的感受是语文教师的教学机智与教育智慧。③用语文的方式讲鲁迅作品，找准鲁迅作品中'文'与'心'的切合点。文从心出，离开心灵谈文本，是肤浅；心在本中，离开文本谈文心，是空谈；应该循文会心，经文面之义，悟文后之意。应坚决反对出文谈意的倾向。④删繁就简，学会'引而不发'，关键在给学生播下一颗阅读鲁迅、研究鲁迅的兴趣的种子。"

语文教学的魅力在于提升生命韵味，陶冶人文情怀。语言和精神永远是语文教学的两根支柱，离开精神的语言缺乏生气灵性，离开语言的精神必定空洞乏味。在教学中，语文教师要灵活智慧地运用"语文的方式"，引导学生品味语言，让学生在潜心涵养中增长语言灵性，提升精神悟性，修炼语文素养。

人生本就是一条不断追问自我、实现自我、超越自我又回归自我的生命历程。北大之旅让我自省，自省是为了超越；北大之旅让我找到了回"家"的路，这次回归也许将迎来我教育人生的又一重天地。

作　者

2011年1月20日

目 录
MU LU

第一辑　语文教育热点省思 …………………… 1
1. 语文创新教育的误区及对策思考 ………………… 2
2. 让语文教育重放生命活力 …………………………… 8
3. 语文新课程教学中热点问题的冷思考 …………… 17
4. 新课改理念下语文学习方式的误区透视与理性思考 …………………………………………………… 28
5. 试论教学作文评价 …………………………………… 38
6. 诚于嘉许　宽于称道 ………………………………… 70
7. 新课程背景下语文教学评价的问题及思考 ……… 73
8. 语文教师文本解读能力的智慧修炼 ……………… 79
9. 课堂倾听：现代语文教师必备的专业素养 ……… 83
10. 学会倾听：现代语文不可或缺的教育 …………… 87
11. 运用多媒体　强化语文美育效果 ………………… 92
12. 让诗词走进心理健康教育 ………………………… 95

第二辑　语文课堂行动突围 …………………… 99
1. 语文案例教学探微 ………………………………… 100
2. 案例教学与语文创新思维培养 …………………… 106
3. 高中语文"主动学习"教学模式实验研究报告 …… 111
4. 语文课堂教学目标的偏差与改进 ………………… 121
5. 语文课堂教学方法的改革与优化 ………………… 129

6 语文课堂教学资源的取舍艺术 …………… 137
  7 语文课堂教学问题的设计艺术 …………… 145
  8 语文课堂教学情境的创设艺术 …………… 151
  9 学生问题意识的培植策略 ………………… 159
 10 语文课堂偶发事件的调控策略 …………… 164
 11 渗透学习策略教学　铺设学生"会学"之路 …… 171
 12 浅谈用词准确的方法 ……………………… 174
 13 从两种修辞方式谈中学文言文注释的错误 …… 180
 14 新诗解读举隅 ……………………………… 183
 15 议例训练法例谈 …………………………… 189
 16 《言之有理训练》教学设计 ………………… 193
 17 《孔雀东南飞》教学设计 …………………… 197
 18 《警察与赞美诗》教学设计 ………………… 200
 19 《涉江》教学设计 …………………………… 203

第三辑　语文教师成长修炼 …………………… 208
  1 他们,引我向高地飞翔 …………………… 209
  2 快乐地做教师　做快乐的教师 …………… 213
  3 强化自我教育　促进教师自主专业发展 …… 220
  4 新课程背景下班主任角色新构与专业成长 …… 232
  5 用爱心托起明天的太阳 …………………… 240
  6 充盈睿智的行动研究　发人深省的杏坛论语 …… 243
  7 教育的智慧　智慧的教育 ………………… 250
  8 由冲突走向和谐　让德育绽放活力 ……… 256
  9 质的研究:一种适合教育领域的研究方式 …… 263
 10 点燃心灵的灯盏 …………………………… 270

感谢有你(代后记) ………………………………… 283

参考文献 …………………………………………… 287

第一辑
语文教育热点省思

脱离理论指导或对理论认识不到位、把握不正确，必然导致语文教育实践的"错位异化"，甚至"失魂落魄"。本辑试图从理论的高度，从"如何让理论更接地气"的视角，对语文教育教学中的一些热点问题，如语文创新教育、语文新课程实施、语文美育、语文心育、语文学习方式、语文教学评价、语文教师文本解读、语文教学中的课堂倾听等，进行理性省思，探寻一种建立在学理与学问基础上的智慧的语文教育实践，以期摆正现代与传统、创新与继承的关系，实现教育理想世界与现实世界的衔接，以使语文教育、语文教改走上科学、理性之正轨。

➢ 语文创新教育，应做到"创新"与"双基"协调发展、"发散"与"聚合"整合、激励呵护与纠偏提质并重、尊重理解与严格要求融合。

➢ 语文课诚然是精神的牵手，灵魂的相遇，情感的对流，思维的碰撞。但这个交流过程应该是"读、感、思、悟、说、写"的过程，交流手段应是语言和文字。

➢ 教学作文评价，不同于作品评价、竞赛作文选优与考试作文评价，应属于教学评价中的形成性评价。

➢ 文本解读能力彰显着语文教师的专业功底、文化底蕴与教育智慧。切实提高语文教师的文本解读能力，我们才能期待阅读教学的春暖花开与秋果累累。

➢ 教师倾听意识与倾听能力的弱化，从本质上说是对学生主体的忽略，造成了教学过程中学生生命的"缺席"。

1 语文创新教育的误区及对策思考[①]

随着知识经济的到来与教育改革的深入,"创新是知识经济的灵魂","教育是知识创新、传播和应用的主要基地,也是培养创新精神和创新人才的重要摇篮"等观念,已逐渐成为教育界的共识。许多教师与时俱进,大胆探索,积极改革,在课堂教学中主动实施创新教育,致力于培养学生的创新精神、创新意识与实践能力。在教学中,重学生的探究发现、求异质疑、创新运用与交流合作;课堂气氛生动活泼,师生关系民主和谐;课堂教学焕发出了一种全新的生命活力。然而,由于认识的偏差与培训的薄弱,目前语文学科的创新教育在呈现出勃勃生机的同时,也出现了一些粗浅、幼稚甚至偏激的做法。对此,我们必须高度重视,认真关注,积极研究对策,确保创新教育不偏离正确的轨道。

一、在教学目标的定位上,应走出只重"创新"轻"双基"(基础知识、基本技能)的误区,做到"创新"与"双基"协调发展

传统的语文教育,主要是"完成认知性任务",教学目标中设定得最具体的是认知性目标,课堂教学以学习基本知识、训练基本技能为主,把知识作为预先决定了的东西教给学生,忽视学生的独立思考、独特体验与独到发现;忽视学生思维方法的指导,思维能力的培养,尤其忽视学生创新思维能力的培养。这种

---

① 本文于2003年在中文核心期刊上发表。

教育使一部分学生渐渐地失去了语文学习的激情与能力,沦为语文知识的"容器",进而沦为"高分低能"者或他人观点的"应声虫"与"留声机"。其后果是严重的,必须进行大胆改革。然而,在纠正这种偏差时,一小部分教师又滑入了另一个误区,走向了另一个极端,即拿到一篇课文后,不问文体,不分难易,不管单元目标,也不顾学生的学习实际,只想着如何进行创新思维的培养,创新能力的训练。这种现象在文言文教学中尤为突出。文言文远离学生的语言实际,因此,要读懂它,鉴赏它,并不容易;要将它内化成学生的语言功底与语文素养更需费一番工夫。然而有一部分老师无视这一点,拿到一篇文言文,既不给学生足够的时间去诵读,也不管学生是否能疏通词句,读懂大义,就一相情愿地进行创新思维训练。笔者多次在县市的教学比武或教学观摩课上看到这种情况。有位教师主讲高一课文《鸿门宴》第一课时,他给学生熟悉课文内容、疏通词句的时间不到15分钟,就组织学生讨论:项羽、刘邦两人你更喜欢哪一个?假如你是项羽,在鸿门宴上你会怎样处置刘邦?鸿门宴后你会如何补救?结果,老师在台上"导"、"牵",学生却怎么也"活"不起来,"跟"不上去。发言的学生也只是隔靴搔痒,信马由缰,完全脱离甚至背离文本与历史事实,根本达不到思维的深度、广度与独创。原因很简单,忽视了学生的学习实际,忽视了基础知识与基本技能的必要准备与衔接。没有扎实而系统的学科知识做基础,创新也只能是空中楼阁,海市蜃楼,"水中月,镜中花";长此以往,不仅实现不了创新教育的初衷,而且还可能连传统教育的优势也丧失殆尽。

因此,我们在定位教学目标、设计教学流程时,应做到双基教学与创新思维培养并重。从宏观上思考教学目标,整体把握教材,重视研究学情,让"双基"教学为创新思维的发展铺路搭桥,夯实基脚;让创新思维在"双基"的基础上自由翱翔,绽放异彩。

二、在思维方式的训练上,应走出只重"发散"的误区,实现"发散"与"聚合"的整合

在创造性思维中,发散思维又称求异思维、辐射思维,它的好处在于能由一生多,产生众多的信息供人比较、选择,以便从中提取最佳答案。聚合思维,又称求同思维、聚敛思维,它是从众多信息中产生逻辑结论,从资料中寻求正确答案的一种有方向、有范围、有条理的思维方式。与聚合思维相比,发散思维具有流畅性、变通性和独创性等特点。进行适当的发散思维训练,有利于让学生克服思维定式的影响,学会多向思考问题,开辟新的思维领域,发现新的问题,求得新的见解。也许正因为如此,在实施语文创新教育时,有一部分教师将创新思维仅仅视为发散思维,将聚合思维排斥在创新思维之外,甚至将两者完全对立起来。

我们先来看个例子:有位老师在教《项链》一文时,在熟悉情节的基础上,引导学生进行发散讨论:玛蒂尔德丢失项链后,除了课文中写到的解决办法外,你认为还有哪些方案能帮助她解决这个问题?学生充分讨论后,得出了如下结论:①向朋友说出真相;②搬家,一走了之;③拖欠,拖不下去就赖账,反正没写借据;④买串假项链蒙混朋友;⑤与丈夫离婚,让丈夫一个人承担债务;⑥傍大款,出卖自己的姿色……学生每提出一种解决方案,教师都说"好,动了脑筋,还有吗",最后总结说:"大家不拘于文中现有的观点,大胆设想,提出了多种多样的解决方案,很好。可见,在阅读中,只要不满足于唯一正确标准答案,大胆探究,你便会有意想不到的收获。"不可否认,学生确实动了脑筋,学生思考的结果也反映了一定的社会现实,但这些思考与发现是鱼目混珠的,并非全是有意义、有价值、值得提倡的。不引导学生进行辨析与筛选,不仅达不到培养学生创新思维的目的,还可能将学生引向无序、无向、无质的思维误区,引入背信弃义、寡廉鲜耻、是非莫辨的道德沼泽。如果这位教师在学生充分讨论交流后,再引导学生进行聚合思考:在上述种种解决方案中,你认为是否都可取?最佳方案是哪一种?为什么?从玛蒂尔德的选择中,你看出了她身上有哪些可贵的品质与个性?通过这种聚合思考,引导学生对发散结果进行去伪存真,去粗取精,从而获得解决问题的最佳方案。这样,不仅能训练学生思维的多向性、灵活性,而且还能训练其思维的深刻性、批判性与独创性,提升其道德水准与审美能力。

由上可见,将创新思维仅仅视为发散思维是远远不够的,完整的创新思维是发散思维与聚合思维的有机结合,它们在创新思维过程中互相促进,互为前提,互为补充。只有发散思维与聚合思维高度协调,才能构成相辅相成的高水平的创新思维,才能保证创新活动的顺利进行。

三、在课堂教学评价中,应走出一味"叫好"的误区,做到激励呵护与纠偏提质并重

语文课堂是交流与对话的园地,是思维碰撞的磁场。这就决定了课堂教学评价不可能是简单的是非判断,而应是一种因人而异、因事而化的教学机制与策略。它是教师教学经验、知识内功、能力素质的外显,是随机应变地组织、推动、深化课堂的策略操作,是促进教师、学生、作者之间实现高效交流与优质对话的重要手段。

近几年来,在实施语文创新教育的过程中,或许是出于对学生思维积极性的呵护,或许是出于想营造一种生动活泼安全的课堂气氛,一部分教师总是习惯于一味地为学生"叫好"。"你真聪明"、"你真棒"、"你的回答很好"、"你的分析很有道理"、"你的发现很独到"之类的语言几乎成了语文课堂评价的流行话语。学生固然需要肯定与鼓动,但很多时候这种不问实际的廉价表扬,非但不能激发学生的探索欲望,增强他们的探索动

力,相反,还可能会把他们引向思维的歧路与误区。笔者在前不久的一次课堂教学大比武中就遇到这种实例。一位老师要求学生自选意象,采用融情于景、移情于物的手法,创作一首小诗。一位学生写道:"千古恨事如能改,霸王切莫轻别姬。且过江东见父老,万里江山从头越。"老师不假思索,大加表扬:"你写得真好,意象典型,描写生动具体,想象奇特大胆,感情真挚浓烈。"这个同学的作品的确有过人之处,用典巧妙,感情豪迈,立意新颖,语言凝练。但明眼人一看就知,这首诗主要是直抒胸臆,没有描写,何谈生动、具体?这种不顾实情、缺少具体针对性、只顾照搬头脑中预设的评价语言的做法,究其实质,是教师专业能力低下、缺乏应变机智的表现,它或许能让学生高兴一时,但对学生思维能力的提高、思维品质的优化以及语文素养的提升很难说会有什么实际效果。

理想的课堂教学评价,不仅要评价其思维结果,还要评价其思维过程与思维方法;不仅要评价其思维方式,还要评价其思维品质。它有时需要归纳,画龙点睛,一语中的;有时需要引申,纵横挖掘,左右逢源;有时需要指正,由表及里,指点迷津;有时需要突破,走出定式,另觅新途;有时需要鼓励,充分肯定,真诚赞扬……学生的回答千变万化,教师评价也应随机应变。但不管采用哪种评价,都必须有具体针对性,切忌笼统含糊、不切实际、千篇一律。唯有这样,课堂教学评价才能真正收到呵护、激趣、纠偏、提质的效果,才能使学生发现求知路上"别有洞天",真正享受到思维历险的快乐!

四、在师生关系的处理上,应走出无原则地"放任""迁就"的误区,实现理解尊重与严格要求的融合

现代教育对于教师对学生的态度以及师生关系对教学效果的影响给予了更多的关注。良好而积极的师生关系,不仅能促进学生学习能力的提高,而且也有利于学生良好个性的形成与发展。许多教师都主动放弃教师权威,放下师道尊严,深入学生的生活与心灵,做学生的朋友,做学生创造的激发者、培养者与欣赏者,努力构建一种全新的师生关系。这是教育改革中令人欣喜的一面!但在师生关系的重构中,有一部分教师偏离了正轨,走入了另一个极端。他们误把对学生的放任与迁就理解为对学生的尊重与理解,在这种观念的左右下,他们对学生课堂上的违纪行为如睡觉、闲谈、看小说等不加制止;对学生的不良学习习惯如书写马虎、不作笔记、不深入思考等不加提醒;对学习中出现的思维偏差与认识偏差不去纠正;更有甚者,有一小部分教师在课堂教学中用低俗的素材、低俗的语言、庸俗的审美情趣去迎合学生的口味,博取学生一笑。这种师生关系表面上看来平等、民主,甚至"其乐融融",其实质是教师责任感与人格魅力的沦丧,其后果是不堪设想的。

真正民主互助的师生关系,应该是教学双方主体之间相互尊重、相互信任、相互理解、共同发展的新型关系。教师对学生应该是尊重而不放任,理解而不迁就,欣赏而不附和,呵护而不溺爱,严格而不严厉。在课堂上,教师应努力营造积极、民主的教学氛围,鼓励学生的质疑精神和求异思维,欢迎学生以独立的角色、建设性的姿态对教师、对书本、对权威提出质疑与挑战,形成师生相互交流、相互激活、共享教学民主的现代型"师生场"。唯有这样,才能真正达到激活创新思维、培养创新人才的目的。

创新教育在知识经济中的重要意义与价值是不言而喻的,创新教育的成果也是有目共睹的。但任何新生事物的发展都不可能是一帆风顺、一路平坦的,总会出现一些波澜曲折、歧途岔道,我们唯有高度重视,细心识别,慎重对待,不断修正,方能确保语文创新教育不流于形式、不脱离正轨!

2 让语文教育重放生命活力[①]

——浅谈《普通高中语文课程标准(实验)》的新视角

对21世纪的中国教育界来说,可能没有什么比新课程改革更引人注目的事情了。2001年6月教育部颁布《中国基础教育改革纲要》,一场酝酿已久的、前所未有的基础教育课程改革拉开了帷幕。同期,全国义务教育各科课程标准出台,与之配套的实验教材于同年9月在全国38个实验区投入使用,义务教育阶段的课程改革正式启动,2003年秋季全面铺开。2003年4月高中各科课程标准面世,广东、山东、宁夏、海南被教育部批准为首批高中课改实验省区,2004年秋季正式进入实验,2005年将扩大到7~10个省区,2007年高中课改将在全国范围内全面铺开。高中语文新课程较之于义务教育阶段语文新课程的实施,力度更强、亮点更多。《普通高中语文课程标准》(以下简称《课标》)在前言中指出:"适应时代的需要,调整课程和目标,变革学习方式和评价方式,构建具有时代性、基础性和选择性的高中语文课程,是基础教育改革的一项重要任务。"《课标》在课程性质的定位、课程目标的优化、课程结构的设计、学习方式的变革、课程评价体系的重建等方面都开辟了新的视角,为让语文教育重现生命活力创设了有力条件。

---

① 本文根据2004年长沙市高中语文教师培训的发言讲稿整理而成。

一、课程性质的定位：由工具性与人文性的"两元对立"走向"有机统一"

语文课程性质观是语文教育观念的基础和核心，统帅着语文教育的全局。语文教育界对语文课程性质的讨论和研究乃至争论从来没有间断过。一种是"不要把语文课上成政治课"，一种是"不要把语文课上成文学课"。前者针对20世纪50年代特别是1958年以后的一种将语文课上成变相的政治课的倾向提出的；后者是针对1956年进行的教育改革，把语文课本改成文学课本，按照文学史的框架选择经典著作，对学生进行纯粹的文学教育，相对忽略语言文字训练的倾向提出的。60年代，针对这两种倾向提出"语文是一门工具课"，强调要抓住基础知识、基本技能的训练，后来语法越来越多地介入进来，甚至发展至极端，将人文教育排除在语文之外，使语文沦落成一门技术性的课程，致使语文教育表现出越来越多的弊端。于是，在80年代展开了"工具性与人文性"的大讨论。之后，从1992年到2000年的《全日制普通高级中学语文教学大纲》，语文课程性质经历了一个由"唯工具论"而"文化载体论"继而"文化的重要组成部分论"的过程。《课标》继承以往《大纲》的合理成分，明确提出"语文是最重要的交际工具，是人类文化的重要组成部分。工具性与人文性的统一，是语文课程的基本特点"。所谓语文课程的工具性，是指语文本身是表情达意、交流思想、进行思维的工具；同时，语文还是文化的载体，作为传承文化价值观念的工具，可以维系人类社会的绵延发展。所谓语文课程的人文性，一方面是指语文是一种文化的构成，负载着多姿多彩的人类文化，包孕着无限丰富的人文精神；另一方面就是强调对人、对人的生命价值的尊重，强调对学生健康个性、健全人格的培养，强调给学生的人生奠定精神的底子。工具性与人文性的统一的学科性质定位，解决了学生在语文课程中应该学什么、怎样学和为什而学的问题,体现了科学与人文相整合的课程文化观,体现了学习过程与人的完整性,并将由此引发出语文教育目标观、实施观、资源观、评价观等一系列观念的革新和发展。

二、语文课程目标的优化:由"知识能力论"走向"语文素养论"

综观1992年到2000年《大纲》对教学目的的规定,可以看出其核心概念就是知识和能力,区别只是知识和能力的范围有所不同;而2003年的《课标》则将"全面提高学生的语文素养"确立为语文课程的"已任",明确提出"高中语文课程应进一步提高学生的语文素养,使学生具有较强的语文应用能力和一定的审美能力、探究能力,形成良好的思想道德素质和科学文化素质,为其终身学习和有个性发展奠定基础"。并从知识和能力、过程和方法、情感态度和价值观三个维度设计课程目标,多维、立体、交叉地建构起语文课程目标体系。"通过高中语文必修课和选修课程的学习,学生应在以下五方面获得全面发展:积累、整合,感受、鉴赏,思考、领悟,应用、拓展,发现、创新。"

《课标》的贡献在于第一次以语文素养代替了以往语文知识与能力的提法,第一次系统地从知识与能力、过程与方法、情感态度和价值观三个维度来设计课程目标,并使之具体综合地体现在必修与选修课程结构中。

1. 从现代社会对人才素质的要求出发,对语文的知识与能力维度有了新的理解

《课标》不再强调语文知识的系统和完整,而是重在让学生掌握获取知识的方法;在能力方面,它针对高中学生身心发展已趋成熟,具有一定的阅读表达能力和知识文化积累的实情,突出强调对学生语文应用能力、审美能力、探究能力的培养。

语文应用能力:学生在母语圈中的语言交际(言语)能力,其中当然包括以语感为核心的听说读写之能力体系。阅读与鉴

赏方面:A. 发展独立阅读能力:从整体上把握文本内容、厘清思路,概括要点,理解文本所表达的思想观点和感情;善于发现问题,提出问题,对文本能作出自己的分析判断;努力从不同的角度和层面进行阐发、评价和质疑。根据语境揣摩语句含义,运用所学的语文知识帮助理解结构复杂、含义丰富的语句;体会精彩语句的表现力。B. 注重个性化阅读;学习探究性阅读和创造性阅读,发展想象、思辨和批判能力。C. 灵活运用精读、略读、浏览、速读等阅读方法,以提高阅读效率。课外阅读名著不少于150万字(5部以上文学名著)。表达与交流方面:A. 进一步提高记叙、议论、抒情、说明、描写等表达能力,并努力学习综合运用多种表达方式;力求有个性、有创意地表达,根据个人特长和兴趣自己写作;能独立修改自己的文章。45分钟能写600字左右的文章,课外练笔不少于2万字。B. 在人际交往中,树立自信、尊重他人,说话文明,仪态大方,善于倾听、敏于应对,并能依据不同交际场合和交际目的,恰当地进行表达,而且能借助语调、语气、表情和手势,增强口语交际的效果。语文应用能力的培养主要是适应现实生活与自我发展的需要。

语文审美能力: 审美需要是人类的一种基本的精神需要。语文课程天然蕴涵丰富的美育功能,新课程的贡献在于确定并强化广大语文教师的美育意识。课程在第一部分"课程的基本理念"中,明示了语文美育的基本内容:"高中语文课程应关注学生情感的发展,让学生受到美的熏陶,培养自觉的审美意识和高尚的审美情趣,培养审美感知和审美创造能力。"这里其实分两个层面,即作为健全人构成要素的审美意识、审美感知和审美情趣与作为现代人必备的审美创造能力。前者要求教师在对文学作品的鉴赏活动中积极引导学生感受大千世界和美丽人生的多姿多彩,从中积淀丰富的审美体验,陶冶性情,涵养心灵;后者则要求教师启发学生通过语言,深入言语,悉心把玩言语形式之美,并在这种渐趋深化的、对言语形式的把玩中养成特色化和创造性的言语表达能力,能用闪烁着灵性和个性的言语形式去"创造"具有审美价值的独特的精神世界,给人带来新的审美感受。

语文探究能力:义务教育阶段课文课程标准已明确要求学生能主动地进行探究式学习,但还视之为一种学习方式。高中语文《课标》则高屋建瓴地指出:"现代社会要求人们思想敏捷,富有探究精神和创新能力,对自然、社会和人生具有更深刻的思考和认识。"正是从现代社会对新人素质和能力的需求出发,《课标》将学生语文学习和实践过程视为探究的过程,即引导学生通过有质量的阅读和课外活动,去探究人生价值和时代精神,逐步形成自己的思想和行为准则,树立积极向上的人生理想,增加责任心与使命感。因此它要求语文教育"应在继续提高学生观察、感受、分析、判断能力的同时,重点关注学生思考问题的深度和广度,使学生增强探究意识和兴趣,学习探究的方法,使语文学习过程成为积极主动探究未知领域的过程"。高度发达的信息化时代已对"知识就是力量"这种工业文明酿造的价值观形成了突破性超越。比知识本身更重要的是人对知识的筛选、整合与建构的能力。当学生从独立的思维立场出发,以质疑批判又不失严密深刻的创造思维和精神去面对课程内容时,才会赋予它以意义、价值和生命活力。因此,我们应从学生思维发展、精神成长和人文学科课程的基本特点着眼,珍视差异,尊重质疑,悦纳异己,促进学生创新思维品质的形成。

2.《课标》开创了从过程与方法的维度设计课程目标的先河,这标志着语文课程从对学习结果的关注转变到对学习过程与学习方法的重视与关注

对此,《课标》作了如下阐述:

"根据自己的特点,扬长补短,逐步形成富有个性的学习方式。了解学习方法的多样性,掌握学习语文的基本方法。能根据需要,采用适当的方法解决阅读、交流中的问题。"

"学会正确、自主地选择阅读材料,读好书,读整本书。"

"学习灵活使用常用语文工具书,能利用多媒体搜集和处理信息。"

"在阅读中,体味大自然和人生的多姿多彩,激发珍爱自然、热爱生活的激情,感受艺术和科学中的美。"

"学会多角度观察生活,丰富生活经历与情感体验。"

"注重个性化的阅读,充分调动自己的生活经验和知识积累,在主动积极的思维和情感活动中,获得独特的感受和体验。"

3.《课标》加强了对情感、态度和价值观目标的阐述,使之更加明确突出

《课标》指出:"高中语文课程必须充分发挥自身的优势,弘扬和培育民族精神;使学生受到优秀文化的熏陶,塑造热爱祖国和中华文明、献身人类进步事业的精神品格,形成健康美好的情感和奋发向上的人生态度;应增进课程内容与学生成长的联系,引导学生积极参与实践活动,学习认识自然,认识社会,认识自我,规划人生,实现本课程在促进人的全面发展方面的价值追求。"情感、态度、价值观的培养成为语文课程固有的重要内容,而非附加任务。

透过《课标》对必修、选修课程具体目标的说明,我们还能强烈地感受到,注重优秀文化的熏陶和对中国文化的体认,强调阅读经典名著、优秀诗文,加强学生的文学修养与文化底蕴是高中语文课程的特有魅力,体现了浓郁的人文情怀和广阔的文化视野。中国文化是形成中华民族凝聚力的坚实基础,是使我们民族代代相传的血脉之根。中国文学记载着优秀的中国文化,诗经的质拙朴实,《楚辞》的诡谲奇丽,唐诗的雍富华光,宋词的典雅绮秀,元曲的哀婉悲怆,明清小说的曲折离奇,都是通过文学语言显现出博大精深的文化意蕴,体现一种文化精神,一脉中国气派。让学生接受中华民族的文学,就是接受中华民族的文化价值,使得它们与学生自己的文化保持割不断的心理联系,形成强烈的民族意识和民族情感。《课标》还强调对多元文化的尊重与理解,从而培养起一种民族意识与人类意识相统一的精神品格。

三、语文课程结构的设计:由"统一必修"走向"双课并行"

纵观我国语文教育百年来的发展历史,大多数时期的高中语文课程结构都较为单一,基本上都是以统一必修课程的形式出现,在《大纲》里,课程结构部分也往往因此而缺席。1996年的《大纲》在课程结构方面进行了探索,把课程分为学科类课程和活动类课程,其中学科类课程由必修课、限定选修课和任意选修课组成,为学生的个性化选择留下了余地,但由于各种因素的影响,在实施过程中并没有得到真正落实。《课标》在课程结构改革上几乎可以说发生了翻天覆地的变化,构建了开放而有序的课程结构。高中语文课程分为必修课程和选修课程两部分。必修课程由"语文1"至"语文5"五个模块组成,可以在高一至高二两个学期半的时间里循序渐进地完成,也可以根据需要灵活安排。选修课程由诗歌与散文、小说与戏剧、新闻与传记、语言文字应用、文化论著研读五个系列构成,根据每个系列的目标可以设计若干个选修课模块,每个模块的具体名称、内容以及模块与模块之间的顺序安排,可以有选择地设计。这样既保证了模块设计的灵活性与选择性,又避免了模块设计的随意与混乱。

高中语文新课程以模块为基本的结构单位,用学分进行调节和管理。每个模块36学时,2学分。每个学期分两学段,每个学段(约10周)完成一个模块的学习。学生修满必修课的10个学分便可视为达到高中毕业的最低要求。学校应鼓励学生根据自己的学习兴趣、未来学习和就业的需要,选修有关模块。希望进一步学习的学生,从五个系列的选修课程中任意选修 4 个模块,再获得 8 学分;对于语文兴趣浓厚并希望进一步深造的学生,建议在此基础上,再从这五个系列中任意选修 3 个模块,再获得 6 个学分,加上必修课学分,语文课程学习最高可达到 24 个学分。

遵循共同基础性与多样性相统一的原则,在兼顾时代性与发展性的前提下,适当强化特定学习主体对课程的自我选择性,并形成富有弹性与创造性的实施机制,是本次高中语文新课程凸显的结构特征。对课程结构的重大调整,无疑是对学习主体的学习主动性和创造性的一次解放,为其个性和特长的发展创设了广阔的"成长空间"。这标志着语文课程正在扎扎实实进行着由"学科知识中心"向"学生发展为本"这种价值重心的转移。

四、学习方式的变革:由"被动接受"走向"自主合作探究"

《课标》适应终身学习时代的要求,积极致力于学生学习方式的转变,提出要"积极倡导自主、合作、探究的学习方式"。这成为本次课改的一个突出标志与夺目亮点,是对传统语文教学重个体轻合作,重接受轻探究,重结果轻过程,重认知轻体验的扬弃,真正确立了学生学习和发展的主体地位。关于学习方式的选择与要求,《课标》进行了具体阐述:"根据自己的学习目标,选读经典名著和其他优秀读物,与文本展开对话";"注重个性化阅读";"学习探究性阅读和创造性阅读";"注重合作学习,养成互相切磋的习惯,乐于与他人交流自己的阅读鉴赏心得,展示自己的读书成果";"根据个人特长和兴趣自主写作";"能独立修改自己的文章,养成切磋交流的习惯"。

当然,强调学生的自主合作探究学习,并不是要否定传统的接受学习,而是强调传统与现代的整合,将自主合作探究学习与传统的语文学习方法如诵读、积累、涵咏、体悟以及必要的训练、教师的讲授与引导有机地结合起来,以实现其最大效益。

五、评价体系的创新:由"单一"走向"多元"

《课标》中的"评价建议"分三个部分:评价的基本原则、必修课程的评价和选修课程的评价。评价的基本原则从六个方面阐明了评价的重要思想;必修课程的评价和选修课程的评价,则从不同的侧面强调了两者的联系和区别,以及具体的实施细则、操作要点和注意事项。《课标》在评价的基本原则中指出,评价的根本目的是"致力于进一步提高学生的语文应用能力、审美能力和探究能力,全面提高学生的语文素养";评价应以课程目标为基准,面向全体学生;评价应充分发挥诊断、激励和发展的功能;提倡评价主体多元化;评价应注意必修课和选修课的联系与区别;评价应根据不同的情况综合采用不同的方式。《课标》关于评价的论述,吸纳了国内外课程评价的研究成果,是具有时代特点和富有现实意义的选择和整合,从中我们可以看出日常教学评价的全面优化。评价的根本目的不仅是为了考察学生达到学习目标的程度,更是为了改进教师的课堂教学,改进学生的语文学习,促进学生语文素养的全面提高;评价的基准要着眼于学生的个体差异和个体化要求,关注学生不同兴趣、不同表现和不同学习需要;评价的功能首先是诊断、激励和发展,其次才是甄别与选拔;评价的主体更趋多元化,即学校、教师、学生、同伴、家长、社区等都可以参与评价,一方面是为了体现评价的客观公正,一方面可以通过评价达到总结、反思、改进的目的,同时也是评价领域中提倡民主意识、克服话语霸权的需要;评价的方式呈现出多样化,注重过程评价与终结评价、定性评价与定量评价、自我评价与他人评价等多种形式的有机结合。

语文新课程中评价重心发生了根本性转变,就评价目标而言,是要将评价对象——学生从被考核、被测试的消极境地中解脱出来,使其归正于"人的发展"这一本位。这就要求语文教师在评价活动中能把握好情感性原则,以心灵拥抱心灵,以激情燃烧激情,以情操陶冶情操,情感取向以肯定和表扬为主,评价语言多用寄予期待的鼓励语;落实前瞻性原则,从学生成长过程着眼,既不忽视其当下在语文能力、人格形成中的缺陷,更要关注其成长的潜能和可能,通过纵向比较去评估"这一个"学生的多样化发展,承认并尊重学习中的个体差异。

《课标》关于语文课程性质、目标、结构、学习方式与评价体系的阐述洋溢着鲜活的时代气息,体现了以促进学生发展为本的教育理念,重视了对人的培养,为让备受关注与非议的语文教育重放生命活力准备了肥沃的土壤与充裕的雨露阳光。我们期待在《课标》科学理念的引领下,语文教师齐心戮力披荆斩棘,共同开创"惠尽苍生是语文"的语文教育新境界!

3 语文新课程教学中热点问题的冷思考①

课堂是承载教师职业生涯和学生学习生涯的主要场所,是师生漫长而又重要的生命舞台。我国新一轮基础教育课程改革的目标之一,就是重新认识课堂、重新建构课堂。随着语文课改的不断推进,语文课堂教学也不断地发生着新的变化。新的教学模式、学习方法不断推出,课堂教学容量不断增大,学生学习的自主权被不断强化。课堂,这个在应试教育中曾一度沦落为追求分数的考试训练基地、以复制前人知识和生产人才标准件

---

① 本文于2004年在省级报刊发表,标题有改动。

的车间,开始慢慢变成以学为中心、师生互动、教学相长的学习共同体,开始变成尊重个性、关注差异、学生身心和谐发展和生命健康成长的人生驿站。……这些无疑给语文教学注入了新的生命活力。然而,正如哲学家罗素所说:喜马拉雅山上的一片云,飘向东,雨点落在太平洋;稍稍向西,就是印度洋的降水了。认真审视当前的语文教学,便不难发现:由于我们对一些关涉语文课程全局、关涉语文教育本质的问题认识模糊或处理失当,致使新课程背景下的语文课堂教学出现了许多错位与异化的情况,从而架空了语文素养的培养,背离了语文课改的初衷与语文教育的本真。对此,钱梦龙老师曾于2004年2月在《中学语文教学》上发表题为《为语文教学招魂》一文,文中指出语文教学中出现的一系列"失魂落魄的症状",必须引起高度的重视。对此,笔者深有同感,觉得很有必要对语文课堂中出现的新问题进行剖析与反思,以期摆正现代与传统、创新与继承的关系,实现教育理想世界与现实世界的衔接,确保语文课改走上科学、理性之正轨。

一、工具性与人文性

对语文学科性质的理解,直接关乎语文课程建设的走向,统率着语文教育的全局,主导着语文教学实践。甚至可以这样说,有什么样的语文性质观,就会有什么样的目标与价值定位,就会有什么样的教学行为。

《语文课程标准》明确提出:"语文是最重要的交际工具,是人类文化的重要组成部分。工具性与人文性的统一,是语文课程的基本特点。"这一学科性质的定位,使语文课程跳出了非此即彼、两元对立的思维模式,体现了科学性与人文性相整合的课程观,解决了学生在语文课程中应该学什么、怎样学和为什么而学的问题。语文的工具性主要着眼于语文课程培养学生语文运用能力的实用功能和课程的实践性特点,让学生学会"使用语文"。它要求语文教学应扎扎实实地培养学生热爱、掌握并熟练运用祖国语言文字的情感与能力,培养他们具有适应实际需要的现代文阅读能力、写作与交际能力,具有初步的文学鉴赏能力与阅读浅显文言文的能力,养成自学与运用语文的良好习惯,以满足他们日常生活、交际、交流的需要;在教学中重视学生的言语实践,让学生更多地直接接触语言材料,在大量的听说读写以及其他语言实践中,掌握语言运用的规律,形成自己的语文素养。语文的人文性主要着眼于语文课程对于学生思想感情熏陶感染的文化功能和课程的人文学科特点,让学生在语文学习中"享用语文",实现"道德人生"与"审美人生"的大境界。在人文性弥漫的语文课堂里,我们追求的是让学生体会到更多的情趣与韵味,生成出更多的意义与感悟,触发出更多的梦想与憧憬,诱发出对阅读的神往、交流的渴望、思索的兴趣以及奋笔疾书的畅快,获取生活的智慧。在教学中,应尊重学生在学习过程中的感悟体验,把握教学内容的价值取向;注重熏陶和感染,强调对人、对人的生命价值、对人类文化及其多样性的尊重,从而培养学生的健康个性与健全人格,提升其审美能力,引导学生在积极主动地参与各项语文实践活动的过程中,学习认识自然、认识社会、认识自我,进而科学规划自己的人生。

如果说传统课堂教学突出的是以认知为中心,过分看重知识传授与技能训练,以至于把对基础知识与基本技能的落实与熟练掌握演绎成死记硬背、机械操作,致使语文课堂沉闷乏味、语文教学长期高耗低效,甚至把语文教育逼进了死胡同。在新课程背景下的语文课堂教学中,不少教师"与人文结太深的缘",重视了人文精神的培养,却弱化了语文学科的工具性。为突出人文性的体验、感悟、熏陶、感染,有的教师在教学中便不太重视文本的解读和基本知识的理解与掌握,不太重视语文能力的培养,对文本内容匆匆带过,跨过课文本身作太多的引申与发挥,做些思想教育与精神培养工作,有的甚至牵强附会、乱贴标签。如有老师处理《兰亭集序》一文,仅用15分钟左右疏通字词、理解文意,便就文中"况修短随化,终期于尽"、"固知一死生为虚诞,齐彭殇为妄作"进行延伸,展开"生与死的价值"讨论,引导学生既要珍爱生命,又要看重生命的价值与意义。至于文章优美的文辞、动人的情意、诗意的描写则往往过而不入。又如《宽容序言》,它是一篇以散文诗般的笔触写成的寓言体式的序言,语言含蓄隽永富于哲理。不少教师处理这篇课文时,不引导学生品读语言、积累语言,不引领学生鉴赏其新颖笔法,而是脱离文本大肆讨论宽容的意义与价值。这种思想教育先行、道统先于语文的做法,是对"工具性与人文性的统一是语文学科的基本特点"的扭曲,也是对语文课标中"语文是实践性很强的课程,语文教育应注重培养学生的语文能力"的误解。

　　语文课诚然是精神的牵手,灵魂的相遇,情感的对流,思维的碰撞,是一颗心带领几十颗童心与人类那些优秀的精神产品产生共鸣的过程,但这个交流过程应该是个"读、感、思、悟、说、写"的过程,交流的手段应是语言和文字。语文说到底应是一门关于语言运用的人文学科,语文教学的根本任务在于指导学生正确理解和运用祖国的语言文字,形成浓浓的母语情结。正如刘国正先生所说:"我认为语文课的基本任务自然是教学生理解、热爱、熟练运用祖国的语言文字,这个基点历久弥新。"语言文字的教学,语言材料的品读,听说读写能力的培养,始终是语文课的核心内容。对学生思想品德的培养、情感个性的优化、审美能力的提升只能渗透、融合于其中。在这点上我们不能矫枉过正,如果说过去过分囿于双基的传授与训练,不利于学生的全面发展,是偏废;那么,新课程背景下忽视双基,轻"语"轻"文",轻视语文能力的培养,过分把目光聚焦于情感、态度、价值观的光环上,也是失误。

二、立足文本与整合拓展

传统语文教学很大程度上是就课文讲课文,教学内容单调狭窄,课堂格局相对封闭。新课程基于语文学科本身的综合性特点和人的发展的全面性与整体性的需要,提出"语文课程应根植现实,面向世界,面向未来"的崭新理念,设置"综合性学习"板块,强调语文与其他课程的沟通,与生活世界、社会发展、科技进步的联系,从而打破了语文课程的封闭格局,使语文教学走向生活化、社会化。但在实际操作中,一部分教师走向了另一极端。在笼而统之的"大语文"教学观的口号下,"与综合攀太多的亲",无视语文自身的诸多特点,只要语文课文一出现跨学科的知识点(历史、地理、生物、美术、音乐、哲学……),就抓住它大肆延伸拓展、探究辩论,忘记了语文课的学科功能定位,忘记了阅读教学的核心所在。于是,在阅读教学(尤其是大量的公开课、展示课、竞赛课)中,以眼花缭乱的多媒体展示代替对文本的阅读,以大量的延伸拓展、跨学科的整合渗透代替对文本价值的重视,与文本的深层对话、对文本价值的研讨、对语言的品味与鉴赏则被束之高阁,或流于蜻蜓点水、走马观花。例如,《日本平家蟹》一文的阅读重点是生动的说明和合理的说明顺序,但有的老师把教学重点放在了"人工选择"这一科学知识的学习上;《江南的古镇》语言精美,字里行间跳跃着动感与神韵,但有的老师将教学重点放在了"要不要保留这些古镇?怎样处理保留古镇与现代化之间的矛盾?"的探讨上;学《桥之美》,将重心放在如何欣赏绘画作品的美;学《春》,就去学唱品评歌曲《北国之春》、《春天在哪里》……诸如此类远离"语"与"文",将语文课异化成生物课、物理课、历史课、环保课、艺术欣赏课……的例子,可以说比比皆是。

这种偏离语文的阅读课到底还算不算阅读教学甚至算不算语文课?这是一个值得广大语文教师深思的问题。新课程强调延伸拓展和学科间的渗透与整合,要求的是像立交桥那样尽可能多地从不同角度、不同层面把握语文课程特点,主张三维目标并重……一句话,利用各处资源,采用各种方法,有效地服务于学生语文素养的全面发展。学科间的整合拓展固然不可忽视,学科的自身归属更不容淡化。语文教育有其鲜明的学科定位和职业规范。不管选文内容怎样丰富多彩,也不管学科间如何渗透,语文教学始终姓"语"!阅读教学立足于语言的训练,把对语言的感知、揣摩、品味放在首位,通过语言的揣摩与品味,去实现思想的升华、审美的愉悦与思维的提升。在阅读教学中尊重学生对文本的知情权,给足学生时间阅读,让学生经由语言真正进入文本世界,实实在在经历与文本、与作者的对话过程,在这对话中,展开思想与思想的碰撞、心灵与心灵的沟通、情感与情感的交融;进而引导学生因文悟道,因道解文,进入文本作者的情感世界,真正走近作者,从而感受到生命存在的价值,感受到精神相遇的愉悦,感受到心灵成长的幸福,感受到语言文字的熠熠生辉。这是语文学习的根本,语文课的灵魂!

三、学生主体与教师主导

传统的课堂教学观将丰富复杂、变动不居的课堂教学过程简括为"特殊的认知活动",把它从学生的生命活动中抽象、隔离出来,过分强调单调乏味的"填鸭"注入,使学生成为被动接受的"容器"与教学活动的"客体"。在日常教学中,往往是教师讲,学生听;教师问,学生答;教师写,学生抄;教师考,学生练。课堂变得机械、沉闷和程序化,缺乏生气与乐趣,缺乏对智慧的挑战与好奇心的刺激。这种师生角色的错位、教师主导的越位和学生主体的失位现象,导致师生创新意识被压抑,个体生命价值被抹杀。

语文新课程对传统的课堂教学观与师生观进行了重新定位,明确提出"语文教学应在师生平等对话的过程中进行","学生是语文学习与发展的主人","教师是学生学习活动的组织者和引导者"。它强调学生学习的主体性,将语文教学定位为学生、教师、文本之间对话的过程,教学是多边互动,师生是平等互助。教师不能独霸课堂,要让学生主动"建构"。这种全新的课堂教学观与师生观体现了对教育规律的尊重,同时也是对传统语文教学进行痛苦反思后的理性选择,它已为绝大部分教师所接受。可现在的问题是,从一个极端走向了另一个极端:一堂课上,教师按照设计,让学生做主人,就若干问题去读读念念,说说讲讲,气氛热闹,纷纷攘攘;而教师只是发问者、提名者、旁听者,由主人沦落为陪客。部分教师甚至认为落实学生学习的主体地位,就是要放手让学生自己学习、自由学习,于是在"把失去的课堂还给学生"的绝妙推辞中,课堂由教师"一言堂"到"大放羊",由"满堂灌"、"满堂问"变成了"满堂说",缺少必要的组织与有针对性的引导。课堂秩序乱了,学生思维乱了,教师不适时收放,不相机导向,不就错纠偏,不升格总结;甚至面对学生的偏差错误,要么听之任之,要么模棱两可。对这种严重忽视教师主导作用的倾向,如不引起警惕与重视,必将影响学生的语文学习效益,甚至给语文教学带来自毁性的灾难!

  其实,尊重学生主体地位,倡导主动学习,并不意味着削弱与抑制教师的主导作用;相反,必须以落实教师的主体地位为前提。因为教师是课堂教学活动的组织者,如果课堂缺乏教师有效的组织管理,必然导致无序和失控,从而降低课堂教学效率;教师还是学生阅读活动的促进者,学生对文本意义的建构是在教师的引领下完成的,如果没有教师渐入佳境的引导和因势而发的促进,学生不可能在较高的层面去把握文本,学生的阅读水平将停滞不前,新课程所倡导的"多角度、有创意的阅读以及利用阅读期待、阅读反思和批判等环节拓展思维空间,提高阅读质量"等目标也将成为遥不可及的水中月、镜中花。实际上,我们说的"语文教学应在师生平等对话的过程中进行"中的"平等关系",是说教师与学生在人格、尊严上的平等,并不是在地位、作用与学识上的平等。在教学中,教师与学生除在人格意义上的平等外,师生的地位、作用在严格意义上是不可能平等的。因为师生在职责、任务、角色扮演和目标要求上都不同。过去教师独霸课堂、弱化学生的主体地位是应当反对的,但若因强调"还学生学习的主体地位,凸显学生的主动性"而弱化教师的主导作用也同样是错误的。教学中,教师是组织者与引导者,如果说教师在教学中按照自己设计的情境与步骤组织教学,是履行了组织者的角色;那么,教师在教学中凭借自己深厚的语文素养、对文本的独特体悟和可能高于学生的深刻见解而对学生正确导向,开启思维,适时示范,精要点评,高效对话,就是履行了引领者的职责。这是教师的职责所在!

所以,我们说,教师主导作用正常发挥,他们参与协商,鼓励并引导学生讨论,帮助学生把新的信息与已有的知识联系起来,构建自己的意义;另一方面,学生的主体地位得以恢复,他们在民主、友好、宽松、和谐的教学情境中,自学、自讲、自演,或讨论,或应答,不断尝试创造,体验成功。这样,课堂生活将成为师生人生中一段重要的生命经历,课堂将成为师生生命活动的精彩舞台。这才是新课程追求的方向!

四、自主、合作、探究学习与教师讲授

新课程倡导自主、合作、探究学习,以突出学习的独立性、交往性与开放性,培养学生的自主精神、团队意识与创新实践能力,为学生的终身发展打下基础。这种学习方式的变革,给语文教育注入了新的血液,使语文课堂焕发新的活力:课堂不再只是讲堂,教师不再是唯一主角,学生不再被视为被动接受器;小组讨论的场景,争相发言、上台表演的机会越来越多,学生活跃起来了,课堂热闹起来了,师生关系融洽起来了。

但另一方面,越来越多的老师盲目地认为,落实课标中"学生是学习的主体"、"倡导自主、合作、探究的学习方式"的理念,教师必须让出"讲",做到少讲,甚至当讲的地方也不再讲,唯恐因循了"满堂灌"、"填鸭式"、"注入式"的老路。于是有的教师不敢讲授,少有分析,以至于无节制放任学生"你的理解,你的理由,你的方法,你的发现,你的体验",浅显无聊的讨论充斥课堂。尤其是公开课、竞赛课,一部分老师更是谈"讲"色变,唯恐"一票否决"。

这里出现了一个认识的误区,那就是把"讲授法"等同于"满堂灌"。其实,"满堂灌"是"启发式"的对立面,是指教师凭自己的主观愿望,不顾学生的认知水平与情感倾向,向学生硬性灌输知识,完全抹杀学生的积极性与理解能力,只要求学生死记硬背的机械操作的教学方式。讲授法是一种传统的教学方法,它是以教育对象为依据,决定讲的程度;以教学内容为出发点,决定讲的方式;以教学目标为基准,斟酌讲的分量;以教学重、难点为着眼点,明确讲的针对性;以培养学生能力、发展学生智力为中心,突出讲的启发性。高质量的讲授能沟通编者之心、作者之心、学生之心、教师之心,能化虚为实,化难为易,变无序为有序,变苦学为乐学,胜利达成教学目标。

而且,新课程倡导自主、合作、探究的学习方式并不要求否定、放弃教师的讲授,关键是如何看待讲和怎样讲。教材无非是个例子,凭借这个例子,使学生举一反三,练就其语文素养。因此教师就要朝着促使学生"反三"这个目标精要地讲,以启发学生的能动性,激活他们主动探索的激情与欲望。再者,在教学中,只让学生畅抒己见而没有老师精当的讲授与适时的点拨,学生的思维不可能深入;只让学生想象体验而没有教师开启智慧的引导,学生的创新精神很难得到培养;只让学生诵读感悟而没有老师的品词析句,学生的学习势必缺少深度和广度。由此,课堂教学中,该细嚼的地方应细嚼,该慢品的地方应慢品,该朗读的地方应朗读,该让学生活动的地方就应放手让学生活动,该教师讲授的地方就应理直气壮地讲授!

诚如湖南省知名特级教师刘建琼老师所说:一个教师能以其简明的思路、独特的视角、丰富的内容、透辟的分析、精美的表达,穿透学生的心灵,是一种教学艺术,更是一种教学境界!

五、尊重学生的独特感受、个性体悟与尊重文本、坚持正确导向

传统的语文阅读教学重求同轻求异,重雷同轻个性,重重复轻创造,完成唯教参是从,唯教师是从,唯权威是从,唯标准答案是从,使得原本应该是充满精神历险幸福的阅读课变得死气沉沉、毫无活力。正如黄耀红先生在他的《没有语文的语文课》一书中所说:"没有阅读感受交流的课堂,就像没有激流与瀑布的山涧,没有灵气,没有活力。"

语文课标在阅读与阅读教学方面提出了全新的理念:"阅读是学生的个性化行为,不应以教师的分析讲解代替学生的独立阅读","注重个性化的阅读,充分调动自己的生活经验和知识积累,在主动积极的思维和情感活动中获得独特的感受与体验","阅读教学是学生、教师、文本之间的对话过程","语文教学应该在师生平等对话的过程中进行"。很明显,倡导个性化阅读,让学生在课堂上以一种无拘无束的心态走近课文,善于表达自己那富有个性特色的阅读感受,并在阅读中自然而然地陶冶性情、提高能力、养成习惯,这是阅读教学的境界。

我们很欣慰地看到,随着语文课改的深入,不少老师开始从"你"出发设计问题与组织交流:读过文章之后,你最深的感受是什么?你最喜欢的段落、句子是什么?你觉得应怎样朗读?你认为这篇文章在写法上有哪些特色?你怎样看待作者的观点与写作意图?你最大的收获是什么?等等。这无疑是一种进步!

但现实中,另一种现象也不容忽视,即对个性阅读的尊重与张扬走向另一个极端:脱离文本、脱离文本赖以存在的社会、历史背景,断章取义、瞎子摸象,千方百计鼓励学生"求新求异求怪";对学生的体验、感悟、发现一律附和、肯定、欣赏,不纠偏、不提升、不辨伪,哪怕是胡思乱想,哪怕是低俗市侩;充斥课堂的评价语言也单调得只剩下"不错、很好、非常好"。于是,有同学读《项链》读出了玛蒂尔德完全可以去傍大款以代替十年的艰辛,读出了莫泊桑心胸狭窄,缺少宽容心,虚荣心人皆有之,玛蒂尔德根本不应该受到如此严酷的惩罚;读《背影》读出了父亲违反交通规则;读《愚公移山》读出了愚公没有环保意识与经济头脑;读《泊船瓜洲》读出了王安石月下行船没有交通安全意识;读《景阳冈》读出了武松打虎是错的,因为老虎是被保护动物,老师还趁势要学生阅读《救救老虎》,教育学生保护野生动物……难怪有学者感慨地说:"读《景阳冈》读出救救老虎、保护野生动物,那么,读《宋江怒杀阎婆惜》岂不要读出杀人犯法、杀人偿命来?这《水浒传》真没法读了。"

我们认为提倡多元解读文本、尊重学生的个性体悟与发现,同时也必须尊重文本意义、尊重作者的情感与写作意图,坚持正确的价值导向,两者不可偏废。这才是新课标所提倡的实事求是态度。因此,在提倡学生多元解读、尊重其个性体悟与发现的同时,还要引导学生联系作者,联系上下文,联系时代背景,联系特定社会历史风貌进行全面理解,整体把握,细心揣摩;引导学生对自己的发现、体悟从是非、道德、审美、价值观的层面进行辨正与反思。这样才能使学生的阅读水平、思维品质、审美情趣得到应有的提升。

语文课改任重道远,在它的推进过程中,出现这样那样的偏差甚至矫枉过正的现象实属正常,这不能阻挡它前进的步伐!只要每一位语文教育工作者热情关注、积极参与、深入探索,新课程下的语文教育必将绽放生命的异彩!

4 新课改理念下语文学习方式的误区透视与理性思考[①]

一、倡导自主、合作、探究学习的背景与意义

伴着世界教育改革的大潮,披着新世纪的霞光,语文课改以其汹涌之势真真切切地走近了每一位语文教师的身旁,走进了我们日常的教学教研生活中。这次以体现"以学生发展为本"这一基本理念为特色的语文课改,从理念到目标、从教学实施到教学评价,都呈现出一种崭新的面貌。其中,学习方式的变革是本次课改的重要目标之一。《全日制义务教育语文课程标准(实验稿)》在课程的基本理念中明确提出:"学生是学习和发展的主体。语文课程必须根据学生身心的发展和语文学习的特点,关注学生的个性差异和不同的学习需求,爱护学生的好奇心、求知欲,充分激发学生的主动意识和进取精神。倡导自主、合作、探究的学习方式。"

新课标之所以把"倡导自主、合作、探究的学习方式"列入四大课程理念,主要是针对传统的语文教学尤其是应试教育下的语文教学中过分强调接受性学习、死记硬背、机械训练的弊端;针对以"灌"代"启"、以"讲"代"练"根深蒂固,忽视甚至无视学生的感受、体悟与实践,忽视甚至无视学生的动手、动口与动脑,忽视甚至无视学生学习的主体地位与主观能动性等痼疾

---

① 本文于 2005 年在教育核心期刊上发表。

而开的一剂良药。其目的是要还学生在语文学习过程中的阅读、思考、体悟、想象、表达的基本权利,以培养学生"搜集和处理信息的能力,获取新知的能力,分析和解决问题的能力以及交流与合作的能力",从而形成学生自主学习语文的能力与高质量的语文素养,为其终身发展打下良好的基础。毫无疑问,学习方式的变革是学生个性学习的需要,是顺应世界教育改革大潮与经济发展大潮的明智之举。

二、自主、合作、探究学习的误区透视

综观现在的语文课堂,积极倡导自主、合作、探究的学习方式这一理念正逐渐为广大语文教师所接受,学生自主、合作、探究学习正逐渐形成气候。许多语文教师主动顺应课改发展的潮流,大胆探索,勇于创新,在培养学生学习的自主性、培养学生探究问题的意识与能力以及合作交流能力等方面做了大量有益的尝试,使得语文课堂呈现出了少有的生机勃勃的新气象:课堂不再只是"讲堂",教师不再是课堂的唯一主宰,学生不再是被动的"接受容器";小组讨论的场景,争相发言、上台表演、充当小老师的机会越来越多了;学生活跃起来了,课堂热闹起来了,师生关系融洽了。

然而,透过表面的繁华与热闹,真正深入到课堂生活深处,深入到具体的教学操作中,我们又不能不看到,由于对这一理念理解的深度不够,或是对这种学习方式的两面性认识不足,在具体的实施中,或流于形式,或走极端,出现了不少假冒、伪劣甚至完全变味、走样的自主、合作、探究学习。主要表现为:

1."新瓶装旧酒式"的自主、合作、探究

现在有不少经过精心"包装"的语文课,俨然是课改的一个新生儿,从头到脚都是新的:其教学模式一般为"整体感知—重点研读—深入探究—个性体悟—延伸拓展",其主要教学方法是"小组讨论,合作探究",其每一阶段的具体流程是"合作讨

论—汇报交流"。乍一看，似乎处处流淌着新理念的血液，步步跳动着新课改的脉搏，可一旦深入其课堂生活之中，便会痛心疾首地发现，隐藏在其教学模式、教学方法背后的理念是何等的落后，何等的专制！在一次规格较高的"新理念、新教材、新方法"的语文课堂教学大赛中，一位选手执教《我的空中楼阁》，其教学流程如下：

整体感知：快速阅读课文，讨论作者依次写了哪些景物？构成了哪几幅画面？（时间2分钟）

个性品读：选择你最喜欢的一幅画面自由朗读，圈点你认为精彩的句子，并点评其佳妙，体悟景物中所蕴涵的作者的思想感情。（2分钟后，小组内交流，然后每小组派一位代表发言）

深入探究（一）："我的空中楼阁"有哪几层含义？（讨论1分钟后交流）

深入探究（二）：李乐薇为什么要把小屋建在山上？（讨论2分钟后交流）

延伸拓展：你认为李乐薇的精神追求与古代文人的隐逸情怀有何异同？（讨论3分钟后交流）

这种经过精心包装、打扮得像模像样的"新"课堂、"新"教法，极具迷惑力，很容易让人一看倾心，啧啧称赞。然而，仔细思考，便不难发现，这种披着"新理念、新教法"外衣的课其实是一种十足的"假冒货"，因为在这里教师仍然是课堂的唯一主宰：教学目标与教学重难点的定位权、提问权、学习方法的选择权、学习时间的分配权仍然牢牢地控制在教师手中，甚至学生对教材（学习内容）的知情权、思考权都被"温柔"地剥夺了。不管学生有没有熟悉教学内容，不管该问题是否需要讨论，管它三七二十一，展开讨论；不管学生是否已深入文本形成自己的看法，不管讨论是否已充分展开，不管三七二十一，进行交流；不管学生的知识、能力起点如何，不管是否贴近学生的生活与学习实际，不管三七二十一,大胆探究。我不知道面对教师恩赐的这1、3分钟或是3、5分钟,面对这流于形式的小组讨论与交流,面对这强人所难的延伸探究,学生内心会作何反应,会有何感触?但我知道:这可怜的1、3分钟或是3、5分钟是肯定不足以让学生亲近文本,深入文本,与文本展开充分的对话的;离开了对文本的整体把握、细心品读,所有的讨论都只能是以空对空、无的放矢;放弃学生的独立思辨、独立探究与个性体悟而一味地强调小组讨论、合作学习,是无法形成学生终生受用的自主学习能力的;而那种无视学生知识与能力起点、远离学生生活与经验、贪大求全的探究也绝对达不到培养学生研究性学力与创新思维能力的目标!

2. "放任自流式"的自主、合作、探究

如果说前面这种流于形式的自主、合作、探究学习的后果还不是那么明显,还不足以引人警醒的话,那么,那种纯粹放任自流的走极端的自主、合作、探究学习就真的会让"误尽苍生是语文"的骂名变成现实。

由于理论学习的缺失,个别老师便认为,提倡学生自主学习,不就是让学生自己学习、自由学习吗?于是,课堂上不再设置教学目标,不再围绕重、难点,不再创设情境,也不再对学生的看法纠偏、提升与完善,还美其名曰是将学习的主动权还给学生,是尊重学生的体验与发现。有位老师教鲁迅的《〈呐喊〉自序》一文,在与学生一起简要回顾了鲁迅的生平与创作后,便安排了如下教学流程:

[一]初读课文,整体感知

目标:深入了解鲁迅的思想、个性特征。

[二]再读课文,合作探究

要求:小组合作,从文章的整体出发提出值得探究的问题,并共同探讨。

[三]交流汇报

要求:每个小组推举一位同学发言,宣读本组的探究发现。

整堂课教师"动"得少了,无须挖空心思去设计教学过程、问题情境,无须点拨、引导,甚至无须深入钻研教材了,也无须在黑板上板书了,只要用鼠标轻轻一"点"就完事了。然而,这是课改的初衷、自主学习的本意吗?学生最后的汇报交流便是最好的明证,其研读漫无边际、不得要领,甚至是"捡了芝麻丢了西瓜";其发现流于表象,难及实质;其分析隔靴搔痒,无的放矢。

一讲合作学习便是小组讨论,仿佛课改下的新课堂便是小组讨论,而有了小组讨论便是新课堂了。于是"四人小组"的合作讨论成了新课改的"标签",一下子风靡五湖四海,每堂课甚至每个教学环节都必须小组讨论。当然,小组讨论确实有一定的作用,它能让更多的学生参与到课堂教学中来,有利于实现课堂的生生互动与师生互动。但在新课堂中,我们看到的更多的是这种讨论:文本尚未熟悉或是问题一出现,不引导学生自己读书、独立思考,就匆匆组织讨论;一些缺少难度、思辨性与层次性的问题也动辄来一番讨论;讨论刚展开还没深入就草草收兵、匆匆进入汇报总结阶段,等等。这种将学生的独立思考、独立探究、自我体悟排斥在外的小组讨论,并非真正意义上的合作学习,其后果是不堪设想的。

而一讲探究性学习就是鼓励学生不着边际地求新求异,哪怕胡思乱想、低俗市侩也一概附和一律表扬,美其名曰"尊重独到发现与独特体验";或动辄就是课题研究,撰写研究论文。于是玛蒂尔德丢失项链后买一串真项链赔她的朋友并与丈夫一起用十年的艰辛偿还那巨额的债务成了一种愚不可及的选择,于是屈原惨遭流放仍然眷顾生养自己的楚国并不惜以生命殉理想便成了愚顽不化,于是陶渊明"不为五斗米折腰"而落入"乞食"的窘况便是咎由自取;于是学《死海不死》便研究环保问题,学《过万重山漫想》便研究自然资源的开发与利用,学《沁园春·

长沙》便研究毛泽东其人其思想,学《触詟说赵太后》便研究独生子女的心理承受力。凡此种种,不一而足。

这种新课堂轰轰烈烈、风风光光了一段时间后,猛然回头,不少老师痛心疾首地发现:新课堂是热闹了,学生是敢说了,好说了,会说了;但另一方面,学生们的语文根基没有以前扎实了,自主学习的能力并没有实质性的提高,静心读书、用心体味的习惯并没有养成,学习中浮躁不安、夸夸其谈、浅尝辄止的现象比以前更盛了。于是,有人仰天长叹:这新课改怎么了?这新教法怎么了?也有人推卸责任地说:都是新课改惹的祸!

其实,出现这种与课改本意南辕北辙的局面,究其原因,笔者以为主要是对自主、合作、探究这种学习方式缺乏理性的、深刻的认识。认识的模糊导致了行动的茫然、无序与失误。全国著名特级教师高万祥先生曾说:理念不更新,最先进的手段(此指多媒体电脑——笔者注)也能上出最野蛮的课来。同样,理论修养跟不上,对新理念理解不到位,最先进的方法也会上出最糟糕的课来。

三、自主、合作、探究学习方式的理性思考

1. 自主、合作、探究学习的内涵与特点

自主学习即学生自我监控下的学习,是就学习的内在品质而言的,它相对的是"被动学习""机械学习"。学习自主化是学生对学习的一种由衷的喜爱,是一种发自内心的自动、自觉的学习行为和良好的学习习惯,是从"要我学"向"我要学"、"我会学"的一种学习态度和学习技能的根本性的转变。借用庞维国教授的说法,它应包含如下内涵:建立在自我意识发展基础上的"能学",建立在学生具有内在学习动机基础上的"想学",建立在学生掌握了一定的学习策略基础上的"会学",建立在学生意志努力基础上的"坚持学"。因此,笔者以为,倡导自主学习,最重要的是要充分唤醒学生学习的内在动机,激活其学习的好奇心

与求知欲,强化其学习的自觉性与自立行为,"将学生带入精神充实,富于理智挑战的境界",让每位学生的学习都自觉自愿,让不同层次、不同个性的学生都能获得充分的发展。正如于漪老师所说:培养学生学习的自主性,"关键在培养学生求知的浓厚兴趣与内在动力,激发他们酷爱读书,指导他们学会读书"。

合作学习是就学习的形式而言的,它相对的是个体学习、独立学习,是指学生在小组或团队中为共同的学习目标,有明确的责任分工的互助性学习。有效的合作学习必须具备如下要素:有凝聚力的相对稳定的学习团队,有吸引力的主题,足够复杂而又可分解的任务,明确的责任分工,积极承担个人责任,积极的相互支持,对个人完成的任务进行小组加工与集体反思。在教学中尝试合作学习,有利于培养学生与人合作、与人交往、与人分享的精神与竞争意识;有利于弥补一个教师同时面对有差异的众多学生的不足;有利于师生、生生间的思维碰撞以及师生间、生生间的优势互补与智慧共享。

探究学习是就获取知识的过程而言的,它相对的是接受学习,是指学生独立地发现问题、解决问题获取自主发展的学习。其突出的特点是问题性、实践性、参与性与开发性。探究学习重在探究的过程,不断地发现问题,引起思考,从而培养不迷信权威、不迷信书本、不迷信成见的探究精神;至于能否探到"根"、究到"底",对于处在学习和发展中的青少年学生来说,并不是最重要的。

自主、合作、探究这三者是相辅相成、不可偏废的。一般说来,高品质的合作学习与探究学习首先一定是自主学习,但并不是所有的学习领域和学习主题都要通过合作与探究来完成。语文学习,尤其是探究性的语文学习应立足于自主,合作只是辅助。诚然,合作是必要的,协调的合作省时高效,但只有当合作小组中既有共同的目标又人人都有可自主完成的任务时,才会有集体成果的产生。弱化甚至摒弃学生的独立品读、独立思考、独立体悟、独立探究,而一味地强调小组合作学习,那只能是流于形式,扎"花架子"。探究学习必须建立在对学习内容的整体把握与深入理解的基础上。学生探究能力的形成不能凭空而来,而是在接受性学习、认知性学习、积累性学习、理解性学习的基础上发展起来的。如果没有丰富的知识储备,没有对文本的整体观照与透彻理解,是不可能发现问题,更不可能去探究与解决问题的;如果连原文都没读懂便妄加揣测、胡乱点评,这样的探究是对作者的不尊重,这样的探究态度是不科学、不道德的,这样的探究结果只能是对作品的曲解与妄解。

2. 自主、合作探究是语文新课程倡导的一种而不是唯一的学习方式

首先,自主、合作、探究的学习方式只是新课程倡导的一种学习方式。《全日制义务教育语文课程标准(实验稿)》明确提出:"倡导自主、合作、探究的学习方式。教学内容的确定,教学方法的选择,评价方式的设计,都应有助于这种学习方式的形成。"它并不排斥或否定其他的学习方式;也不提倡不顾教学实情、不问教学内容、不管教学目标而一刀切地运用这种方式。其次,自主、合作、探究作为一种学习方式,本身就有它的两面性:它在培养学生主动学习、乐于合作、勤于探究、勇于创新等方面有其得天独厚的优势;但在形成学生知识的系统性、条理性方面先天不足,难以构建较为完整的语文知识网络。再次,语文作为一门能力型的、实践性很强的人文学科,在学习方法上有着不同于其他学科的特点。语文课程丰富的人文内涵对学生的精神世界的影响是深远的;汉语缺少形态变化、汉字具有表意特征容易引起具体的意象等规律,要求语文教学"尤其要重视培养良好的语感","用心去培养学生的想象能力、联想能力和形象思维能力"。这就要求我们在语文教学中必须强调学生的诵读积累、涵咏体味、感悟体验,在这种积累、熏陶与感染中逐渐形成他们的语文素养与人文素养。当然,学生综合语文素养的形成也绝对离不开教师高质量的富有启发性与感染力的讲授以及必要的科学训练。因此,新课程倡导自主、合作、探究的学习方式,本身并不排斥或拒绝传统的其他语文学习方法;相反,它只有与传统的学习方式相配合、相补充、相得益彰,才能发挥其最大功效。任何"走极端"、"一刀切"、企图"一法统天下"的做法都是不可取的,也是绝对没有前途的。

四、自主、合作、探究学习中的教师角色定位

有人以为:学习方式的转变意味着教师作用的弱化,教师再不用像过去那样精益求精地设计课堂教学,再不用像过去那样精雕细琢地锤炼教学语言,再不用像过去那样兢兢业业地批改作业;强调学生的自主、合作、探究学习就是放手让学生自己学习、自由学习。其实,恰恰相反,要组织与引导学生进行自主、合作、探究学习,在知识储备、教学设计、教学策略的运用以及综合学习能力等方面都对教师提出了更高的要求与挑战。传统的语文课堂教学,基本是"师传生受",教师依纲据本,有备而来,教学内容基本上是"兜售"教参的观点,教学过程基本上执行教案的过程,稳打稳扎,一切尽人教师"彀中",课堂的主宰权牢牢地控制在教师手中。而新学习方式下的课堂,伴随着师生互动、生生互动不断地生成新的信息,致使课堂充满了不确定性与难预测性,缺少课堂教学机智与临场应变能力的教师是难以应对的。

那么,在组织学生进行自主、合作、探究学习的时候,教师的作用何在呢?教师应当充当怎样的角色呢?

1. 学习情境的创设者

前面我已说过,学习方式的转变,最重要的是要充分唤醒学生学习的内在动机,激活其学习的好奇心与求知欲,强化其学习的自觉性与自立行为,"将学生带入精神充实,富于理智挑战的

境界",让每位学生的学习都自觉自愿。这就要求我们的语文教师要为学生的自主、合作、探究学习创设良好的学习情境。首先,我们应为学生营造一种民主、平等、和谐的学习情境,让学生在心理安全、精神愉悦的教学氛围中放心学习、大胆探究;其次,我们还要善于营造各种富于挑战性与思维含量的、便于调动学生生活与情感体验的问题情境,以充分激活学生的求知兴趣与需要,激活他们原有的知识与生活积累,让他们经由这些情境迅速、愉快而执著地进入对新知的学习与探究中,并在学习中充分地体验到思考、探究、精神历险的艰辛,充分体验到那种冲破云遮雾罩后豁然开朗的惊喜。

2. 学生学习的引领者

新课程背景下,随着学生学习主体地位的确立,教师也必须做好角色转换,即由课堂的唯一主宰,由知识的"兜售者",由纯粹的"传道、授业、解惑者"转变为课堂生活中的"平等的首席",转变为学生学习活动的互助者与引领者。在学生进行自主、合作、探究学习时,教师并不直接参与或过多干涉,而是积极地看,积极地听,随时掌握课堂中的情况,考虑如何巧妙地启发、点拨学生,以引导他们走出思维的疑点、盲点与定式状态;考虑如何引导学生自己修正、提升与完善他们的观点与发现,以促进每一位学生的学习;同时,为学生准备尽可能多的教学资料,提供尽可能多的信息渠道,以将学生的学习与探究活动引向纵深。教师讲授时,也要坚决做到如下"五不讲":支离破碎的分析不讲,学生已懂的内容不讲,学生自己能讲的不讲,学生听不明白的不讲,教师自己也想不清的不讲。要讲就讲学生心有所思而口不能言的地方,讲得学生豁然开朗,醍醐灌顶;讲学生理解不到位、不全面的地方,讲得学生开眼界,活思维;讲学习、思维、解题的规律与技巧,讲得学生举一反三,触类旁通;讲自己有独到发现与独特体验的地方,讲得学生耳目一新,满含惊喜。

3. 课堂活动的调控者

在学生进行自主、合作、探究学习时，为确保学习活动的有序、优质与高效，教师有必要进行科学的调控。在课堂上对学生提出的问题、随机发现的问题，要善于通过课堂点评，有意识地进行筛选，做出灵活处理；在讨论时，应引导学生避免情绪的浮躁、理解的肤浅、认识的偏颇，并给足时间；对讨论中出现的肤浅、偏激、怪异的观点，要引导学生在进行深入阅读、反复感悟的基础上进入理性思考，调整自己的阅读方向，进行自我修正与完善。同时，能根据学生的实际学习情况灵活调整教学目标、教学内容、教学难度、教学进度，能根据学生的实际学习情况灵活地运用评价机制，以实现课堂效益的最优化。

机遇与挑战并存，革新与困难同在。在语文课改的过程中，出现困惑、迷乱，滑入误区甚至走进歧路都是自然的，甚至也是必然的。只要我们认准目标，坚定信心，强化学习，善于反思，及时调整，勇于修正，我们必将迎来语文课改的湛湛蓝天，迎来学生主动学习、自主发展的美好未来！

5 试论教学作文评价[①]

引　言

众所周知，最能体现学生语文素质的莫过于他笔下的作文，因为作文综合体现了学生的观察力、记忆力、想象力、思考力，更集中体现了他的语言表达能力、思想认识能力与审美鉴赏水平。

---

① 本文于2001年收入中国知网"全国优秀硕士学位论文全文数据库"。

被誉为语文教育"半壁江山"的作文教学,担负着培养和形成学生写作能力的重要使命,它由作文命题、作文指导和作文评价等环节组成,其中任何一个环节的优劣都直接影响着作文教学的效果,从而影响到学生写作能力的发展。因此,研究作文教学就不能不研究教学作文评价。

教学作文评价,顾名思义,指的是对教与学中的学生习作所进行的评改与估价。科学有效的作文评价,不仅能引导、规范学生的写作,激发其写作热情,发掘其写作潜能,促成其主动作文;而且还将对学生的整个语文学习,乃至其心灵、心理产生长久而深远的影响,有时一语褒贬便足以左右学生的思想感情,甚至成为其学习进程中的转折点。

然而,现行的教学作文评价,由于缺少现代教育评价理论与教育心理学原理的支撑,大多流于感性、盲目与随心所欲。这主要表现为评价标准定位过高,将作文教学等同于范文教学,将教学作文评价等同于竞赛选优或成人作品评价;只重评价的选拔、鉴别、分等功能,一味地强调评价的公正、客观、全面;评价方式以批评、否定、挑刺为主;评价用语则千篇一律、千人一面。这种评价,不仅不断地挫伤着学生中的大多数,使他们的写作处于一种被动、机械、单调甚至冷漠的状态中,而且也不断地挫伤着广大语文教师,使他们体验不到作文教学的成功与精彩,从而严重地干扰了作文教学。因而,对它进行深入的研究探索与大胆的改革创新已显得十分必要。

令人欣喜的是不少有识之士已经开始研究与探索作文评价,且已有不少研究成果见诸报刊。但这些研究比较集中在考试作文的评价与调控、作文评价的形式与技巧、作文评语的写作等;也有极个别的研究者开始运用现代教育评价理论来研究作文评价的局部问题,如施评中定式心理的调控、作文评价的分类与特征等。但真正对教学作文评价进行理性思考与系统研究的尚为罕见。有鉴于此,本文试图借助现代教育评价理论和教育心理学的有关原理,系统地探讨教学作文评价的内涵、性质、功能、原则、标准与出路,以期保证教学作文评价的语文学科方向,形成一种以发展学生写作能力为本的评价理念,并促成教学作文评价走科学化道路。

一、考察教学作文评价的现状:高耗低效,令人尴尬

教学作文评价是作文教学中的重要一环,它是一种直接指向作文教学、调整作文教学进程与发展趋势的手段。科学有效的作文评价对激发学生的写作激情,提高作文教学的质量有着重要的意义。然而,作文教学实践普遍而反复地证明,教学作文评价上的高耗低效似乎已成一种痼疾,长期以来,都未曾得到有效的解决。我们常听一些语文教师感慨:最头疼的是评改作文,最尴尬的是讲评作文。你花再多的工夫去评去改,学生也只是看一下分数,瞥一眼评语,就塞进抽屉里,而很少去思考;你费再大的力气去准备讲评,学生听时也不置可否,甚至不以为然,而一写作文,你重点讲评了的问题又照出不误。

学生又是怎样看待教师的作文评价的呢?为了了解学生的看法以及学生理想中的作文评价,笔者曾对某重点中学365名学生进行过一次问卷调查,其结果发人深省。

(1)有相当数量的学生根本就漠视教师的作文评价。作文本下发后,48.6%的学生表示"只看分数"或"分数评语都不关心",52.4%的学生认为作文讲评课对自己写作能力的提高"没有帮助"或"帮助甚微"。在解释原因时,不少学生引顺口溜说:"作文评语不用看,中心结构各一半;作文讲评不用听,审题切题到谋篇。"

(2)对作文评价的功效,多数学生希望能从作文评价中更多地得到肯定鼓励、启发诱导,而实际情况却相反,绝大部分学生的作文积极性受到挫伤。在回答"你认为作文评价最重要的作用是什么"时,答"评定、鉴别作文水平的高低"的仅占10.4%,73.9%的学生都认为是"激发学生的写作兴趣,发掘学生的作文潜能"。希望作文评价"更多地指出缺点与不足"的仅占9.7%,"更多地发掘学生的优点"的占34.2%。在以往的作文评价中,认为自己得到最多的是"肯定鼓励性的积极评价"的只有12.8%,"肯定否定评价参半"的占43.4%,"否定贬低性的消极评价"或"很少被评价"的占43.8%。以往的作文评价经常让学生觉得"写作水平很不错,而且越写越有劲"的仅占6.9%,"写作起点虽不高,但能看到自己在不断进步"的也只占29.2%,51.4%的学生认为自己"写作水平一般,很少得到认同与赏识",还有12.5%的学生认为自己"写作能力低下,常常被冷落与漠视"。

(3)对作文评价应遵循的最重要的原则,认为是"实事求是,客观公正"的仅占20.6%,63.3%的学生都认为应是"因材施评,突出针对性"与"学生主体原则"。

(4)对作文评语的要求,能让学生刻骨铭心的评语,几乎无一例外都是那些溢满爱心与期待、鼓励与诱导、富有个性特征的,但现实中这样的评语凤毛麟角。46.1%的学生认为教师的评语"笼统含糊,千篇一律,缺少具体针对性",17%的学生认为教师的评语"断语、指令多,缺少平等交流与爱心期待",仅有14.1%的学生认为教师的评语"富有文学性、情感性,凸显了老师的语文素养"。

二、化解教学作文评价的症结:识得评价真面目

教学作文评价高耗低效的症结究竟何在?教师与学生往往各执一词。不少教师认为问题主要在学生,认为他们写作起点太低,作文素质太差,作文主动性不强,作文兴趣缺失,不懂得尊重教师的劳动成果,等等;多数学生则认为责任主要在教师,教师的评价内容大而空,多有雷同,评语老是围绕"语言""选材""中心""结构"打转;讲评总是"审题""立意""结构模式"那一

套;教师的评价给人的感觉是老扳着脸孔,居高临下,根本无法激活学生的作文积极性,无法满足他们渴求认同的心理需求,无法与他们进行平等的交流,等等。当然,这些都是作文评价中存在的迫切需要解决的问题,但我们认为这些都还只是问题的浅表现象,尚未涉及到问题的要害所在,因而也无助于问题的根本解决。

吕叔湘先生曾说,困难长期得不到解决的时候,如果退一步在根本问题上重新思考一番,往往头脑更清醒,更容易找到解决问题的途径。那么导致作文评价高耗低效、出现种种尴尬局面的根本性问题在哪里呢?我们认为,还是不少教师对教学作文评价的内涵、性质、功能、原则、标准等缺少科学的、理性的认识,从而致使评价流于感性、盲目、随意。因此,我们很有必要对上述问题作深入的思考与探索,以求得对教学作文评价的深层认识。

1. 认识教学作文评价的内涵与性质

何谓教学作文评价?也许不少老师会觉得好笑,这还用问?教学作文评价不就是对学生作文的评价么,有什么好探究的?其实,问题远没有这样简单,要准确把握教学作文评价的内涵与性质,必须明确区分一些相关概念。

(1)教学作文评价有别于作品评价。

在作文评价实践中,最容易犯的一种错误就是将作文评价等同于作品评价。在施评中,习惯于用成人的思维方式与语言表达能力要求学生,且特别强调其思想认识的高度与深度,严重忽视学生的年龄、心理特征与认识水平,忽视作文教学的培养目标,从而很难给学生尤其全体学生的作文一个合理的评价。出现这种失误的一个重要原因,恐怕正是将教学作文评价等同于作品评价的意识在作怪。

其实,教学作文评价有别于作品评价,因为学生的习作不是文艺作品，也有别于现实生活中实际运用的那些普通文章。作文教学的目标是培养学生能适应实际生活需要的写作能力与良好的写作个性。对此，叶圣陶先生曾说："写封信，打个报告，写个总结，起个发言稿，写份说明书，写一篇研究论文，诸如此类，不是各行各业的人都要做的事吗？因此，要求学生要写好作文，在中学阶段打下坚实的基础。至于作诗作小说，并不是人人所需，学生有兴致去试作，当然绝对不宜禁止，但这并非作文教学的目标。"这就是说，中学生的作文能力，指的是学生会写一般文章的能力，不包括或者不主要包括文学作品的创作。因此，作文评价应有别于文艺评论。

而且，在作文训练过程中，学生的写作还是一种练习，它跟现实生活中的普通文章的写作应该有区别，有差距。对此，叶圣陶先生是这样分析的："我谓实际作文，皆有所为而发，如作书信，草报告，写总结，乃是因事陈其所见，对敌斥其谬妄，言各有的，辞不徒作。而学生作文系属练习，势不能不由教师命题。学生见题而知的，审题而立意，此其程序与实际作文异。"

从评价着眼，这种区别，主要表现在以下几方面：

第一，作者身份不同。作品作者多是成年人，大都是有较成熟的思想观念，在语言文字、文学方面有较好素养或浓厚兴趣的人，而作文的作者是学生，是处于成长中的学生，上述方面正是有待培养和提高的教学目标。因而，对两者的写作水平的要求应有高低之分。

第二，写作目的不同。作品写作通常是有感而发，旨在反映现实，抒写心志，并要进行广泛交流或发表，以产生实际的社会效果，带有明显的实用目的。而学生写作的直接目的则不是用以解决现实问题，而是培养写作能力，培养学生适应现代社会、现代生活所需的用书面语言进行交际的能力。每次作文都有明确的能力训练侧重点，每个阶段都有其要达成的能力目标，写作的主要目的是为了掌握某项写作技能,是为了训练其语言表达能力,而不是为了公开发表或广泛交流,除了给老师或同学一种信息反馈外,一般不产生社会效果。

第三,写作过程不同。作品写作,通常是意在题先。即通常是先有生活体验、情感触发、心灵触动,激起了"骨鲠在喉,不吐不快"的表达欲望,再去完成命题、选材、布局、谋篇、运笔成文等一系列环节。整个过程遵循从生活到创作的正常顺序,因而,写起来就能得心应手,纵横驰骋,一气呵成。学生作文是一种严格的写作技能训练,强调科学的训练序列,训练的时间、地点、内容、体式乃至技法与作文标题都有明确的限制,学生必须按这些要求作文。其写作过程打破了正常顺序,变成"题在意先",因而,大大限制了写作的自由度,加大了写作的难度。

第四,写作能力要求不同。学生的写作能力不同于成人的写作能力,它带有明显的阶段性与层次性。它是学生阶段的写作能力,是素质教育要求的最基础的写作能力。作文教学要培养的中学生的写作能力主要是指导学生通过写作关,"所谓通过写作关,目的在顺顺当当地写好一篇文章,记事记得一清二楚,说理说得明白晓畅"。

学生习作与作品写作的上述不同,必然要求教学作文评价不同于作品评价。

(2)教学作文评价有别于竞赛作文选优。

前面已经说过,作文教学的目标是培养和提高学生的日常学习和工作所必备的一般写作能力,这决定了教学作文评价的标准必须面向全体学生,作文评价的目的是促成全体学生写作能力的发展。而作文竞赛中的选优,其目的主要是选拔,它所关注的是发现或培养具有特殊或超常写作能力的学生,让这些学生的作品得以获奖或发表,使他们能在同龄人中脱颖而出,因而它的评价标准要远远高于教学作文评价的标准。

(3)教学作文评价有别于考试作文评价。

教学作文评价是指在达成教学目标、形成学生作文能力过程中对学生的习作所进行的评点与估价,其主要目的不在于评定学生某次作文的实际成绩和它所体现出来的写作能力的高下,而是通过评价,把学生取得的进步尽快反馈给学生,在评价中,肯定其优点,指出其不足,提出修改意见,以帮助学生形成作文能力,更好地发展自己。因而,它偏重于以发展的眼光去考察学生个体作文素质的变化。考试作文评价是一个学期或一个学程结束时对学生作文水平作出的评价,其首要目的是"给学生评定成绩,或为学生作出证明",它要求以尽可能全面、公正、客观的标准为学生的作文水平作出判断与鉴定。因而,它侧重于从横向比较的角度鉴别学生的发展水平。

(4)教学作文评价应属于形成性教学评价。

作文教学是学校语文教育活动的一个重要组成部分,因此教学作文评价的性质也应该放到语文教育的领域中来考察。而学生作文能力的形成、作文教学目标的实现,都必须通过由易到难、由浅到深的反复训练。我们说的教学作文评价主要是指这种在达到作文教学目标、形成作文能力过程中对学生习作所进行的评价,它不包括作文考试。从这种意义上来看,教学作文评价应属于教学评价中的形成性评价。具体地说,它是指以语文教学大纲(现在应改为语文课程标准,笔者注)规定的各阶段学生应达到的写作能力目标和每次作文训练的分解目标为评价标准,以引导、规范学生写作,唤醒、维持、呵护学生写作热情,发掘学生写作潜能,促成学生主动作文为指归而对学生习作作出的评改与估价,对学生反映到习作中的写作能力作出的评价与预测。它主要有两种形式:评分与评语;包括两个环节:作文评改与作文讲评。

2. 明确教学作文评价的功能

对教育评价功能的全面认识,是现代教育评价理论的重大发展。将现代教育评价理论引入教学作文评价,目的之一是为了揭示教学作文评价的多种功能,使它能更好地调节、改善和提高作文教学的质量。在以片面追求升学率为主要目标的传统教育模式下,教学作文评价单纯为升学目标服务,其指导思想是选拔适合升学教育的学生,因此,在评价时,往往比较强化其鉴别、分等功能,侧重于按升学要求确定学生在本班或本次作文中的名次,划出学生的等级。而教学作文评价作为一种形成性评价,其目的主要是帮助教师把注意力集中在学生达到掌握程度所必须具备的特定知识与技能上来。形成性评价目的观,反映了现代教育功能的重大转变,即由过去的选拔和淘汰转变为发展和培养。为此,我们特别强调教学作文评价的如下三种功能:

诊断功能。教师对学生作文水平作出评价,不仅是在论文,更主要的是全面了解学生的作文素质,发现学生作文哪些地方见长,值得巩固与发扬,哪些地方还存在问题与不足,需要进一步改进,以帮助学生明确自己的优势与薄弱环节,从而确定适合自己发展的作文训练目标。教师亦可依据评价结果,不断地调整作文教学目标,优化作文教学过程,反观作文教学效果。

激励功能。教学作文评价作为一种促进学生作文能力发展的手段,其主要作用不在选拔与鉴别,而在于通过一定量次的作文训练与作文评价,去调动、唤醒和激活学生作文的积极性,保护他们的作文兴趣与热情,挖掘他们多方面的创作潜能,满足他们渴求体验成功的心理需求,以促成其作文素质的稳步提高。

交流功能。托马斯·格温说:"对于学生而言,教师在评价时作为一个读者并在需要时给予合作,比时时处处作为一个找语病的审阅者更有帮助,因为写作的真正目的在于交流。"教学作文中的这种交流,当然不应理解为社会生活中的交流与交际,而应视为教师与学生之间的心理沟通,尤其是学生心灵的一种自我对话。既然学生写作的目的在于交流,那么,教学评价就应该满足学生的这个需要。在评价时,与学生情感共鸣,思维相通,并与他们一起商讨修改方案,让他们及时获取有关自己习作的种种反馈信息。

3. 把握教学作文评价的原则

作文评价的原则是从作文评价实践中概括出来的,又反过来指导作文评价实践的理论。它对于实际的评价活动,如评价标准的确定、评价方法的选取与改进,起着指导作用。当然,由于对教学目标、教学理念的追求不同,所提出的原则也可能很不相同。我们认为,教学作文评价应该遵循四项基本原则。

(1) 赏识鼓励原则。

所谓赏识,是指认识到某人的才能或作品的价值并予以重视与赞扬。教育学中的赏识,指的是教师满怀热情地发现学生的成功和进步,并给予充分的肯定与鼓励。教育的诀窍在于尊重与发现,懂得如何去开发和肯定学生的积极因素是教育成功的一个窍门。赏识是"一种积极的强化手段,它能激发人的心理需求,使人自尊、自信、自持"。因此,在评价学生作文时,我们要莫忘细微之处,不吝溢美之词,关注点滴进步;充分挖掘学生习作中的优点与长处,尤其是作文水平低下的同学习作中的可贵之处,哪怕是一个片段,一个句子甚或一个词语,都要予以诚恳的肯定与赞扬,评分时给予高分或加分以示鼓励。通过赏识与鼓励,让学生体验到作文成功的喜悦,获得所需要的成就感,从而保护他们的写作兴趣与写作自信心,唤醒他们的写作热情,促成他们主动作文。

当然,我们强调赏识鼓励原则,并不是说就不要重视学生作文中的问题与不足之处,这些也必须重视,必须评改。但是,我们所强调的,是对它们要持积极的促成态度,让这些不足、缺陷与错误最终能成为成功的先导。

(2) 分层施评原则。

俗话说:"十个手指不一般齐。"在作文训练时,全班每个学生的作文起点是不一样的,其写作能力、写作心理也不一样。因此,对他们的习作进行评价时,教师要从学生个体的实际情况出发,依据不同的评价标准,有的放矢地进行评价,使每个学生都能扬长避短,获得最佳的发展。对作文水平高、写作能力强的学生,则引导他们从立意构思、篇章结构、语言表现力等方面多加考虑,提出更高的要求,指明努力的方向,鼓励他们把作文写得更好;至于中等水平的学生,其作文往往写得一般化,四平八稳,则应引导他们发挥创造性,在构思、立意的新颖、深刻等方面多下工夫,帮助他们进一步提高;至于写作能力低下的学生,则应从基本功着眼,先要求他们把字写正确,把话写通顺,把段落、层次理清楚,尤其要善于发现他们的进步,哪怕是些微的进步,例如本次作文按时交了,书写工整了,错别字少了,语句写通顺了,字数写够了,都要及时而诚恳地予以肯定与表扬,让他们也能"抬起头来走路",理直气壮地说"我也会作文",从而慢慢地走向进步。

(3) 分数与评语相分离原则。

在以往的教学作文评价中,分数与评语往往成正相关,即评语评得好的,作文分数一定高;评语说不足居多的,作文分数一定偏低。其实,分数只不过是一种调控教学的手段,它在教学作文评价中的作用,主要不是评定作文能力,量化作文成绩,而是一种激励手段,正如前苏联著名心理学家沙塔洛夫所说:"每一个分数都应该成为一种动力,否则,就失去了它的教育意义。"评语则是通过语言描述使学生对自己作文的评价与认识不再停留在抽象的分数上,应强调针对性与实效性。分数与评语相分离,既可以保护学生的作文积极性,又可以使学生对自己作文的认识不耽于分数的高低,在高分的激励中仍能看到问题的所在与达到目标的程度。

(4)学生主体原则。

学生主体原则指的是在评价时,要重视调动学生的主观能动性,充分发挥学生在评价过程中的主体作用,让学生积极参与评价,把评价过程看成是被评价者的自我检查、自我分析、自我提高、自我教育过程。强调作文评价的学生主体原则,充分发挥学生在评价过程中的主体作用,符合现代教育评价的发展趋势。现代教育评价在评价目的、功能、过程等方面都发生了深刻的变化,已经不再把被评价者视为被动待查的客体,而是视为教育评价的主体,把自我评价看成是教育评价的重要环节。强调学生主体原则,有助于作文评价预期目标的实现。学生在作文评价过程中,有着重要的地位与作用,他们参与评价活动的主动性、积极性尤其是与教师的合作程度,是保证作文评价质量、实现作文评价目的的重要因素。强调学生主体原则,有利于培养学生主动学习的精神,提高写作能力。作文评价中发挥学生的主体作用,一般是通过学生自我评改与学生互相评改两种途径实现。学生自我评改过程就是自我诊断、自我矫正的过程。在这一过程中,学生不断地发现问题,不断地动脑筋加以调整和改进,这样,不但提高了学生的修改能力,也培养了他们写作的主动性与责任感。学生互评互改,能使他们互相学习、互相交流、互相促进,在评改他人的作文时取长补短,从而提高自己的写作能力。

4. 确定教学作文评价的标准

长期以来,教学作文评价都没有一个客观的、科学可行的标准可依。教师在施评中,要么凭印象凭感觉凭主观进行,要么死呆八板地套用中考、高考作文评价标准,要么生搬硬套文学评论的标准。因此,常常出现同一篇作文由不同教师来评时其结果差距很大的情况;或者一次作文下来,没有一两篇看得上眼的,学生心里灰溜溜的,教师心里也很沮丧。导致这种局面的出现,如果排除教师自身能力、素质等方面的因素,评价标准不明确恐怕也是一个重要的原因。这样随意评价的后果是不断地挫伤学生中的大多数,也不断地挫伤教师自己,极大地干扰了教学作文评价,很大程度上危害着作文教学。由此可见,有无明确的标准,标准定得是否科学、合理、可行,都将直接影响我们的作文教学。

那么,教学作文评价究竟应以什么为标准?该怎样确定作文评价的标准呢?

首先,我们必须清楚中学阶段作文教学的目的与培养目标。关于中学阶段作文教学的目的,叶圣陶先生的看法是,通过写作教学在中学阶段为将来的实用写作"打下坚实的基础"。韦志成先生的观点是,通过作文教学"指导学生正确运用祖国的语言文字"。初中阶段作文教学的目标,《九年义务教育全日制初级中学语文教学大纲(试用)》说的是使学生具有基本的写作能力,这基本的写作能力,《大纲》阐述得非常清楚:"能写记叙文、简单的说明文、议论文和一般应用文,做到思想感情真实、健康,内容具体,中心明确,条理清楚,不写错别字,正确使用标点符号,格式正确,书写规范、工整,初步养成修改文章的习惯。"至于高中阶段的作文教学目标,《全日制普通高级中学语文教学大纲(试验修订版)》(2000年)作了如下阐述:"作文观点明确,内容充实,感情真实健康,力求有创意;厘清思路,确定中心,选取材料,合理安排结构;根据需要,展开丰富的联想与想象;恰当运用叙述、说明、描写、议论、抒情等表达方式;语言要规范、简明、连贯、得体。"上述目标,对各阶段学生的作文能力应该从哪些方面来衡量以及各阶段应达到怎样的程度,都作出了具体的规定,应该说是合乎学生的实际的,而且面向大多数学生,反映了基础教育的要求,也体现了素质教育的思想。因此,我们在施评时,应严格以各阶段的作文教学目标为评价标准,按照它规定的内容与应达到的程度去评点学生的习作。

其次,作文教学目标的实现也不是一蹴而就的事情,它需要分解成若干子目标,通过对每个子目标的针对性训练而逐步达成,每次作文训练都应有其侧重训练目标。因此,我们在确定作文评价标准时,必须兼顾甚至凸显每次作文训练的针对性目标。

其三,必须结合学情。不同地域、不同层次学校、不同班级甚至同一班级内的学生,其作文起点与作文水平都不尽相同,甚至相距甚远。一般说来,城市的学生由于家庭、社会环境的优势,其整体写作能力一般会强于农村学生;重点中学的学生,由于是择优录取,其整体写作能力也往往会高于一般中学的。因此,我们在确定评价标准时,不能不结合自己所在学校所教班级的具体学情,参照他们的作文素质实际情况,否则,以脱离学生实际的过高或过低标准而作出的评价,都不能达到预期目标,发挥预期效应。

我们认为,作文评价的基本标准应包括两个方面:一是对作文之"文"提出的标准,先讲"通不通",再论"好不好"。它由思想内容、语言表达、结构层次和文面四个部分组成,偏重思想和语言,兼顾结构和文面。二是对学生之"作"提出的评价标准,即用发展的眼光、辩证的方法,全方位地评价学生的作文过程及其写作能力。它主要包括观察分析力,联想想象力,逻辑思维力,阅读积累与生活体验力,写作态度、习惯与兴趣等方面。

需要指出的是,中学生的写作,实质上是语言运用的问题,因此,在衡量作文水平的基本因素中,语言表达应是关键中的关键,它所占的比重理所当然地要超过其他因素,否则就背离了中学作文教学的根本目的。

三、探索教学作文评价的出路:科学调控,改革创新

前面我们已论述了教学作文评价的内涵、性质、功能、原则与评价标准的确定。下面我们就结合实际情况,谈谈怎样有效地实施教学作文评价。

1. 调控施评干扰心理

(1)作文施评过程中常见的干扰心理现象。

在作文施评过程中,施评者的心理行为十分复杂,其评价水平、情感、意志、性格、习惯等,都会对评价活动产生程度不一的影响。从认知角度来看,施评者在施评过程中常见的干扰心理主要表现为:

首因效应。又称先入为主效应。它是指第一印象比较鲜明、深刻,持续时间较长,不易改变的心理效应。教师在新接任一个班后的第一次作文,往往会在头脑中留下深刻的印象,甚至会直接影响到以后的作文评价。如某个学生第一次作文写得较好,即使以后他的作文写得平庸,有些教师也可能凭着第一印象,给予较好的评定;反之,如果某个学生第一次作文写得很糟糕,那么即使以后的作文有进步,有些教师也难以作出恰当的评价,特别是连续几次作文都写得好或者不好的,教师对其以后的评价往往不可能怎么差或怎么好,因为这个学生的作文水平已经在教师的头脑中刻下了深深的烙印,难以改变。这种评价心理,忽视了一个基本事实——学生的写作能力是处于动态发展中的。

理想效应。也称求全效应。它指的是用完美的文章作标准,用成人的思维方式作参照来衡量学生的习作水平。这样,在评价中就自觉或不自觉地提高了期待要求,产生了求全求美的心理,因而在评价中产生不满意的体验。在这种心理失衡的状态下,就可能给对象以偏低的评价。这种心理影响在作文评价中表现非常突出,一次作文下来,教师往往没有几篇看得上眼的,打开作文本,一般都是六七十分,很少见八九十分的,评语大多是"内容空洞"、"言之无物"、"认识肤浅"、"构思平庸"、"缺少文采"之类。教师之所以如此吝啬,如此刻薄,主要是理想效应在作怪。在这种心理影响下,教师忽视了学生的年龄、身份、认知心理特征,忘记了大纲(现为语文课程标准,笔者注)规定的作文教学目标和每次作文教学的训练目标,而盲目地以理想中的美文、范文为参照,对学生习作一味地求全责备,其结果是使大多数学生在屡屡失败中丧失作文的兴趣、积极性与自信心。

趋中效应。它是指评价者既不愿给优秀者以高的评价,也不愿给后进者以低的评价,而是尽量缩短差距,向中间状态集中的一种心理效应。出现这种心理,或是由于自己没有把握,来个"模糊"处理;或是由于态度不严肃,敷衍了事,所谓"脑袋一摸,神仙带科学";或是受中庸思想的影响,固执地认为对优者当严,对劣者当宽,尽量缩短差距。在平时的作文评价中,我们不难发现,90分以上的作文是凤毛麟角甚至绝迹,80分以上的也寥寥无几,绝大部分是70来分;给的评语也大多千篇一律、千人一面,诸如"中心明确"、"内容具体"、"语言通顺"、"结构合理"。如此评价,最省时,最省力,但从很大程度来讲也是最无效的。

晕轮效应。它指的是在作文评价中,施评者对习作中的某一个方面印象十分深刻,以致影响到对整篇文章的其他方面的认识与评价的一种心理现象。如某篇习作书写特别工整、美观,就作出该文为优秀作文的评价,其实,该文除了书写外,其他方面可能都不出色;而看到某篇习作书写马虎,卷面不整洁,就可能无视其内容的创意、构思的新颖、思路的清晰而武断地评为"一般"甚至"较差"。这种评价心理,往往容易使我们只见局部不见整体,甚至"捡了芝麻丢了西瓜",对学生容易形成成见,难以充分调动学生的作文积极性。

(2)作文施评过程中干扰心理的调控。

上述四种心理现象,都将或轻或重地干扰作文评价,影响作文教学的效果。因此,在作文施评中,要求语文教师能努力调控好自己的评价心理,避免干扰,尽量做到科学、理性地施评。其调控的主要方法有:

定向调控。作文教学目标制约作文评价活动的展开,作文评价活动必须围绕作文教学目标展开,这就是定向调控的基本意义。我们在实施作文评价的过程中,应始终记住作文教学的目标和每次作文训练的侧重点,借此克服评价过程中干扰心理产生的负面影响,努力使评价客观、准确、高效。

定度调控。作文评价必须以一定的尺度或标准来衡量作文及其过程。定度调控就是指要用作文的基本标准来规范作文评价活动,使其有益于实现评价目标,或者说,在评价过程中,教师必须自觉地保持评价标准的相对稳定和评价视角的全方位,以确保作文评价的科学有效。

切实提高施评者的作文评价能力。施评过程中的种种干扰心理现象的出现并不是孤立的,而是与施评者的教育思想、职业道德、业务能力、知识经验积累密切相关的。因此,要做到施评过程中的抗干扰,就要求我们的教师爱岗敬业,增强责任感,树立先进的教育理念,深入钻研语文教学大纲,认真学习现代教育评价理论与教育心理学的有关原理,用最新的知识武装自己,及时掌握作文教学改革与研究的前沿信息,保持思维的准确、新颖和敏捷,以切实提高自己的作文评价能力,使教学作文评价跟上教育改革的步伐。

2. 革新作文评改

(1)革新评改要求。

作文评改包括对学生习作的评点与修改。评点,即对学生作文的优劣作出评价;修改,即指导或帮助学生改正作文中的缺点与错误,同时也包括对学生作文的修饰、润色与修改。通过评改,可以帮助学生认识自己作文的优缺点,明确写作方向,使学生懂得应该怎样写和不应该怎样写,从而激活思维,活跃想象,提高写作的自觉性。

为提高作文评改的实效,在评改学生习作时,应做到以下几点：

尊重学生，多就少改。学生作文，从本质上看，是一种创造。中学生成文一篇，也非易事。在他们看来，努力写出了，已达到了自己较好的水平。送给老师评改，指望有所肯定与引导，以便从中得到力量与启示。对老师而言，评改作文，更重要的是，让学生能看到自己的成绩与进步，看到自己有能力写好作文。因此，教师评改时应尽量保留学生习作的"本来面目"，即使改动，也要尽可能地尊重习作原意，防止用教师思想代替学生思想；评点时也千万记住评点对象的身份、年龄与认知心理特征。如果教师只顾个人的看法与主张，随兴所至，任意删改，胡乱点评，甚至将学生作文改得面目全非，通篇见红，只能使学生丧失自信，对教师的评改产生误解甚至反感、厌恶，从而严重地抑制学生的创造力。

启发思考，多批少改。如果只是教师费心尽力去批改，学生不动脑筋、不动手，那是劳而无功的。批改不仅要提高学生某篇作文的档次，而且还要提高他们的作文能力，培养他们评论和修改文章的能力。因此，教师不能代替学生修改，而要给学生留有思考的余地和自己修改的机会；教师的批改要富有启发性、教育性，多问几个"为什么"，充分调动学生的主动性，让学生参与其中，让他们在教师的点拨下"从盲目的作文状态中走出来"，"自己寻找写好作文的途径"。

（2）更新评改方式。

作文评改的改革一直是作文教学中的一个热点问题。为提高教学作文评价的实效与作文教学的效果，许多教师都狠抓评改这一环，努力探索更省时、更高效、更科学的评改方式，使作文评改出现了不少亮色。下面介绍几种较先进的评改方式：

点改法。它是由全国著名特级教师李元昌老师首创的一种作文评改法。它与传统的作文评改方式的显著不同是：教师不直接说出学生习作的得与失,而是通过点拨,使学生自己去寻找与认识;教师不直接告诉学生修改的结果,而是通过引导,让学生自己去寻找途径与方法,最后自己完成作文的修改。比如,对待文中的错别字,传统的评改方法是在那个错别字上打"×",明确告诉学生那个字错了;点改法则不同,它只在有错别字的那一行所对的眉批处画"×",要求学生根据教师的提示,自己去找错别字,自己在该字处画"×",并自己予以改正。点改的内容可以涉及到文章的方方面面,如遣词造句、选材立意、谋篇布局,等等。运用点改法,一方面,能充分调动学生的主动性,让学生自己动手动脑;另一方面,又便于将"读"与"写"紧密结合起来,不仅提高学生的写作能力,也能促进学生阅读能力的提高。当然,要发挥其实效,需要教师与学生双方的紧密配合。教师的"点",主要是"点"方向,"点"途径,既要点清,又要含而不露;既要点透,又不能直接告诉。学生呢,则须在教师的引导、点拨下,自己去思考、去探求解决问题的途径与方法,以切实提高自己的作文能力。

下面请看运用点改法评改的一篇习作:

哪条路属于我

兰天中有雄鹰的路,大海里有帆船的路,沙漠里有骆驼的路……苍茫的大地上啊,哪一条是我走的路。我现在正读初三,面对着明年的中考,我不知道该怎么去做。	本句有个别字 有个标点用错
"如果不能升学,就勇敢地加入到家乡的建设事业中去,那也是一条光明的七彩的路。"这是老师经常对我说的。	本句有个词使用不当
"孩子,如果能考上重点高中,以后的路就好走了,考不上哪还有你走的路?"这是妈妈长在我耳边刀咕的。	本句有两个别字

"回来伺弄那一亩三分地,有啥奔头?"村里的人也这么说。

听见了妈妈的话,听见了村里人的话,我的心就禁不住一阵震动,于是我每天学呀,学呀。嘴里嚼着饭,还在叨咕着英语单词,手里拿着筷子还比画着那道还没证上的几何题。妈妈说我呆了,弟弟说我有神经病。①其实我并没有什么病,是升学把我压的。| 本句有个词使用不当

我一想起老师的话,我的心里就亮了。种田就没有出息么?全国12亿多人口,②即使(如果)大家都不种田,那么穿的衣服从哪里来,饭从哪里来呢?

明年,我就要和大家一起挤过独木桥了。一想到这,我的心就会不停地跳。明年,我也许就要踏上回乡之路。想到这,我想起了老师说的话,心里又充满了希望,充满了光明。〔我会沿着这条光明的路走下去,虽然说希望无所谓无无所谓有,只要我坚持走下去,就会实现我的理想。〕

大千世界呀,哪条路属于我?

我的心中有自己的路,我的脚下要走出自己的路! | 这样结尾很好,请说说好在何处。

总批:

一、回答下面的问题:

文中标有〔〕的部分和它所在段落的中心有何关系,该怎样处理?

二、按要求回答:

1. 标有①的句子应删掉,请说明原因。

2.标有②的句子老师已作了修改,请你说说老师修改的理由。

学生互评互改式。即提出要求,组织学生相互评改他们的习作。

这种评改方式好处很多。首先,转换角色,使学生由被评价的客体变换为评改的主体,有利于凸显学生的主体性。互评互改,将教师的全批全改、精批精改变成学生的自主互改,学生成为教学活动的主体。学生角色的变换,使他们中的绝大多数以浓厚的兴趣与饱满的热情投入到对他人习作的点评与修改中。同时,评改作文时,学生站在评改者的角度,进入教师的角色思考问题,有利于增强学生的心理适应能力、心理平衡能力、角色互换能力,能促进学生心理走向成熟。其次,创设情境,有利于培养学生独立思考、参悟作文规律的能力。在互评互改中,我们可以有意识地创设诸多问题情境,如评改导引、小组讨论、评改交流等,这些情境有力地诱导学生通过独立思考和互相切磋,把思维引向纵深。另一方面,在评改过程中,"读者"与"作者"、学生与学生、教师与学生形成多维双向的信息交流局面,使得作文评改课上学生的思维异常活跃,这为学生提高思维能力,参悟作文和作文评改中的某些"玄机妙理",提供了强有力的"智力"支持。再次,学生互评互改,把内隐的教师劳动外显为学生的活动,并努力展示评改的全部过程,真正让学生评有所得,改有所获,大大丰富了学生的写作经验,发展了学生从事创造性写作所必备的心理因素,有利于养成他们"自己作文自己修改"的习惯。最后,教师只需抽查一部分同学的评改结果,在短时间内能看多篇作文,并进行比较思考,有助于将教师从全批全改的高耗低效中解放出来,让他们将节省的时间,用于研究学生心理,研究教学策略与技法,以进一步提高自己的教学教研能力。

其实,很多教师都尝试过或仍在尝试学生的互评互改,但从总体看,效果还不尽如人意。那么,如何才能有效地实施学生间的互评互改?

第一,着手实施前,教师要给学生讲清互评互改的意义、作用与要求,提高学生的认识,借以克服评改中可能出现的抵触情绪与敷衍塞责。第二,制定评改标准。一是商定常规标准,即从审题立意、结构布局、语言表达、错别字、标点符号、卷面等常规方面商定出详细的评改标准,这一标准,可印发给学生,供其长期使用。二是确立每次作文的针对性标准,即根据写前指导提出的本次作文的具体要求,制定出本次作文评改的侧重点。这一标准,可板书在黑板上供学生参考。第三,指导评改的具体方法与步骤。即:通读全文,标出错别字、病句及标点运用不当之处;按照标准,评改文章内容,评点主要优缺点;依据标准,用铅笔逐项打分;全组轮流批阅完毕后,小组成员集体讨论并推选出本组范文,拟出评改意见(评语);由组长上台朗读本组范文及评语,全体同学听后讨论、评议,并听取教师点评;各个小组朗读完毕后,由第一评改人依据评改标准及范文点评情况,给自己所负责的习作写出评语,并得出文章的综合分数。第四,做好评改示范工作。即在刚开始的几次互评互改实施前,教师要精选好上、中、下三类有代表意义的习作,组织学生作示范评改,并进行讲评,供学生作参照,再循序渐进,逐步放手,让学生有一个适应和提高的过程。第五,成立学生评改小组,实施互评互改。每个小组最好由前后相邻两排座位的四位同学组成,每组中最好能保证有一位作文能力较强的同学,由小组成员轮流担任组长。每次每组共评四本非本组同学的作文,每位同学主评一篇,自己拿不准的地方交予小组集体讨论,推荐出来的优秀作文必须经集体反复评改,评改后交作者过目,交流评改意见,共同切磋作文修改方法。第六,教师做好评改后的复查和总结工作,并将信息及时反馈给学生。学生互评互改后,应该收集全班作文本,全面检查一遍,补正错误,发现优点,总结经验,探索规律,并就全班批改情况作出认真的讲评,以巩固和扩大评改的效果。

自评自改式。即提出要求,让学生自评自改。叶圣陶先生曾明确指出:"评改的优先权应属于作文的本人,所以,我想,作文教学要着重培养学生自改的能力。"学生自评自改作文,体现了作文教学的改革精神,也体现了以学生为主体的教育思想。学生养成了自评自改的习惯,这将终身受用。当然,要确保学生自评自改的质量,离不开教师耐心的指导,有效的示范。

（3）创新评分方法。

分数,考试作文评价与教学作文评改时都在使用,但意义与作用却不全同。考试作文中的分数用于评定学生作文能力,量化成绩,主要发挥选拔与鉴别功能;教学作文评改中的分数也有这种目的,但远非主要,它更重要的一种作用是激励。它没有必要像作文考试那样严守一个统一的评分标准,分数的差异也未必一定表示学生实际作文能力的高低或作文水平的差异,不一定具有绝对可比性。

习作评分可有两种方案:

绝对评价法。它是指在被评价对象的集合之外,确定一个标准（这种标准被称之为客观标准）,评价时,将评价对象与这个客观标准进行比较,评价其达到的程度,作出价值判断。在习作评分中,这个标准应是每次作文训练要求达到的具体目标,而非作文教学总目标。以这种方法评分,分数反映的是学生达到目标的程度,因此又称达度评价。这种评价的主要目的是反馈信息,要求教师要根据同一标准对不同学生一视同仁,让分数的高低反映出本次作文训练的不同达标程度及其在班上的相对位置,便于营造一种竞争氛围。使用这种评分方法应注意两点:一是标准只能是分解目标,而不是作文教学总目标;二是要求不能太高,因为一项新技能的掌握常常不是一两次训练就能成功的,而需要反复历练,太高要求导致普遍低分,会挫伤学生的写作积极性。

个体差异评价法。它是把被评价集合总体中的各元素的过去与现在相比较,或是一个元素的若干侧面相比较的评价方法。这种评价没有统一的标准,强调因人而异,充分照顾个体差异。不同写作起点的学生,写出水平相当或相近的习作,进步是不同的,为鼓励进步,鞭策惰怠,对于不同层次的进步应用评分来昭示与强化。这样,能让学生看到进步,让他们"产生巨大的兴奋,做出惊人的努力"。针对学生的写作实际与教育心理学的有关原理,宜多用高分,慎用低分。国外有一项研究表明,学生能力的发挥,与其心理状态密切相关。教师对学生的评价,采取积极态度的,则学生的能力可能发挥80%~90%;而在一般状态下,只能发挥20%~50%。我国一位中学作文研究者通过长期观察发现,如果教师在对学生的作文评价中传递积极信息,不仅能吸引学生的注意力,还能激发学生写好作文的热情。

我们认为,教学作文评分方法的创新,就在于在评价过程中,当交替使用上述两种方法,使之相辅相成。这样,既能保护并激发学生的作文兴趣与热情,又能反馈学生的作文能力与水平,从而促进作文教学质量的提高。

(4)刷新评语面目。

作文评语是"师生进行情感交流的一种重要形式"。好的评语,当如习习春风温暖学子的心怀,成为学生写作的动力之源;好的评语,当如散落于旷野的花丛,能让学生的文章增添几许魅力,成为学生洞察文章精妙的认识之源;好的评语,当如熠熠发光的航标灯,能给学生指明作文的方向,成为学生写作的方法之源。总之,一段好的评语,一定能起到一种唤醒、鼓舞、激励的作用,能激发学生的写作欲望与热情,保护学生的写作积极性,使之获取进步的信心与力量。但是,在作文评价实践中,由于种种主客观原因,部分教师的评语往往千篇一律、千人一面,让学生因其面目的呆板、冷漠而望而生厌或"敬而远之",发挥不了其应有的作用。因此,撰写评语要精心构思,讲究艺术性,注重实际效果,做到"具体而不笼统,确切而不含糊,审慎而不草率,简洁而不琐碎"。

在最大限度地发挥作文评语的唤醒、鼓舞与激励作用,并给学生耳目一新之感方面,我们是可以有所作为的。

第一,倾注爱心,寄予期望。心理学中有一种自己人效应,它告诉我们要使对方接受你的观点与评价,你必须同对方保持"同体观"的关系,即在对方看来,你是为他好,为他着想,这样双方的心理距离就缩小了。因此,要想最大限度地发挥评语的激励作用,就要使评语字里行间寄厚望,一言一语传爱心;在语言形式上尽量多用委婉、商量的口吻写,少下指令、断语,杜绝挖苦、嘲讽。让评语处处传递着老师爱学生的诚挚之情、殷殷之意,让学生从中受到感染与启发,获得信心与力量。不少真正心系学生的教师在他们的作文批改中就是这样做的。如有位教师在批改《战胜脆弱》一文时,发现有个同学通篇只写自己内心的自卑、敏感、多疑,最终走向自我封闭,根本未战胜脆弱,文章明显存在立意不高甚至心理不健康的毛病。但在写评语时,这位老师设身处地地考虑这位同学的处境与心境,融入了她的期盼、呼唤与善意的提醒。"进入花季,生活中有时也会有阴雨绵绵的时候。但推开心灵的窗户,你一定会惊喜地发现,天空是那样的湛蓝,阳光是那样的明媚,生活是那样的温馨而富有人情味。小姑娘,千万别紧闭你的心扉,否则,你将错过一个美丽的季节。"针对有些同学书写马虎的毛病,有些老师用下面的评语代替"书写马虎,重抄"之类的指令性评语:"书写是一个人的门面,一手好字能使人增添不少信心,能给人带来更多的机会,你信吗?"学生读着这溢满爱心与期望的评语,深深地体验到一种被爱的感觉,怎么会不有所触动?怎么会不引发共鸣?怎么会不朝老师期待的目标努力?

第二,诚于嘉许,宽于称道。"诚于嘉许,宽于称道"是美国历史上第一个年薪过百万的管理人员斯瓦伯的管理之道。在记者问及他有什么本事使得老板愿意付给他超过百万的年薪时,他回答说:"我对钢铁懂得并不多。我最大的本事就是能鼓舞起员工,而鼓舞员工的最好办法就是赞赏与鼓励。""世界上最容易抹杀一个人的志向的就是他上司的批评……如果说我喜欢什么的话,那就是我诚于嘉许,宽于称道。"企管之道是如此,教育之道又何尝不是这样呢?美国著名教育家巴士卡里雅博士曾宣称:"把最差的学生给我,只要不是白痴,我都能把他培养成优等生。"他的妙方也是运用赞扬来激励。人都是渴望被赞许、被尊重的,正如詹姆士教授所说,"人类天性的至深本质就是渴求为人所重视"。因此,大凡按心理学、教育学的科学原理指导自己教学的教师,无不把发现学生的优点当成自己的天职。老师赏识学生,是一种责无旁贷的使命,也是一种无私的关爱与奉献。因此,我们写作评语时,也应充分挖掘学生习作的长处与优点,并予以充分的甚至放大的肯定与赞许,让学生品尝成功的喜悦,从而增强自信心,提高作文兴趣,焕发作文干劲。

"好笔力。好见地。读史有眼,立论有识,小子可造。其竭力用功,勉成大器。""慷慨而论,旁若无人,气势雄伟,笔锋锐利,正有王郎拔剑斫地之慨。"这是茅盾的小学教师在他的作文本上留下的总评。其时茅盾不过十二三岁。在此我们姑且不论小作者如何天资聪颖,老先生如何慧眼独具,所写评语显然有点儿言过其实,夸饰褒扬溢于言外。我想先生的意图是不言而喻的,茅盾先生后来走上文学之路并能成为伟大的文学家,也应该是与先生的赏识与鼓励分不开的。我们也不妨多写一些激发学生写作信心、调动其写作热情的赏识鼓励性评语,如:"把范文中学到的句式模仿着用,这是创造的开端";"这个比喻新颖、别致,看得出你费了一番心思";"这段文字清丽而意味隽永,颇有'杏花春雨江南'的风韵";"描写细腻逼真,没有小作者对生活的入微观察是写不出来的",等等。须知,未来的"大器"现在就有可能萌芽于我们每个语文教育者的笔下。

  第三,讲究文采,飞扬个性。作文评语其实就是语文教师的一个作品,既是教师价值观、审美观的自然流露,也是其语言功底、文学素养的综合展示。那种生硬呆板、千篇一律的评语,纵使评得正确、全面,也会因其面目可憎而"拒人于千里之外"。而那种文字精美而富有个性的评语,那种字字珠玑、掷地有声的评语,则能以其独特的魅力,给学生一种耳目一新的感觉,一种文学的熏陶,一种审美的愉悦,一种精神的享受,令学生长久铭记,永志不忘。因此,语文教师不应该仅仅是作为一名裁判员去评改学生的作文,而最好是作为一名编辑、一名作文示范者去面对学生的作品,让学生感受自己的语文老师也是一个写作能手、作文高手,那样,学生会更有激情、更有动力,因为"示范是最好的老师"、"榜样的力量是无穷的"。

  有些老师在这方面做得比较好。如有个教师曾要求学生阅读《拾贝壳的小男孩》后,联系实际写一篇议论文,发现其中有两篇最出色:一篇题为《立鸿鹄之志而高翔》,一篇题为《路漫漫其修远兮,吾将上下而求索》。两篇文章都立意深刻,现实意义强。这位教师给两个人分别写下了如下评语:"许多人误将路旁的奇花异草当成人生的大美,误将前进途中的一处临时驿站当成是理想的归宿,结果与真美失之交臂。唯有立鸿鹄之志而高翔,方能摘取人生最夺目的明珠。同感!""在人们心目中,令人肃然起敬的是,冰天雪地中一枝寒梅傲雪怒放!读你的文章,令我怦然心动。一个娇小的女孩,胸怀鸿鹄之志,并为之上下求索,且不惧旅途孤单寂寞,这怎么不令人敬佩? 相信终有一天,你定能到达理想的彼岸,为女性树起一座丰碑——事业上的或精神上的。"而有位教师在评改一位同学的《父爱》一文时,写下了如下评语:"这是一篇感情真挚的叙事散文,作者借两个动人心弦的小故事,用浓郁的抒情笔致,渲染了辑录于生活、感发于内心的深沉炽热的父爱。父爱是人生命深处的根,而这根上的花、果乃至心情无疑都是最美丽的,它不但滴露着奋进者青春年华的光与影,更流溢着人世间纯净美丽的人伦情感美。有谁能忘记这人世间的真爱呢?这也难怪《父爱》感情充沛浓香袭人了。"这些评语,对学生而言,既是示范,又是有形的教育、无形的鞭策。学生在潜移默化中,也会努力学着用文质兼美的文字来表情达意。

3. 改革作文讲评

作文讲评是写作教学中至关重要的环节,它是作文评改的继续与发展,它对"增强学生写作信心,巩固写作兴趣,激发写作积极性,提高写作能力都大有帮助"。习作者通过尝试笔耕的艰辛,对讲评课上的点拨剖析比较容易接受;同窗者感到文在眼前,人在身边,讲优点、评不足,看得见,摸得着,倍觉亲切。因此,我们应好好地抓住这个环节,抓牢,抓实,抓活,使之更好地为作文教学服务。

(1)更新作文讲评的指导思想。

长期以来作文讲评似乎就存在这样一个不成文的规定,即作文讲评就是跟着学生习作跑,习作中出现了什么问题,就讲什么问题;讲评时又来个一分为二,先笼统点出该次作文的优点,然后说一通缺点,而说缺点时,又多着重于错别字、书写、病句、审题等,零零碎碎,不成"篇章"。这样的讲评,其效果也可想而知。因此,要使讲评发挥作用,指导思想必须明确,必须科学。

首先,作文讲评应面向全体同学,体现出对尽可能多的同学的赏识与鼓励。作文讲评切忌以偏赅全,一叶障目,把个别现象当成全班的共性问题,导致讲评的失误;切忌单抓消极的东西大肆渲染,把学生的缺点罗列一大堆,万弩齐发,从而使学生难堪;也切忌老是把焦点集中在少数作文尖子身上,使作文讲评只为少数学生锦上添花,而缺少对一般学生的雪中送炭。讲评时应该努力面向全体学生,尤其是写作水平一般或低下的学生;讲评应立足于肯定学生的成绩,精心呵护学生的作文积极性。前苏联教育家赞科夫明确指出,作文讲评的目的在于唤起儿童对艺术的热爱,激发儿童的写作欲望。他提倡把学生作文里的好思想、好行为、用得好的语句及独到的观察与见解搜集起来,在班上富有表情地朗读;在学生三言两语甚至文理不通的作文里,只要有可取之处,也要加以表扬,用鼓励的方法让全体学生坚信自己下一次一定能写得更好。于漪老师也认为讲评就要"评得习作者心里热乎乎,评得听者心里羡慕不已,评出学生的写作劲头,评得学生欲罢不能,讲评课上应该自始至终有笑的潜流在起伏进行"。

其次,作文讲评应充分调动学生积极参与,注重发挥学生的主体作用。任何课堂,如果学生处于被动状态,无须参与进来,而只是由教师唱独角戏,搞一言堂,那课堂气氛肯定沉闷,教学效果肯定难遂人愿。作文讲评课也不例外。因此,作文讲评应充分调动学生的主动性,让他们积极参与讲评,面对作文,让学生与学生、教师与学生进行平等对话,并允许学生见仁见智,各抒己见,以保证作文讲评的效果。

最后,作文讲评要站在育人的高度,发挥其教育作用。讲评不能只就词句篇章、审题立意作技术性的处理,而要站在时代的前列、育人的高度来认识,做到评文育人。以育人的观点指导讲评,想得深,想得远,能敏锐洞察学生习作中的思想潜流,及时引导,发挥讲评的教育作用。学生习作是学生思想、情感、品格、意志的反映,是其人生观、价值观、审美观的自然流露,也是学生自己生活和周围社会生活的部分写照。通过习作,能窥见学生的心灵,摸到他们思想深处的脉搏。作为教师,要有发现的本领,察微见幽,并把习作中所反映出来的活思想、活情况,及时地加以分析,进行引导,在带领学生推敲如何运用语言文字表情达义时,启发他们明辨是非,褒善贬恶,奋发向上。甚至讲评中的语言设计,也要对学生有教育感染作用。

(2)改革作文讲评方式。

作文讲评无定法,只要能为学生发表意见创造条件,能提高讲评的实效,达到开发学生智力、培养学生能力、提高学生写作水平的目的,任何讲评方式都可以用。可传统的作文讲评问题就主要出在这里——不少教师似乎一直都在重复这样一个模式:先由教师念一两篇优秀作文,稍加评点,再概括地说说本次作文存在的普遍问题,最后提出今后作文应注意的事项。内容僵化,形式呆板,方式单调。其结果是教师在讲台上唾沫横飞,学生在下面昏昏欲睡,或无动于衷,甚至反感厌恶。因此,我们有必要大胆革新作文讲评的方式,使之灵活多样,更有实效。

我们可以尝试以下方式:

其一,赏析与评改。

教师从当次作文中精选3~4篇优秀的学生习作作为赏析范文,讲评课组织学生进行赏析评改,这种形式备受学生欢迎。学生的习作当然不会很成熟,更不可能完美无缺,但只要在构思、立意、布局、谋篇、语言上确有强于同学之处,就值得欣赏评析。赏析是训练学生的鉴赏能力,探索作文规律的有效途径,不时为之,效果颇佳。

讲评课也可以以集体评改习作的方式进行。即先由教师围绕讲评侧重点,挑选2~3篇作文水平中等并能反映本次作文普遍问题的习作,或挑选几个典型片段,组织全班同学一起评改,让他们自己发现问题,提出修改方案,总结规律技巧。这种方式有利于吸引众多学生参与其中,形成讲评课上"百舸竞发"的局面。

运用这两种方式讲评时,为确保质量,教师一定要精选例文,并最好油印出来,做到人手一份。

其二,引进与延伸。

讲评课应增大容量,就习作讲习作,有时会显得形式呆板,容量不足。如果根据讲评要求,引进课外的有关内容,或扩展,或加深,或增加直观,或发挥联想,效果就会大不一样。引进的内容可以有很多,可依据讲评内容,引进学生已学过的课文、已读过的课外书或以前学生写过的同题文章、教师的"下水"作文,以加强新旧知识、读与写的联系,让学生感受到源头有活水,不断地品尝到甘甜,领会到知识如浩瀚的海洋,从而不断进取,不断追求;也可以引进一些写作方面的名言趣闻、名人逸事,以开拓学生视野,增加讲评的深度。如有位教师在讲评时,为强调立意的鲜明,突出修改的重要,就先后引用了托尔斯泰写《复活》、曹雪芹增删《红楼梦》、杨朔修改《雪浪花》的有关材料,学生听后深受启发,大大地开拓了视野。

讲评课不仅可将课外的内容引进来,还可以将课堂延伸到课外,这样,课结束了,而寻找、思索的活动仍在继续。如有一位教师在讲评《歌声》一文时,选择了一篇评述斯特劳斯的《蓝色多瑙河》和女高音歌唱家丽莲·彭斯演唱的《春天来了》的习作作讲评材料,他在充分肯定该文的语言优美、行文流畅、感情真挚后,指出该文对《蓝色多瑙河》的感情基调把握欠准确。至于怎样不准确的,他没有说明,而是要求同学们课后自己去倾听乐曲,或请教音乐老师,对比习作的描述,寻找答案。这样,课内课外有机结合,大大增加了课堂的容量,提高了学生学习的主动性。

其三,归纳与演绎。

运用归纳与演绎这两种方法的目的,在于把学生作文中的零散优点上升为写作的规律性认识,并运用这些规律来评析习作,加深对规律的理解。把习作材料同写作的基本原则、基本方法挂上钩,从活生生的习作材料中抽出某些要旨,再以这些要旨为指导,评说具体的习作。如于漪老师在讲评《童年忆趣》一文时,就曾成功地运用这两种方法,她首先选择九篇写得较好的习作,让同学们一起欣赏,畅谈其优点,在这基础上,老师与同学一起归纳出符合写作规律的要领:要写好这类文章,得在"趣"字上动脑筋,材料要有趣,要精选带有"花朵芳香"的趣事;笔墨要绘趣,既要下笔点趣,引人入胜,更要有充满童真的生动场面的描写,使妙趣横生;收笔要添趣,做到趣味十足,增辉增色。然后用演绎的方法要求学生以此为尺子,衡量自己的习作,寻找得失,思考作文写得好或失败的原因,并着手修改自己的文章。

上述种种讲评方式既可单独使用,也可在一堂讲评课上综合使用,用得恰当,其效果倍增。著名特级教师李镇西老师的作文讲评课就常常综合运用上述多种方法。他的讲评课一般包括以下八个板块:榜上有名、佳作亮相、片段欣赏、咬文嚼字、病文修改、昨夜星辰、教师试笔、名人忠告。其中,既有赏析与评改,又有引进与延伸,还有归纳与演绎,一直以来都深受学生的欢迎,讲评效果良好。

四、结束语

语文教学难,作文教学更难。尤其是在今天,当社会各界对语文教育纷纷提出诘难,而这些诘难又往往归结到学生写作能力低下的时候,语文教师更感受到作文教学的苦与难。确实,为了提高学生的作文能力,有许多语文教师在写作兴趣的激发、作文训练的科学化与系列化方面作了大量的探索,并且也取得了可喜的成绩。然而,尽管如此,学生对作文的厌恶与恐惧,学生整体写作水平的低下,仍然是一个令人担忧的事实。要解决这个难题,也许还需要我们对一些更为深层的问题——如教学作文的评价问题进行一番思考与探索。教学作文评价作为一种直接指向作文教学并直接调控作文教学的手段，它外显着我们的作文教学观和作文教学目标，它必将对作文教学起到一种导向的作用。因此，它的科学与否，势必直接影响到作文教学的成败。我们正是想以此为切入点，通过对教学作文评价的理性思考，让它走上科学化的道路，来探求化解整个作文教学高耗低效症结的突破口。假如本文能达此目的，那我就满足了。

6 诚于嘉许　宽于称道[①]
——被中小学教师冷落的法宝

"诚于嘉许，宽于称道"是美国历史上第一个年薪过百万的管理人员斯瓦伯的管理之道。记者曾问及他有何本事使得他的老板——钢铁大王洛克菲勒愿意付给他逾百万的年薪时，他回答说："我对钢铁懂得并不多。我的本事就是能鼓舞起员工，而鼓舞员工的最好办法就是称赞与鼓励。""世界上最容易抹杀一个人的志向的就是他上司的批评……如果说我喜欢什么的话，那就是我诚于嘉许，宽于称道。"

企管之道如此，教育之道又何尝不是这样呢？其实，每个人都渴望得到赏识，都乐于被人称赞。因为来自外界的真诚的赞美与欣赏最能满足人们成就动机的需要，使人更自尊、自强、自持；它是催人奋进的最好动力，往往我们赞美什么就增加什么；

---

① 本文于2001年在省级学报上发表。

它是抚慰人灵魂的阳光,它能扫去人们内心自卑的阴霾,抚平人们心灵的创伤,帮助人们找回失落的自信。有时来自领导、老师、父母或朋友的欣赏甚或仅一句发自肺腑的赞美,便能改变人的一生。许多作家在谈到他们的人生时,都归功于读书阶段写了一篇好文章,得到了老师的高度夸奖,从而选定了写作道路。对生活一度绝望的韦尔斯来说,因老校长的一句"你实在很聪明,适合做更好的事"而改变其为奴隶的命运,他用他的笔赚了100万英镑,并在英国文学史上留下永久的印记;贫穷潦倒的席贝德因教士一句"你有伟大嗓音的基础,你应该到纽约去深造"而终成声名远播的音乐家。许多大教育家、大心理学家都十分看重赞美与赏识在教育中的神奇魅力,并亲身躬行,效果显著。美国教育学家巴士卡里雅博士就曾宣称:"把最差的学生交给我,只要不是白痴,我就能把他培养成优秀的学生。"他的妙法就是运用赞扬来激励,他给学生作业的批语多是"写得好!""好极了!""写得漂亮!"之类。学生在他的赞许与激励中,越学越有劲,越学越有趣,哪能不成为优秀生呢?

然而,在中国教育界,这种"并不会增加成本,反倒能增加利润"的赞美与欣赏,不知从什么时候起,被广大教师尤其是中小学教师冷落、忽视甚至遗忘了。好多教师都认为"孩子的优点,不夸跑不了;孩子的缺点,不批改不了"。于是充斥校园的,不是批评、训斥、否定,便是挑剔、压制、惩罚;而鼓励、肯定、表扬却被挤到了墙头一隅;或者即使有肯定与表扬,也往往流于例行公事、轻描淡写、言不由衷,流于生硬呆板、笼统含糊、千篇一律,缺少应有的真诚与爱心,缺少独到的关注与发现(这在语文教师的作文评语中表现得尤为突出,学生不用看也能知道上面写些什么)。成绩差的学生自然是挨批、遭骂、受训;成绩好的其境遇也好不到哪里去,他们也总是在老师不厌其烦的强调、语重心长的告诫、求全责备的期待中被压得喘不过气来。当学生为每次考试能稳居班上前十名而期望得到认可时,教师往往会说:"你与第一名、与年级第一名还相差多少多少分呢,可不能骄傲。"甚至,当学生尤其是成绩中下的学生,好不容易为自己制造一个被表扬的机会,期盼得到老师的嘉许时,老师往往报以他们冷漠或否定。当某学生费尽九牛二虎之力终于考了一次90分(满分为150分)时,老师会说:"全班有多少多少人上100分,而你这次又没上。"而考试命题则处处与学生为敌,转弯子、设圈套、布陷阱,以为只有将学生考倒考霉、考得一片"呜呼哀哉",才能显示出老师的水平,才能使学生保持清醒的头脑,才能使学生认识到"学海无涯",才能使学生马不停蹄、永不松懈。课堂上,当学生独立思考,提出与老师、教材或标准答案相左的意见时,往往得不到教师的回应、肯定与鼓励。教师常常认为唯有这样才能促成学生的健康成长。殊不知,正是这学习、考试、班级活动中太多的批评、指责、否定,将学生的自尊、自信与自我形象一点一点地击碎,从而成批成批地制造心理自卑的学生、思想僵化的学生、循规蹈矩的学生、胆小怕事的学生。难怪彭银祥教授在他的《回眸与前瞻——世纪之交的教育批评》一书中痛心疾首地指出:"我们的教育、我们的老师,似乎特别善于制造自卑者。"

许久以来,"爱心工程"、"希望工程"在社会、在校园已开展得轰轰烈烈、深入人心。然而,我们一边在慷慨地捐钱捐物去救济那些家境贫穷、经济困窘的孩子,使他们能获得受教育的机会;一边又在教育活动中大批量地制造"心灵饥渴"的精神贫困者,使他们在自卑与压抑中空耗情感,磨损意志,见不到成功的曙光。今天,我们的教育迎来了飞速发展的大好机遇。然而对教育的批评,尤其是对教育忽视学生的全面发展、扼杀学生的创造性、压抑学生的个性、忽略学生人文素养的培养的批评尤为尖锐刺耳。在这四面楚歌的批评声中,也许我们的教师真该好好地反省一番、沉思一番。也许我们的教育界真该来一次彻底的"爱心行动",不是捐钱捐物,而是真真正正地捧出我们的心,献出我们的爱。这就需要我们从传统的"师道尊严"中走出来,从陈腐的应试教育理念中走出来,用一种全新的眼光来看待我们的学生,特别是那些各方面暂时表现还不好的学生,用心一点一滴去寻找、发掘甚至放大他们的闪光之处,真诚地给予肯定、鼓励与赞扬,让他们看到自己的优点与长处,让他们从中获取进步的信心与力量!

"教师赏识自己的学生,是一种美德,一种责无旁贷的使命,一种慧眼加厚爱的体现!"让我们以这为座右铭吧!

7 新课程背景下语文教学评价的问题及思考①

一、语文教学评价问题透视

随着基础教育课程改革的向纵深推进,发展性评价的理念已为越来越多的教育工作者所接受。在教学评价的实施中,老师们开始注重学生学习发展过程的评价,开始注重学生非学业成绩的评价,开始注重多元主体参与评价,开始注重发挥评价的激励功能,等等。然而,透视教师的教学评价实践,我们也不难发现,有一部分教师仍然存在重评价轻反馈、重评价的形式创新轻评价结果的有效利用、重利用评价对学生进行甄别选拔轻对

---

① 本文收入首都师范大学出版的《新课程背景下有效课堂教学策略》,有改动。

自身教学进行反思改进的现象,反馈信息粗糙,反馈方法简单,反馈形式呆板,反馈时间滞后,从而严重影响了评价的效能。

我们不妨来看这样一组案例:

场景一 考试结束后,老师们往往忙于评分、排名、公布分数、讲评答案,却不太注重对学生的答题情况进行统计与分析,并从中发现存在的共性与个性问题,积极研究与探寻改进办法。

场景二 课堂上,教师讲授或点评时,学生目光游离、面无表情或在下面窃窃私语、指指点点甚至哄笑喧闹,教师要么熟视无睹、听之任之,要么指责学生不守纪律、不懂礼貌、缺少教养,却很少反思自己的教学问题。

场景三 课堂作业往往是将课堂上教师已经讲过、学生已经做过的原题目重抄一遍,家庭作业往往是要求家长检查并指导学生改正后再交给老师打"√"写"优"(城市学校尤甚)。作业批改流于形式,有的就是一个简单的"查"或"阅",有的就在"查"或"阅"的前面加上"优"、"良"等。课堂作业与家庭作业功能异化,应付学校检查的功能被强化,检查学生学习掌握程度、强化学生学习效果、了解学生学习中存在的问题以便改进后续教学的功能被弱化。

场景四 教师在运用激励性评价时,过分地关注激励的形式,你给学生激励语言,我就给他小星星;你给学生荣誉卡,我就给他大红花;评价语言则模式化为"你真棒""你真聪明""回答得真不错""掌声鼓励",很少有针对学生具体学习情况的彰显个性的针对评价和富有发展价值的方法引领与思维引向方面的点评。

出现以上现象,我们认为主要有以下几方面的原因:

(1)对新课改倡导的发展性评价理念的内涵认识不到位。部分教师对发展性评价的认识大多停留在评价形式以及评价方法的求新上,而没有上升到理念创新的高度来认识,致使在评价实施过程中"穿新鞋走老路"、"拿新瓶装旧酒"。片面追求一些形式上的改革,而忽略了评价的目的性、实效性与发展性研究。

(2)强调教学评价的附加性功能,弱化或忽视了评价的本体性功能,致使评价的价值仍停留在"选择适合教育的儿童",而不是"创造适合儿童的教育"。在实施评价时,教师的潜意识中看中的仍然是评价的鉴定好坏、区别优劣、选拔淘汰等功能,对教学评价的诊断反馈、反思改进、强化导向等教育功能重视不够。在反馈评价信息时,不太重视巧妙利用评价结果、灵活选择反馈方法与途径,去启发学生的内省与自悟,使其逐步建立自我学习意识,形成自我学习概念,提高自我评价能力,调整自己的学习策略;不太重视借助经由各种渠道获得的评价信息尤其是课堂教学中产生的即时评价信息,反思自己教学成功之处与存在的问题,作出教学调整与改进。

(3)过分强调"以教定学"、"以教评学",忽视了"以学定教"、"以学论教"。教师在实施教学评价时,更多地关注自己的"教",依据自己预设的教学目标、教学方案来展开自己的教学,并以此为标准居高临下地评定与评价学生的学习情况,而不是依据学生的学习状态与学习效果来评价、反思自己的教学。因此,在处理评价反馈信息时,教师更多的是埋怨、指责,而不是反思与改进。

二、科学实施发展性教学评价的理论思考

1. 准确把握发展性评价理念的内涵

新一轮课程改革倡导"立足过程,促进发展"的评价理念,明确提出了"评价不仅仅要关注学生的学业成绩,而且要发现和发展学生多方面的潜能,了解学生发展中的需求,帮助学生认识自我、建立自信"的改革目标,评价旨在"创造适合儿童的教育",而不再是"选拔适合教育的儿童"。发展性评价理念有着丰富的内涵:

（1）评价是与教学过程并行的、同等重要的过程。评价不是完成某种其他的任务，而是一种持续的过程，是"教"与"学"的主要的、本质的、综合的一个有机组成部分，贯穿于教学活动的每一个环节。

（2）评价提供的是强有力的信息、洞察力和指导，旨在促进发展。评价的基本目标是为了教育并促进学生的表现，而不仅仅是为了检查学生的表现；评价是为学习服务的，其目的在于提高学习的效率。

（3）评价应体现"以人为本"的思想，建构个体的发展。评价要关注个体的处境和需要，尊重和体现个体的差异，激发个体的主体精神，以促进每个个体最大可能地实现其自身价值。

在具体的评价体系中，这些理念主要体现为：评价主体互动化，评价内容多元化，评价过程动态化。

2. 全面认识发展性评价的功能

发展性评价的根本目的在于"促进发展"，除其基本的检查和固有的选拔、筛选功能外，还具有如下更为重要的功能：

（1）反馈调节功能。正如斯塔弗尔比姆所强调的，"评价最主要的目的不是证明，而是改进"。通过开展各种形式的教学评价，多方获取关于教学的反馈信息，而分析和研究这些信息则可以发现教学中存在的诸多问题，使师生双方做到心中有数，并有针对性地采取相应措施，调节教与学的双边活动，达到改进教学、提高质量的目的。这是教学评价最基本的作用。要实现这一功能，更重要的是要将评价的结果以科学的、恰当的、具有建设性的方式反馈给被评价者，促使其最大限度地接受，促进其进一步地发展。

（2）反思总结功能。评价是促进师生进行自我反思与总结的一个有效手段。发展性评价更加强调主体的参与。参与评价通常会对主体产生不同程度的压力，进而调动其内在动机，促进其自觉的内省与反思,总结前期行为,思考下一步的行动计划。随着发展性教学评价的日常化、过程化,将促进师生逐步建立良好的反思与总结习惯,并将它内化成为提高教学与学习效益的自觉追求,推进师生双方的可持续发展。

(3)激励导向功能。评价的激励导向功能是指评价能起到一种激活情感、鼓舞斗志、发掘潜能、引领发展方向的作用。教育家第斯多惠说:"教学的艺术不在于传授知识,而在于激励、唤醒、鼓舞。"多元智力理论认为,每个人都同时拥有多种智力,而每个人的智力又各具特色。这就要求教师在实施评价、处理评价结果时,对每一位学生都抱有积极、热切的希望,乐于从多角度来观察、评价和接纳学生,重在寻找和发现学生身上的闪光点,满足学生渴望体验成功的心理需要;全面了解学生的学习历程,帮助学生认识自己在解题谋略、思维或习惯上的长处与不足,使学生形成正确的学习预期,形成对各学科积极的学习态度、情感和价值观;充分发现并发展学生的潜能,促进学生在原有水平上的有个性的发展。

3.全面把握发展性评价实施的科学化程序

发展性评价的实施过程是一个系统化的活动过程,它包含明确评价内容和评价标准、设计评价工具、组织实施评价、分析处理评价信息并反馈利用评价结果等环节。其中任何一个环节的疏忽或缺失都会导致评价的低效乃至失效。在国外,反馈、利用评价信息历来是教学评价中最受关注的一环,它直接影响着评价功能的实现和效益的发挥。

4.深刻认识"以学论教"的意义与价值

课堂教学评价是推进素质教育改革的关键环节,也是课程改革的核心任务之一。传统的课堂教学评价的关注点是教师,强调"以教为主,学为教服务"。从教师"教"的角度来评价一堂课的好坏,从教师"教"的标准来评判学生学习的成败;即使关注学生的行为表现,也基本上被看做是对教师"教"的回应,或成为教师"教"的点缀。新课程的课堂教学倡导要"以学生为主体"、"以学生的发展为本"的崭新理念,作为回应,课堂教学评价就必须着眼学生的"学",强调"以学论教",将课堂教学的关注点转向学生在课堂上的行为表现、情感体验、过程参与、知识获得以及合作交往等方面,从课堂上学生的认知、思维、情感等方面的表现与收获来评价教学质量的高低、来获取教学成败的反馈信息;教师的自我评价也必须着眼学生的"学"。因此,在课堂上,教师应注意观察学生、关注学生,学生的所思、所想、所做、所说、所学、所感都是教师进行自我评价的依据,教师应高度重视来自学生方面的评价反馈信息,通过对学生学习过程的观察、学习行为的分析、学习结果的反馈,来对自己的教学进行深层次反思,调整教学策略,优化教学设计,实现师生的"教学相长"和"双赢发展"。

5. 切实把握科学反馈评价信息的策略

无论是形成性评价还是终结性评价,无论是质性评价还是量化评价,都会有一个结果提供给评价者使用。我们应重视评价的科学运用,充分发挥评价的诊断、反馈与改革功能,把教学反思内化为提高教育教学质量的自觉追求。首先,要及时、准确地反馈评价;其次,要分层反馈评价信息,根据学生差异以及不同问题采取灵活多样的方法反馈评价结果;第三,要积极探讨评价结果的统计分析与反馈策略,做到有的放矢,因材施教;第四,要注重诱导激励,启发学生的内省与自悟,促进他们主动发展;第五,要注意因势利导,巧施点拨,机智引渡。

8 语文教师文本解读能力的智慧修炼[①]

文本解读能力是语文教师必备的教学基本功,也是其专业知识、言语技能、伦理情操和审美价值等方面素养的综合外显。文本解读是语文教师进行教学设计与教学实施的前提,是语文阅读教学厚重与饱满的关键,是实现语文高效课堂的保障。

毋庸讳言,现阶段文本解读仍是不少语文教师的软肋。个别教师由于长期以来形成的对教参的依赖和对通行解释的迷信,文本解读过程倒置,主体缺位,即不是先阅读文本,而是先阅读教材说明和其他参考资料,再读文本,有的甚至对文本过而不入,没有自己的阅读体验与发现;个别教师由于语文素养的欠缺、阅读视野的封闭以及潜心钻研的不足,文本解读的思维方式与价值取向出现偏差,呈现出泛政治化、泛概念化与泛标本化倾向,致使文本解读错位。一讲山水田园诗,就一定是表达对黑暗现实的不满与对肮脏官场的厌弃,《项链》就一定是揭露资本主义社会小资产阶级妇女的虚荣心,《沁园春·长沙》中的枫叶一定要象征火红的革命形势,而《雨巷》中"丁香一样的姑娘"自然也就成了美好理想、美好爱情的化身;在解读的过程中,教师往往以程式化操作残忍地肢解美文,倾力于支离破碎的知识点,割裂了浑然天成的审美境界。反映在阅读教学上,要么以辞害意,强灌硬输,忽视了文本的原生性、主旨性;要么脱离文本,喧宾夺

---

① 本文获国家级优秀论文评比一等奖,于 2009 年在市级刊物发表。

主,忽视了文本的主体性、本源性;要么盲人摸象,以偏赅全,忽视了文本的整体性;要么浅尝辄止,浮光掠影,忽视了文本内蕴的丰富性;要么固守一隅,僵化少变,忽略文本解读的发展性;要么千篇一律,以"不变之教法"应"万变之文本"。这样的文本解读,缺少真正的阅读过程,缺少直接的阅读体验与思考作为教学决策的依据和资源,影响了教学方案的合理设计,对学生阅读中出现的问题很难进行有效处理和科学指导,直接影响了阅读教学的质量。基于此,修炼语文教师的文本解读能力已迫在眉睫。

一、博采广纳,夯实文本解读的学养基石

知名语文特级教师赵谦翔曾如此自警:"自古大师皆务本,从来腐儒事急功。养根俟实铸大器,投机取巧雕小虫。"离开语文教师的专业内功与厚实学养来谈文本解读技巧与方法,无异于痴人说梦、缘木求鱼。只有具备精深的专业知识、宽阔的专业理论、厚实的文学功底、开阔的文化视野和宽厚的人文情怀,方可能对文本进行高屋建瓴式的鸟瞰,方可能从较高的立足点对文本进行较深层次的解读。而这就需要教师博采广纳,系统了解语文教育教学理论,广泛涉猎文学名著,及时跟进文艺理论研究的最新动态,放眼哲学、艺术、自然科学等领域,不断丰富自己的知识,丰厚自己的学养,建立自觉的文化视野,形成多元的思维方式。唯有这样,语文教师在自我面对文本时,方能既立足于文本,围绕文本思考问题,又能跳出文本,从更高的层次来审视文本;方能在此基础上进行较有深度和厚度的教学设计;方能在阅读过程中既引导学生思维发散的方向,又不束缚学生思想的翅膀。

二、立体解读,把握文本的原生价值

文本不仅指静态的、平面的语言文字,更包括由静态和平面的语言文字所组合成的动态的、生生不息的言语流程,包含了文本的创作者深具个性的气质与精神。因此,教师在解读文本时须熟读精思,涵咏咀嚼,读进去,读深入,再读出来,用自己的心

灵与文本对话、与作者对话,直至读到有共鸣,有震动,有启迪,或生"高山流水"之感,或发"柳暗花明"之悟。

首先,教师要能以一个普通读者的视角陌生化地感知文本。先不看参考书或有关教学资料,把曾经有过的体验和认识搁置起来,不受任何框框束缚,不带任何现成结论,以一种平静的心态、新鲜的感觉去触摸文本,用心灵和文本对话,和作者对话,从而走进作者的情感世界,与之进行情感的交流、思维的碰撞与精神的相遇。漫步于《雨巷》,于烟雨迷蒙中细细地咀嚼小资情调知识分子所沉醉的迷茫、哀怨与感伤;捧起《一碗阳春面》,能深切地体验母子三人逆境里团结、互助、坚强的精神和老板夫妇的无声爱心……

其次,教师要能立体阅读,即从不同维度、不同层面观照文本,获得对文本的全息解读,并能处理好文本阅读中多重意义之间的辩证关系。文本往往承载着多重意义:一是文本的作者意义,即作者试图通过文本要表达的意义;二是文本的客观意义或文本的社会意义,一个特定的文本在流传过程中所形成的特定意义;三是读者的个性意义,也叫读者意义。所谓"有一千个读者就有一千个哈姆雷特",是一个代表性的说法。这里有两种可能。一是在共同指向基础上的不同解读。比如刘兰芝很美,但到底怎么美,各人有各人不同的理解。另一个是理解的指向本身就不同。比如对薛宝钗的理解,有人以为她乖巧豁达,有人以为她虚情假意、工于心计。同样是周朴园对鲁侍萍说的一句"你别以为我的心就死了",有人以为这全是虚伪的骗人鬼话,有人以为这里面包含着几分真情。新课程所提倡的个性化解读和多元解读,包括创造性阅读,都是基于这样的阅读基本规律提出来的。当然,从理念上充分认识到这一点,并不难;难就难在具体作品的解读中,在具体的阅读教学过程中能够处理好三重意义之间的内在联系,处理好多元与一元、个性与共性之间的辩证关系。过分强调文本理解的客观性或过分夸大读者个性理解的空间，都会扭曲阅读的正确行为，都会对阅读教学造成无法挽救的损失。

三、智慧解读，发掘文本的教学价值

教师的文本解读不是简单理解性阅读或是一般欣赏性阅读。教师的文本解读是一种"教学性阅读"，是以"教学"为目的、为"备课"而进行的对"教材"的阅读。教师的文本解读除把握文本的基本信息和原生价值外，还要能够深入发掘文本丰富的教学价值，并有效地指导学生的文本解读。因此，教师的阅读必须回归教师的角色，把文本当做教材，准确把握文本中的"教学原点"，对文本进行创造性的"教学化"处理，围绕教学目标，对课文内容加以筛选提炼，并进行适度的加工重组，从而确定出适合于课堂教学、适用于师生、生生之间多向互动的教学内容，探寻能激活学生兴趣、启迪学生思维的最佳切入口，以实现对教材的超越，以保证阅读教学的优质高效。

一个优秀的语文教师要追求智慧的阅读教学，就必须能够智慧地解读课文。要么寻求解读文本的新视角，获得对文本内涵的新理解；要么寻求解读文本的新途径，采用新的切入方式解读文本；要么发现文本解读的新问题，并通过问题解决形成教学的新思路。知名新教育研究者魏智渊（网名铁皮鼓）老师在教学王维的《山居秋暝》时，通过引导学生比较"明月林间照，急泉石上流"与原诗"明月松间照，清泉石上流"在表情达意上的差异，水到渠成地总结出"松间"、"清泉"并非纯写景，而是"人格化的意象"，再举一反三拓展开去，让学生追忆起"月亮"、"柳树"、"菊花"、"杜鹃"、"红豆"、"蜡烛"、"莲花"、"鸳鸯"、"猿"、"青鸟"、"梧桐"等古诗词中典型人格化意象及其寄寓的情感与经典代表名句。整个课堂放得开，收得拢，进得去，出得来，既赏析文本，又训练思维，学生主动，教师引导，课堂氛围和谐。可这

一切的前提,是教师自己的阅读发现。如果魏老师没有发现"松间"、"清泉"两意象在诗中的独特作用,是不可能有这样的教学创意的。山西晋城市第二中学程亚萍老师执教鲁迅的《〈呐喊〉自序》时,将教学的切入点定位于"寻找关键词,扩充关键词",引领学生在快速阅读课文的基础上,从中提取最能涵盖全文内容的关键词(梦、寂寞、呐喊),并结合文中内容,解说选定的关键词,补充事实论据,使之充实,从而促使学生快速、准确地把握课文的结构脉络、鲁迅思想发展脉络,并能寻找材料与主旨的内在关联,既切中文本的要害,又深得阅读精髓的方法。

文本解读能力彰显着语文教师的专业功底、文化底蕴与教育智慧。切实提高语文教师的文本解读能力,我们才能期待阅读教学的春暖花开与秋果累累。

9 课堂倾听:现代语文教师必备的专业素养[①]

我们先来看一组课例:

课例一:一次口语交际课,教师让学生倾诉自己的成长烦恼。一位学生站起来说:"我最大的烦恼是我的爸爸妈妈老叫我干家务活……"这位同学话未说完,全班哄堂大笑,教师也笑,随即打断他的话问全班同学:"这能算烦恼吗?"同学们答:"不算。"老师说:"对,这不能算是烦恼。"那位同学难为情却心有不甘地坐下。

---

① 本文于2005年在省级报刊发表。

课例二:一堂写话训练课。在交流展示时,一位学生站起来朗读其作品:"秋天,田野里开满了金灿灿的油菜花,蜜蜂在嗡嗡欢唱,蝴蝶在翩翩飞舞。"老师兴奋地评价道:"你观察得真仔细,描写得真生动!"

课例三:一位教师教《丑小鸭》(人教版七年级)时,组织学生讨论:"你从丑小鸭的所思所想、所作所为中发现了什么,感悟到了什么?"一位学生答:"我体悟到了做任何事情要想取得成功都要历经千难万险,所谓'不经历风雨,怎么见彩虹?'"老师点评道:"说得真好!是啊,只有追求不止(并板书'追求不止')才能迎来成功。很好,请坐。"学生一脸茫然地坐下。

……

诸如此类的教学细节不胜枚举,**从中我们可以看出部分教师课堂倾听意识的缺失与倾听能力的低下**。他们中有的缺少课堂倾听的热心与耐心,动辄打断学生,武断评判,尤其是当学生的发言与教师的课前预设相异时;有的听而不闻,虚应其事,或只选择适合自己"口味"的听,虽然一边像煞有介事地"嗯,是的,对,非常好"地鼓励表扬,但也许并没有准确把握学生发言的观点与要害、错误与精彩。学生的声音被不同程度地拒斥、漏听或忽视,有的甚至被曲解。究其原因,恐怕还在于部分教师教育观念的滞后与"师道尊严"的根深蒂固。在他们心目中,教材(包括教参、教辅资料)仍然是唯一的教学资源,课堂教学仍然是执行教案的过程,教师仍然是课堂的主宰,学生在课堂的活动与回答只是对教师"教"的一种配合。因而,在课堂教学中,教师考虑得更多的是怎样顺利地推进教学,怎样滴水不漏地完成教案预设的教学内容。**教师倾听意识与倾听能力的弱化,从本质上说是对学生主体的忽略,造成了教学过程中学生生命的"缺席"**。

真正的教育是教育者与被教育者之间的相互倾听与回应。**教师的课堂倾听具有不容忽视的教育价值**。著名语文教育专家周一贯老师说:"教师与学生课堂沟通的纽带与桥梁是师生之间的相互倾听与对话,这种基于耐心倾听事实的沟通,不仅是唤起学生自主、积极地投入学习的重要条件,是课堂教学得以健康推进的载体与动力,更是生命与生命的呼应与交融,是师生之间的心灵约定。"日本学者佐藤学教授也曾说过:"只有在用心地相互倾听的教室里,才能通过发言让各种思想和情感相互交流。"一个具有倾听意识和习惯的教师,一定会给学生留足表达的时间,一定会带着朋友般的热忱与亲切来倾听学生的声音;一个具有倾听意识和习惯的教师,一定善于触摸到孩子情绪的温度,一定能听出学生的言外之意、弦外之音,一定能听出学生谬误中蕴涵的新奇、琐碎中寄予的真情、否定中包含的肯定;一个具有倾听意识和习惯的教师,一定能听到学生思维抽穗、知识拔节、情感裂变的声音。不仅如此,教师对所有学生以及学生发出的一切声音都有倾听与应答的责任与义务。正如华东师大胡东芳教授所说:倾听应是一种民主的氛围,一种真诚的谦虚,一种积极的赏识,一种热情的期待!

新一轮课程改革,对教学的本质、对教学资源提出了全新的看法。它认为"教学是一种对话的过程";学生在课堂活动中所表现出来的鲜活的学情,包括他们的兴趣、学习方法、发表的意见、提出的看法、产生的疑问、引发的争论以及作出的错误回答,都应视为一种重要的教学资源。课堂教学的现场生成,要求教师机敏地把握学生的即时学习情绪与认知需要,灵活地组织教学环节,而不是满足于滴水不漏地执行课前主观编拟的教案。从这个角度来看,教师的课堂倾听,不仅仅是能力、技巧与意愿的问题,更是一项特殊的职业要求与道德责任,是现代教师不可或缺的专业素养!因此,学会倾听,应成为广大语文教育工作者的一种责任,一种追求,一种职业自觉!

那么,如何优化教师的课堂倾听呢?

首先,要专注而耐心地倾听。在与学生对话时,眼睛应注视学生,而不是盯住教材、教案或其他地方;注意力应集中在学生的发言内容上,而不是一味地想着教学的下一步是什么、如何推进;不随便打断学生,不提前作出评判,尽量让他们把话说完、把意思表达清楚,以便在倾听中交流,在交流中沟通,在沟通中实现教学相长与共创幸福课堂。能做到这一点的教师,必然能平等地接纳学生,必然能最大限度地尊重、理解、宽容并善待学生;必然能心平气和地倾听学生中"异向交往"的话语。一位教师教《廉颇蔺相如列传》,组织学生鉴赏人物形象时提问:"你最欣赏的人物是谁?为什么?"几乎所有的同学都在赏析廉颇、蔺相如两人,教师以为讨论进行得差不多正准备转入下一个教学环节时,一位成绩不太好、平时不爱发言的同学怯怯地站起来说:"老师,我最欣赏赵王……"话未说完,不少同学投以不屑的一瞥,但老师对这位同学的发言报以极大的热情与耐心:"哦?你的角度很新颖,请你说说理由。"这位平时并不起眼的学生在教师的鼓励下侃侃而谈:"我喜欢他的不拘一格选用人才,喜欢他的知人善用、论功行赏,比如……"在这里,教师专注而耐心的倾听所给予学生的,不仅是一个表达个人观点的机会,它或许还能呵护一个学生的人格与自信,点燃行将熄灭的思维火花,铸成尘封已久的信念追求,引发更为丰富而深刻的教学交往。

其次,要能欣赏、体味地倾听。与一般的倾听不同,教师的课堂倾听的出发点是为了了解而不是反应,即要通过学生的话语来明了他们的看法、感受,理解他们的内心世界与思维过程。因而,教师的课堂倾听应站在欣赏、体味学生发言的立场,不仅倾听其发言的内容,还要倾听其言辞背后的欲望与需求、心情与想法、错误的症结与思维的盲点,听出学生与学生之间的共性与差异,从而引发情感的碰撞与思维的交锋。

最后,倾听时要多谋善断、灵活反馈。教学的魅力来自教师敏锐的课堂洞察力与机敏的教学机智。正确听辨学生的发言，并对倾听获取的信息迅速作出教学决策，催生新的教学行为，或点头、微笑以示赞同与鼓励，或复述、追问以引起学生重视与反思，或拓展、延伸以激活思维、拓宽思路。这就要求广大教师决不放过任何一处细小却大有教学价值的地方，把它视为最宝贵的教学"活资源"，让它们转化成为一个个随机生成的教学细节，推动课堂教学朝纵深发展。

日本学者佐藤学教授在论及教师课堂倾听的意义时曾打了一个形象的比方，他说，倾听学生的发言，好比是在和学生玩棒球投球练习，能把学生投过来的球准确接住，学生即便不说什么，他的心里也是愉快的；学生投得很差或投偏了的球如果也能接住的话，学生必会奋起投出更好的球来。这种投球般的快感应是擅长于课堂倾听的教师的课堂教学的境界。愿每个教师都能学会倾听、重视倾听，让倾听真正成为师生互动的心灵之约，让课堂在倾听中生机勃发、熠熠生辉！

10 学会倾听：现代语文不可或缺的教育①

学会倾听是语文新课标赋予语文教育的全新教学内容与培养目标。语文课程标准指出："口语交际能力是现代公民的必备能力。应培养学生倾听、表达和应对的能力，使学生具有文明和谐地进行人际交流的素养。"进而，在每一学段都对倾听能力

---

① 本文于2007年在省级刊物发表。

的培养提出了具体的目标。在这里,"倾听"被列为口语交际的三大能力之一,并置于"表达"之前,位居三大能力之首,足见语文新课程对学生倾听能力的高度重视与充分强调。

学会倾听是现代学生跻身高社交化社会与人进行文明交际的有效前提与保障。人际交往是具体情境中人与人之间的信息交流过程,是信息的双向传递与接收,具有鲜明的互动性与交往性。有同学以为交流就是"听我说",其实,能让交流之花盛开的,并不仅仅是会说话的人,很多时候是那些会聆听、善聆听的人。一般说来,一个优秀的交流者,自己说话的时间大多不会超过整个交流过程的三分之一,会用其中三分之二的时间去积极聆听对方的意见与看法。这样,既可以更多地吸取信息,又能作适当的思考与调整,拥有更多的主动权。一个人人际交往的失败,很多时候并不在于他说错了什么或应该说什么,而是因为他听得太少或根本不愿意听。倾听是理解,是尊重,是接纳,是心与心的靠拢,是情与情的对流,是思维与思维的交锋;倾听是一个人心理素养、交际智慧与语言功力的综合外显。所谓"风流不在谈锋健,袖手无言味正长",一个真正擅长交际的人首先必定是一个睿智的听众!

学会倾听更是一种重要的学习能力。日本学者佐藤学说:"倾听是让学习成为学习的最重要的行为,善于学习的学生常常都是善于倾听的儿童。"显然,他视倾听为一项非常重要的学习能力,因而他进一步指出"在教室的交流中,倾听远比发言重要",因为"只有当倾听能力培养起来后,课堂的言语表达才会变得丰富起来"。美国语文教学研究会会长丹尼斯也认为:"从小学到大学,大多数的学习主要通过课堂倾听来进行,语文教师首先要教给学生的学习技巧是课堂倾听。"他这里说的"课堂倾听",不只是"我讲你听""我说你记""我问你答",而是听力与理解的融合,其中包含了鉴赏性思考、主体性理解、批判性接受。

在学习中,学生只有学会了倾听,才能积极而有效地参与到教学活动中来,相互激活,博采众长,保持课堂的有效沟通和旺盛生命力;学生只有学会了倾听,才能学会独立思考与独立评判,形成自己的独到见解与独特体验。

然而,遗憾的是,在语文教学中,我们淡化了倾听的内涵,忽视了学生倾听意识与倾听能力的培养。尤其是在新课程实施的今天,由于强调"教学是师生之间的平等对话的过程",鼓励学生积极参与课堂活动、表现自我、张扬个性,许多语文教师都致力于营造一种宽松、安全的课堂氛围,鼓励学生大胆发表自己的见解,展示自我的风采。于是,语文课堂在前所未有的"热闹"背后潜伏着一股学生"一言堂"的"独我"意识的暗流,学生不愿倾听、不会倾听的现象随时可见。君不见,小组讨论时,满教室的唧喳声,有的小组你一言我一语,谁也没听清谁在说什么,哪能顾及别人的发言对我有何启发有何帮助;有的小组一两个尖子学生唱独角戏,处于弱势的学生心不在焉地干着自己的事;有的小组意见不一致时,不会求同存异,而是固执己见、互相"顶牛"。君不见,当一位同学争得发言机会后,其他同学有的唉声叹气,颇为失落;有的不是倾听,而是继续"顽强"地举着小手等待抢夺下一个发言的机会;有的则不甘示弱继续在下面悄悄说着自己的见解;一旦发言的同学出了点问题,有的同学便急不可耐地打断发言者的思路,甚至嘲笑起哄。君不见,当一位学生回答完以后,老师接着问:"其他同学还有不同见解吗?哪位同学还有补充?"站起来回答的同学,有的答非所问,只顾顺着自己原有的思路说自己的观点;有的便简单地重复着刚才发言者的观点……凡此种种,不一而足。我们知道,只有表达而无倾听的对话是失败的,只有表达而无倾听的学习注定是低效的。课堂学习中,没有积极的倾听,便没有信息的交流与分享;没有积极的倾听,便没有思想的交锋与情感的点燃,便没有高质量的课堂互动;没有积极的倾听,思维便难以延伸与拓展,探究便难以抵达应有的深度与广度;没有积极的倾听,学生的交流与合作能力便难以真正形成与发展。在语文教学中,重视学生倾听意识与倾听能力的培养,已显得迫在眉睫。

笔者以为,语文教师应从如下三方面来培养学生的倾听意识与倾听能力。

1. 强化倾听意识,让学生勤于倾听

首先,应通过认真学习语文课程标准,通过各种鲜活的案例分析与活动的开展,让学生充分认识学会倾听在学习、交往与日常生活中的重要意义。其次,在教学中,不仅强调学生的"说",同时强调学生的"听"。教师讲述时,小组讨论中,学生发言时,每一个环节,每一个过程,都注意强调学生的倾听,明确倾听的内容与目标,提出倾听的具体要求,并通过交流展示来反馈倾听的效果,从而逐步养成学生倾听的自觉性与主动性。再次,建立课堂表达与倾听的规则,要求学生认真倾听他人的发言,等他人的发言结束后才能举手发言,从而不断强化学生的倾听意识,让学生勤于倾听。

2. 培养倾听能力,让学生善于倾听

倾听是一种能力,是人对有声语言的感知与理解能力。它不仅指"听力"(听辨力),还包含着复杂的心智活动。听话者在倾听中接受信息,同时还要对信息进行整合与处理,完成其意义的构建和情感的体验。一个倾听能力强的人,不仅能准确地把握说话人的基本观点和主要内容,还能从其语情语势、体态动作中揣摩推测出其隐含的信息,从而敏锐捕捉说话人的真实意图,并从容跟进,将话题引向纵深;一个倾听能力强的人,一定是边听边思考,边听边调整自己的思维方向,从而实现信息的有效沟通与积极分享。

在语文教学中,教师可以通过以下方式来培养学生高水平的倾听能力：①训练学生准确地概括或转述说话人的基本观点和主要内容；②引导学生有理有据地评析其他同学的发言；③启发学生对其他同学的发言进行合理的延伸与拓展。让学生在倾听中学会分享，学会思考，学会表达，进而学会学习！

3. 优化倾听态度，让学生文明倾听

倾听是一种姿态，是与人为善、心气平和、虚怀若谷；倾听是一种修养，是智者的宁静，犹如秋日葱茏，深邃的思想于无声中收成。当我们面对一个对不等对方把话说完就急于抢口强说的人，面对一个对别人的话都没听清就急于发表个人看法的人，面对一个对方兴致勃勃与他谈话他却目光游离甚至手上还不时拨弄这拨弄那的人，我们不仅会觉得他不会倾听，而且还会认为他缺少修养。因此，教会学生倾听的礼仪，优化学生的倾听态度，让学生学会文明倾听，尤显重要。

（1）要专注。专心听对方说话，态度谦和，与对方保持适当的视线接触，不做无关动作。

（2）要耐心。不随便插话，不随便打断对方，确保对方思路的连贯与完整，等对方表达完整后再作评判。

（3）要积极配合。善于通过有声语言、体态语言或其他方式给予必要的信息反馈，做积极的倾听者。如，用点头表示认同，用微笑表示对对方话题感兴趣，用"嗯""哦""是的"或适当的重复等表明自己确实在倾听和鼓励对方说下去。

古人说："听君一席话，胜读十年书！"这话诚然是赞扬说话者学识的渊博与厚实、观点的精辟与独到以及思维的灵活与敏锐，但也从另一个侧面显示出倾听的价值所在。一个倾听意识与倾听能力缺失的人，是绝对不可能有"胜读十年书"的惊喜的！愿每位语文教师都能重视学生的倾听，愿每位学生都能学会倾听，在倾听中提升自我，发展自我，成就自我！

11 运用多媒体　强化语文美育效果[①]

随着信息技术的日新月异,多媒体技术已迅速渗透到中小学教育的各个方面。多媒体辅助教学为语文教学开辟了广阔的新天地,尤其是在语文美育方面,它具有得天独厚的优势。它一改传统媒体单调僵化的面孔,而使信息表现为图、文、声的有机融合,生动活泼、丰富多彩,便于实现语文美育效果的最优化。

一、提供尽可能生动、直观的审美形象,强化审美感知

黑格尔说:"美只能在形象中见出。"车尔尼雪夫斯基也说:"形象在美的领域占统治地位。"可见,审美离不开形象。没有生动的直观,没有丰富的表象,也就没有了审美对象。语文教育中的文本是用语言文字来叙事、抒情、说理的。它的美,既不像露天的珍珠,伸手便可以摸得着;也不像碧空的繁星,抬头便可看得见。它往往隐蔽在艺术形象所给人留下的深广、多层的审美空间里,也常常蕴涵在生动逼真的意境中。要使学生能探索其蕴涵的艺术美,获取其艺术的真谛,则需要老师对文章中的审美对象进行艺术化处理,使之变成学生容易感知、品赏的审美对象。而运用多媒体辅助教学,可以使语言文字所描述的审美内容变成声像并茂、视听结合的审美对象,并能让静止的审美对象活跃起来,从而使审美教育变得更为生动有趣,富于感染性;学生通过对生动直观的审美对象的直接感知,获得美的熏陶与感染。

[①] 本文于2001年在省级刊物发表。

如《威尼斯》一文,作者集中笔力展示了威尼斯作为"文化艺术之城"的建筑美、绘画雕刻美。这确实是一座美不胜收且颇有文化艺术内蕴的城市。然而,要让没有到过威尼斯的中学生仅凭语言文字的描述便完全领略"哥特式"与"拜占庭式"建筑的不同风格、圣马克方场建筑布局的和谐谈何容易,让他们想象公爷府"从运河里看,真像在画中"、墙面"在日光下鲜明得像少女一般"、整体构造"令人有恍惚迷离之感"更是不易。而运用多媒体辅助教学,则可以边演示圣马克堂、钟楼、公爷府、圣罗珂堂、佛拉利堂等建筑物的立体彩图,边播放精美的解说词。这样,让学生在眼观其状、耳闻其声、如临其境中领略威尼斯建筑的别致典雅、式样各别而节奏和谐,品味"哥特式"装饰的"漂亮劲儿",鉴赏风格各异的绘画雕刻大师技艺的高妙绝伦,从而很好地把握威尼斯城的文化艺术内蕴,深深地折服于威尼斯人博采众长、精益求精的审美精神。

多媒体课件,不仅能将课文中的建筑、绘画、雕刻等艺术美还原成直观、生动的审美对象,还可以将日月山川、草木虫兽等自然美,社会习俗、人情世态等社会美处理成有声有色、图文并茂、动静相宜的审美形象,让学生在深切的审美感知中进行审美活动。

二、创设如临其境的审美情境,强化审美共鸣

世上任何一种形式的美,都具有情感性。当美的对象以具体、生动的形象作用于人的感官时,首先是打动人的情感,使审美主体在感情上产生共鸣,因之偕动,从而获得精神上的愉悦、满足与享受。因而美学家蒋孔阳说:"审美教育又是一种情感教育。"而运用多媒体辅助教学,由于它提供的视听形象的声色并茂,营造的审美情境的生动逼真,可以迅速拨动学生"美感的琴弦",唤起学生的美感情绪,而使学生获得深切的美感体验。

如教《为了忘却的记念》,一开始我们就可以借助多媒体推

出这样一个画面:庄严肃穆的灵堂,悲愤而啜泣的人群;灵堂外,出离愤怒而不堪其悲的"鲁迅"先生正拖着沉重的脚步来回走动。接着,在如泣如诉的哀乐声中,"鲁迅"先生开始了对刘和珍女士的回忆与悼念,对军阀政府的揭露与声讨。这样设计,跨越了时空距离,突破了时代隔阂,让学生置身于万人同悲愤的特殊氛围中,迅速进入文章的情感境界,引起情感共鸣。这种共鸣又可以转化为学生自觉审美的"催化剂",使之产生新的审美追求,主动去寻美访胜、采珠撷宝;进而"深潜到文章所构筑的内部世界,领略文章营造的美学意境"。

三、提供多维审美信息通道,拓宽学生的审美观赏维度

语文教材中选编的课文,大多是"依照美的法则创造出来"的文质兼美的典范佳作。作为美的信息载体,差不多包罗了人类文化传统中各领域的美的积淀,集中反映了自然、社会、艺术、科学、语言的美。当然,这美的欣赏与发掘又受到审美信息通道的影响与限制。一般说来,审美信息通道越多元,审美感知就越真切,而对美的发掘也会越深入。多媒体课件能综合影视、文学、音乐、解说、动画等多种信息媒介为一体,它的每一画面的演示都伴有标准而清晰的解说,可以听到运动发出的声响和增强氛围的音乐伴奏,大大扩展了审美信息阈。通过多维审美信息通道,既充分调动了视觉的形象感受能力,又调动了听觉的语言感受能力和音乐情绪化的感受能力,从而引起单一的审美感觉所不具有的审美品位,并能满足不同审美层次、不同审美兴趣的审美者的需要,以实现审美效果的最佳值。

总之,多媒体技术在语文审美教育中发挥着重大的作用。随着教育改革的不断深入,教育技术手段的不断更新与发展,在语文审美教育中,多媒体技术一定能发挥更大的作用。

12 让诗词走进心理健康教育①

时代变迁,社会发展,人类已进入知识经济时代。知识经济对人才提出了更高的要求,它要求我们的人才不仅要有优秀的科学文化素质,良好的道德修养,还要有健康的心理素质和较强的心理承受能力;不仅要"观乎天文,以察时事",而且要"观乎人文,以化成天下"。可见,维护和增强中学生的心理健康水平,提高他们的心理素质与心理承受能力,已成为关系到当今和未来保护人力资源的大问题。

同时,我们也知道,心理健康教育是触及学生心灵的事情,一味地板起面孔说教,关起门来灌输,是很难收到实际效果的。有位教育家说过:能力要靠能力去培养,人格要靠人格去塑造,情感要靠情感去点燃,心灵要靠心灵去滋养。所以,进行心理健康教育要特别讲究艺术性,要找准能触发学生心理共鸣的契合点及学生情感的着火点,让心育在"润物细无声"的潜移默化中悄悄进行。

中华诗词在这方面有其得天独厚的优势。中国是诗歌的王国,中华诗词源远流长,群星灿烂,佳作如林。其思想之含蕴,意境之深邃,感情之细腻,文字之凝练,音韵之优美,风格之纷繁,体式之多姿,流传之广泛,生命力之强盛,可以说没有哪个国家、哪个民族的诗歌能出其右。而且诗歌的教化功能早就为古人所

---

① 本文于2001年获省级优秀论文评比一等奖。

认识、所重视,孔子曾说:"小子何莫学乎诗?诗可以兴,可以观,可以群,可以怨;迩之事父,远之事君。"而且,中华诗词以其独特的艺术魅力深受广大读者尤其年轻学子的喜爱,它在潜移默化中陶冶着人们的情感,锤炼着人们的意志,升华着人们的精神世界,完善着人们的自我人格,提升着人们的心理健康水平。面对"黯然销魂"的离别,王勃唱"海内存知己,天涯若比邻",高适歌"莫愁前路无知己,天下谁人不识君",秦观吟"两情若是久长时,又岂在朝朝暮暮",苏轼叹"人有悲欢离合,月有阴晴圆缺,此事古难全。但愿人长久,千里共婵娟"。读着这乐观旷达的诗句,读者的心胸怎能不坦然不豁达不乐观?面对人生路途上的成败得失、挫折磨难,李白始终坚信"天生我材必有用","长风破浪会有时";苏轼在被贬黄州,满腹忧愤中仍能高歌"谁道人生无再少,门前流水尚能西";龚自珍在己亥年辞官离京时,仍能吟出"落红不是无情物,化作春泥更护花"的豪迈诗句;而现代诗人汪国真则坚信"没有比脚更长的路,没有比人更高的山";舒婷则用《这也是一切》来回答一位心理阴暗、对人生对社会完全失去信心的朋友的求救:"不是一切大树/都会被暴风雨折断/不是一切种子/都找不到生根的土壤/不是一切真情/都流失在人心的沙漠里/不是一切梦想/都甘愿被折断翅膀……不是一切呼唤都没有回响/不是一切损失都无法补偿/不是一切深渊都是灭亡/不是一切灭亡都覆盖在弱者头上/不是一切心灵都可以踩在脚下,烂在泥里/不是一切后果/都是眼泪血印,而不展现欢容/一切的现在都孕育着未来/未来的一切都生长于它的昨天/希望,而且为它奋斗/请把这一切放在你的肩上。"这种无论身处怎样的困境,都始终相信自己、相信未来的奋发向上的积极心态,对于培养中学生开朗、坚强的性格和稳定、乐观的生活态度与生活情趣定会有着深远的影响。面对理想与现实的矛盾,面对朝廷的不重用、不理解,面对政敌的排挤打击、小人的诬告陷害,屈原告诫自己"举世混浊我独清,众人皆醉我独醒","路漫漫其修远兮,吾将上下而求索";68岁的陆游"僵卧孤村不自哀,尚思为国戍轮台";垂垂老矣的辛弃疾,仍壮心不减,发出"凭谁问,廉颇老矣,尚能饭否?"的诘问;文天祥无论在怎样的屈辱危难之中,凭着"臣心一片磁针石,不指南方不肯休"的顽强毅力支撑着为国家为民族活下去。这种越是逆境越是志定神坚,越是危难越坚韧挺拔的百折不挠、奋发进取的意志品质,不正是我们中华民族高尚品质与积极健康心态的体现吗?面对这样的奋发之诗,青少年学生自会受到感奋,得到鼓舞,从而激发出战胜困难、度过逆境的勇气与力量。

因而,巧用诗词进行心理健康教育与心理疏导工作,往往能收到事半功倍、出人意料的功效。笔者在此方面曾尝到不少甜头。记得有一次,学校本应放月假,但因特殊原因不得不临时改变,到了星期六那天,学生根本无心上课,上课铃响后,仍不肯进教室,站在走廊上高呼:"我们要回家!""反对学校出尔反尔!"好不容易让学生进了教室,学生情绪亢奋而对立,根本无法平静。面对此情此景,我知道任何教训、发怒都无济于事,弄不好还可能激化学生的对抗情绪。我急思应变对策,短暂的沉思后,我笑对学生说:"我们来做个游戏,我出两个上联,如果有同学能对出下联,我们就放假回家,好么?"听我这样一说,教室里顿时安静下来。我挥笔在黑板上写下两个上联:"丈夫志四海,""是七尺男儿,生能舍己;"短时间同学们先是沉思,继而热议,终有同学记起这是古诗词名句,兴奋地说出对句:"万里犹比邻""做千秋鬼雄,死不还家"。我用红色粉笔将两句下联工整地板书在黑板上,然后仍笑着对同学们说:"对得好,老师绝不食言,现在大家可以回家了。至于学校那边,由我去解释,所有责任由我来承担。"然而,此时奇迹出现了,教室里一片静穆,没有一位同学收拾东西,没有一位同学离开教室,甚至同学们脸上的亢奋与对立也在慢慢消逝,代之而起的是沉思与平和。几分钟后,班长站起来,大声说:"老师,我们上课吧。大家说,好不好?"教室里几乎异口同声地喊出了"好"。结果,这堂课上得异常轻松、愉快。

有心的朋友,你也不妨试试,让中华诗词走近学生,走进心理健康教育。在你的教学中,或当学生因心理问题向你求助时,你不妨向学生推介一些积极进取、乐观旷达的名篇诗作,让他们将自己融入诗情与诗境之中,去感悟、去体验、去发现、去共情,从而慢慢让自己的心胸开阔豁达起来,让人生态度乐观积极起来,让奋斗意志顽强坚韧起来,让精神境界高尚升华起来!

第二辑
语文课堂行动突围

语文课堂是承载教师职业生涯和学生学习生涯的主要场所,是师生漫长而又重要的生命舞台。语文课堂理应成为师生精神历险、共同成长的胜地。本辑主要收录笔者语文课堂教学改革研究与实践方面的文章,如语文案例教学法的研究探索、语文主动学习教学模式的实验研究、语文"有效教学高效课堂"的研究与实践、语文教学中的学法指导等,最终体现到语文课堂教学设计中。在研究探索中,坚持以课堂为切口,以问题为中心,以激活学生语文学习的主体意识、培养学生的语文素养与创新思维能力、提升语文课堂教学质量与效益为归依,关注细节,提升智慧,追求实效,以期实现语文课堂的行动突围,重建语文课堂的生命魅力。

➢ 实施语文案例教学,有利于变"灌输"为"探究"、变"授受"为"合作"、变"求同"为"求异"、变"苦学"为"乐学"。

➢ 在有利于学生主动学习的课堂教学机制中,教学设计应体现"三主"、"三动",即学生为主体、问题为主轴、创新思维能力与综合运用知识能力的培养以及良好学习习惯的养成为主目标,强调学生的动脑、动手、动口。

➢ 教师深入研究教材,首先要吃透文本中的八个"着力点",即内容的重难点、知识的生成点、技能的训练点、情趣的激发点、思维的发散点、合作的讨论点、育人的渗透点和素养的引申点;然后再融入自己的教学智慧,对教材内容进行重组和整合、改造和拓展、挖掘与创生,进而形成富有教师教学个性的教学资源。

1 语文案例教学探微[①]

一、关于案例教学

案例教学是美国哈佛大学最具特色的教学法。它注重的是通过巧设各种问题情境,引导学生对它们进行探索分析,以形成自己的见解或解决方案。它的精髓不在于让学生强记多少知识,而是诱导他们开动脑筋,积极思考,因而它是一种创新型能力教学。它以其重激发学生的创造潜能而不重传授"终极真理"、重思考过程而不重唯一正确答案、重培养解决问题的能力而不重重复前人经验的教育理念而培养了一大批学以致用、崇尚实干、有极强决策能力、解决问题能力的企管精英。美国500家最大财团的决策经理中2/3都是哈佛毕业生便是最好的明证。

二、实施语文案例教学的必要性与可能性

随着人类社会由标准化的工业文明进入个性化、网络化的信息社会,时代对能力型人才、创造型人才的呼唤越来越急切。为顺应时代的要求,教育已作出积极的回应,素质教育已全面铺开,尤其是3+X考试方案的改革,由重知识到重能力、重创新、重个性的命题理念的转变,让我们清楚地看到教育评价中的学力评价的重点已不再是学生占有了多少现成的书本知识,而是他们具备了多少灵活运用知识解决问题的能力。但是,由于长

---

① 本文于2001年在中文核心期刊上发表。

期以来根深蒂固的应试教育理念的影响，我们的语文教学中仍然存在着较严重的重接受、轻发现，重重复、轻创新，重求同、轻求异，重模式、轻个性的倾向；对以讲代导、以灌代启的陈腐教法有所摒弃，启发式、讨论式、探究法已为大多数教师所接受，但课堂的开放度仍不够，学生的思维仍没有得到充分的训练，潜意识中教师仍只是引着学生朝预先设计好的圈套或标准答案里钻，变相将教参、教师的观点推销给学生，而忽视学生的独立思考、独到发现、独特感悟。教学仍只是执行教案的过程，学生实际扮演的仍只是配合教师完成教案的角色。因此，重树科学的教育理念，革新教育方法，突出学生学习的主体地位，既是社会发展的迫切需要，也是语文教育自身的发展之需，更是学生未来的适应社会之本。

在语文教学中实施案例教学，有其得天独厚的优势。

首先，"大语文"的教学理念要求教师在传授语文知识、培养语文能力时，要贴近学生的生活实际，注入生活的内容，着眼于学生的学以致用，在课堂教学中营造一种宽松而充满智力活动的气氛，以激活学生思考、探索、创新的欲望。这为实施语文案例教学法扫清了认识上的障碍。

其次，语文教材以文本为主，而文本中有相当分量的是文学作品（新教材60%的课文为文学作品）。文学作品是一种借助形象思维进行创作、用形象反映生活的语言艺术，因而具有极大的模糊性，具体表现为主题的多元性、情感的朦胧性、形象的立体化，从而留下了大量的"未定点"与"艺术空白"。读者的原有知识积累与理解想象能力不同，个人生活经历与情感取向不同，价值观与审美观不同，对这些"未定点"与"艺术空白"的补充与再造也必将因人而异，所谓"有一千个读者就有一千个哈姆雷特"。不仅如此，对作品语言、布局的理解与鉴赏，也会不尽相同。这些都为语文案例教学法的实施提供了有利条件。

三、实施语文案例教学的意义

1. 有利于变"灌输"为"探究"

语文案例教学是把要学习的知识置于具体鲜活的、具有一定复杂性的问题情境中,或嵌于一定活动背景中,使学生对知识形成多角度的丰富的理解,或结合自己的原有经验探究新知识,建构自己对各种问题的观点和见解,建构自己所坚持的判断与信念。这样,就使学生从被动接受中解放出来,让学习真正成为一种高级思维活动。这种教学方式,会使学生对知识、对学习表现出更大的热情、更深的投入与更高的批判性,知识的对错会牵动他们的神经,而非传统课堂中的无动于衷。这样,学生便真正成了课堂的主人、学习的主人。

2. 有利于变"授受"为"合作"

在语文案例教学中,教师不再是课堂的权威、知识的权威、真理的权威,而只是课堂生态圈中的一个成员,最多是看守这个生态圈的管理员。换句话说,也就是教师由以前的处于学生情景之外转向与学生情景共存。这样,教学活动也就成为了一种师生之间或生生之间的互动合作活动,教学的主体性也就真正产生了。

3. 有利于变"求同"为"求异"

可能每个教师在教学中都问过学生:"还有不同意见吗?""还有其他意见吗?"等问题,但在这种询问的背后,教师其实在自己的头脑中早已考虑好了"正答"或"正解",并期待学生的回答与之相符。这只能算是貌似求异实则求同。而案例教学最突出的特点就是不重唯一正确的标准答案,在其教学理念中,"没有最好,只有更好",因此,只要学生言之成理,或实际可行,即可能被认同。这是一种真正"寻求各种不同声音的教学"。

4. 有利于变"苦学"为"乐学"

对于教学,过去的观念是:"你不会学习,我来教你学习;你不愿学习,我来强制你学习。"现在的观念是:"你不会学习,我来引导你学习;你不愿学习,我吸引你学习。"案例教学因其课堂的开放性、教学内容的新颖性与生活化,师生关系的和谐化,而有利于激活学生求知、探索的激情与欲望,变"要我学"为"我要学",且越学越有劲,越学越有味,从而品尝到探索的快乐,创新的快乐,成功的快乐。

四、语文案例设计的原则

案例教学意义重大,那么如何保证案例教学的质量呢?笔者以为最重要的一条是要精心设计案例。下面笔者就结合自己的教学实践与体会,谈谈语文案例设计的原则:

(1)开放性。即设计案例时,有意使某些条件不完备,让学生去思考探索;或尽量少一些限制,使答案多元化,鼓励学生"仁者见仁,智者见智",让课堂真正成为展示学生思维火花、个性特长、价值观、审美观的大舞台。我在引导学生欣赏《孔雀东南飞》的人物形象时,曾设计这样一个案例:

不同的人有不同的爱情观。有人认为"爱情是自私的、排他的,爱一个人就要拥有他",有人认为"爱本是祝福/而非一定拥有/只要你一生幸福/这对我便已足够",有人认为"爱一个人便意味着全身心的付出,为了他,可以放弃自己的兴趣、爱好乃至个性与自由",有人认为"爱一个人就要让对方幸福,当发现自己没有能力给对方幸福时,压抑自己的爱和必须拒绝对方的爱,都变成十分美丽的人性故事",有人认为"高尚并不在于保证不变,而在于分手时仍然尊重"。

问题1:在《孔雀东南飞》中,从刘兰芝、焦仲卿处理婚姻问题的言行中,你看出了他们各自怎样的个性与爱情观?你怎样评价他们的爱情观?

问题2:你认为兰芝他们还有更好而又可行的选择吗?

这个案例的限制性就比较小,在爱情的问题上,允许"仁者见仁,智者见智",故学生的思维能被充分激活,他们畅所欲言,各抒己见,课堂真正成为了他们一显身手的舞台。

(2)层次性。即设计案例时,要兼顾不同水平、不同层次学生的需要,体现不同的能力层级,既有理解、分析、综合层级的,又有评价鉴赏、运用创新层级的。在引导学生欣赏《〈黄花岗七十二烈士事略案例〉序》的语言风格时,我设计了下面这个案例:

阅读下面语句,注意加点词语的感情色彩。

A. 革命党人……以坚毅不挠之精神,与民贼相搏。

B. 吾党菁英,付之一炬。

C. 然是役也,碧血横飞,浩气四塞。

D. 环顾国内,贼氛方炽。

E. 则斯役之价值,直可惊天地,泣鬼神。

F. 则此一部开国血史,可传世而不朽。

问题1:从上述语句加点词语的运用上,可以看出本文在语言上的一个突出特点是什么?

问题2:依据问题1的理解,你认为课文注释将"付之一炬"解释为"完全毁灭"、将"贼氛方炽"中的"炽"解释为"气焰高涨"恰当吗?如果不当,该怎样解释?

问题3:翻译以下语句,请注意译出加点词语的感情色彩。

A. 死事之惨,以辛亥三月二十九日围攻两广督署之役为最。

B. 吾为斯序,既痛逝者,并为国人之读兹编者序。

这个案例中3个问题的能力层次是非常鲜明的,由理解归纳到辨析评判再到灵活运用。

(3)新颖性。即设计案例时,要多关注语文教学乃至文学创作的新成果以及常规教学中涉及不很多或不很深甚至不涉及的内容,以崭新的面目去激活学生认知、探索及想象的兴趣与愿望。

如前面的两个案例都体现了这个原则,刘、焦的爱情观是以往教学中都不曾涉及的问题,而对作品语言风格的把握是常规教学涉及不很深的问题,因而能很好地激活学生的兴趣。

(4)生活化。即设计案例时,应努力贴近学生的生活,把题目出到学生的心坎上,真正想他们所想,急他们所急,让不同经历、不同个性、不同价值观念的学生都有话可说,让学生走出课本,学以致用。我在进行"说话要得体"的专题复习时,曾设计这样一个案例:

有这样一个故事:有一个人请客吃饭,到了开餐时间,还差一个客人没来,他边看表边焦急地说:"怎么搞的,该来的还不来?"在座的一位客人听了,随即起身告辞。他见挽留不住,便说:"唉,不该走的又走了。"其余几位客人一听,也赶忙起身告辞。

问题1:那位请客的朋友落个尴尬的结局,主要问题出在哪里?

问题2:请结合自己的生活体验,说说怎样才能做到说话得体?

问题3:请你说一个发生在你身边的因说话不得体而闹笑话或落得尴尬结局的故事。

问题4:遇到以下情况,你会怎么说?

A. 批评老师的不修边幅

B. 当别人向你的获奖表示祝贺时

C. 别人大声唱歌,干扰了你的学习时

D. 你拿起话筒,却发现是对方拨错了电话时

E. 你学习到九点钟,才打开电视机,就被妈妈训斥了一顿时

F. 你花大力气帮助别人,别人向你道谢时

G. 朋友弄坏你的新书,还你时连声对不起都没说

这样的案例紧贴学生的生活,甚至可以说就是帮助学生如何更好地为人处世,学生哪会没热情呢?

以上是本人对案例教学的一些粗浅体会,对此我还将进行更深入的探索。

2 案例教学与语文创新思维培养[①]

21世纪国际间的竞争,主要是综合国力的竞争。综合国力的竞争,说到底,也就是人才的竞争。而在人的智力结构中,思维居于核心地位,是整个智力活动的最高调节者。所以,世界的竞争,归根到底,是思维的竞争。只有具备了先进的、科学的、深刻的、创造性的思维,才能在国际竞争大潮中立于不败之地。教育是为未来社会培养人才的事业,因此,教育教学中尤其要重视学生思维品质和思维能力的培养。2000年《全日制普通高级中学语文教学大纲》明确规定:"在语文教学中要重视学生思维品质和思维能力的发展,尤其要重视创造性思维的培养。"

学生创新思维的培养与教学方法的选用息息相关。教学方法选用得不好,不仅不能激活与发展学生创新思维,相反,还可能桎梏甚至扼杀学生思维。正如生理学家贝尔纳所说:"良好的方法能使我们更好地发挥、运用天赋才能,而拙劣的方法则可能阻碍才能的发挥。"可见,精心选择教法,对训练学生的创新思维、提高语文教学效果是何等的重要!

笔者自1999年以来,开始尝试运用美国哈佛大学的案例教学来进行语文教学,培养学生的创新思维,觉得获益匪浅。案例教学的精髓不在于让学生强记多少知识,而是通过巧设各种问

---

① 本文在全国语文教学法专业委员会2002年度优秀论文评比中获二等奖。

题情境,诱导他们开动脑筋,积极思考,独立探索,以形成自己的见解或解决方案,因而它是一种创新型能力教学。它与传统教学法的最大不同,在于它不强调所谓唯一正确的标准答案,而是强调学生自己的独立思考、独到发现、独特感悟,给学生预设了广阔的开放性的思维空间,能让学生的思维自由飞翔。

下面笔者就结合自己的教学实践,谈谈怎样运用案例教学来对学生进行语文创新思维训练。

一、设置演绎型情境,培养学生思维的灵活性、敏捷性与发散性

在设置案例时,将事件的结论或答题的规律、技巧提供给学生,引导、促成学生巧妙地运用已知信息,推导出新信息,或解决新问题,从而达到训练学生良好的思维品质的目的。笔者在教《项链》一文时,曾设置下面案例:

《项链》在结构上的突出特点是:情节一波三折,扣人心弦;结构谨严,结尾出人意料而又在情理之中,有力地深化了主题。

问题1:为了突出结尾是在情理之中,作者在前文作了多处铺垫,请找出这些铺垫文字。

问题2:课文中有这样一些描写:"她是一个美丽动人的姑娘","所有的男宾都注视她,打听她的姓名,求人给介绍;部里机要处的人员都要跟她跳舞,部长也注意了她","后来,他到警察厅去,到报馆去,悬赏招寻,也到所有车行去找"。如果把这些当成伏笔,让你结合自己对社会与人生的理解与体验,重新安排玛蒂尔德丢项链后的情节,你会怎样安排? 并请说说你这样安排的意图。

这个案例,将小说的结构特色与写作技巧提供给学生,然后让他们运用它去探索,去推断,去想象,从而有力地训练了其思维的灵活性、敏捷性与发散性。

二、设置争议型问题情境,培养学生思维的批判性、独创性与辩证性

设置案例时,列举出对同一对象的不同看法,或摆出与传统定论相左的观点,或依照学生的学习实际,虚拟出对同一问题的鱼目混珠的多种看法,以激活学生的思维,让他们带着疑虑多角度、全方位去研读、探究与发现,从而培养他们创造性的思维品质。

在教学《项链》一文时,我围绕玛蒂尔德这一人物形象,设计了这样一个争议型问题情境:

有人认为,玛蒂尔德为一夜疯狂而赔进十年青春,完全是因为她的虚荣心,小说就是要批判她的虚荣心。也有人认为,"爱美之心,人皆有之",玛蒂尔德想打扮漂亮点去参加舞会,这是人之常情,应不足以让她付出那样惨重的代价。还有人认为,"人往高处走,水往低处流",玛蒂尔德生活在一个小职员家,她想改变自己的处境,过上美好的生活,这是无可厚非的。而作者主观上则认为造成玛蒂尔德悲剧的原因是"极细小的一件事可以成全你,也可以败坏你"。

问题:仔细研读课文,思考:你是否同意上述某种观点?如果都不同意,那你认为作者笔下的玛蒂尔德是个怎样的人物形象?造成她悲剧的原因是什么?请结合课文具体内容阐述你的理由。

在引导学生欣赏《警察与赞美诗》中苏比的人物形象时,我曾设计这样的案例问题:

有人说:对文学作品的所有解读"都可能是误读"。典型的文学形象往往在于它丰富的暗示性。文中苏比可以有很多种方式过冬,可他宁愿做"法律的客人",也不愿去慈善机构。对此,有人读出了他的自尊与灵魂高傲,认为他的所作所为都是对现实的反抗;有人读出了他的心理畸形,认为他的所作所为体现出他好逸恶劳的无赖心理。

问题：综观全文，你从苏比的选择中读出了苏比怎样的内心世界和当时怎样的社会风貌？并说出你的理由。

这两个案例都是先向学生列出对同一对象的不同观点与评价，然后让学生根据自己的研究性阅读，结合自己的道德观、审美观与价值观，进行赏析与评判，允许他们见仁见智，故学生的思维能被充分激活，他们畅所欲言，各抒己见，课堂真正成为了他们一显身手的舞台。

三、设置归纳型问题情境，培养学生的收敛思维

创造思维是发散思维与收敛思维的有机结合，一味地强调发散而忽视收敛，也不能提高创造的水平。因此，在语文教学中，也不能忽视收敛思维能力的培养。故笔者在设计案例时，常设置一些归纳型问题情境，即提供多组具体而鲜活的事实材料，让学生通过对这些材料的分析、思考与探索，或探究原因，或找出共性，或发现规律，从而有效地训练学生的收敛思维。如笔者在教学"说话要得体"时，就曾设计这样一个案例：

（1）某教育局请一位学者来讲学，等该学者讲完后，某领导作总结说："××的报告颇有见地，真正起到了抛砖引玉的作用……"话未讲完，台下一片哗然。

（2）欧洲的阿尔卑斯山有一处急转弯，汽车到此急切中坠崖的实在不少，当局竖了多处"前面急转弯，车辆慢行！"的广告牌。但是，没有用，照样有很多人投胎似的急着下山。……终于有一天，有人在附近竖了一个大广告牌，上书："慢慢地走，欣赏啊！"从此那里便成了安全地带。

（3）如果你留心生活，便会发现，我们身边的许多广告、标语的措辞都在发生着变化。如"严禁踩草！"换成了"小草正在生长，请勿打扰她"，"注意交通安全！"换成了"为了您和他人的幸福，请注意交通安全"，"前面修路，车辆禁行！"换成了"修路

给您的生活与工作带来诸多不便,感谢您的支持与合作"……

问题1:那位作总结的领导落个尴尬的结局,主要问题出在哪里?

问题2:请结合上述三则材料,联系自己的生活体验,说说怎样才能做到说话得体?说话得体能收到怎样的效果?

这个案例主要是提供大量鲜活的事实材料,让学生自己去探究原因,发现规律,归纳技巧,领会佳妙,以达到训练学生收敛思维的目的。

四、设置想象型情境,培养学生的想象能力

想象是人类聪明、智慧的杰出精灵。正如爱因斯坦所说:"想象力比知识更重要,因为知识是有限的,而想象力则概括着世界上的一切,推动着世界进步。"要有效训练学生的想象能力,就要求我们在教学中能找准学生想象的"着火点"与"触发点",能设计出巧妙的想象型问题情境,或依照文中的环境、情节、人物引导学生进行再造想象,或以教材为基础,运用续写、扩写、改写、改编等形式,拓展学生的创造想象。

笔者在教学《祝福》一文时,曾以作者对鲁四老爷的书房描写为想象"着火点",设计案例如下:

请精读文中对鲁四老爷书房展开具体描写的语段:壁上挂着朱拓的"寿"字,陈抟老祖写的。一边的对联已经脱落,松松地卷了放在桌上,一边的还在,道是"事理通达,心气和平"。窗下的案头只见一本未必完整的《康熙字典》,一部《四书衬》。

问题:从鲁四老爷的书房陈设看,你推断他是一个怎样的人?请你展开想象,为他写一个外貌、语言、心理描写的片段。

要求:要能展示鲁四老爷的性格特点与精神世界。

在引导学生欣赏杜甫的《茅屋为秋风所破歌》时,笔者曾设计这样一个想象型案例:诗歌中的"自经丧乱少睡眠,长夜沾湿何由彻?"一句,将思虑由眼前的愁苦扩展到安史之乱以来的种

种痛苦,由风雨飘摇的茅屋扩展到战乱频仍的国家。

问题:假如将这首诗改编成电影,而你就是编导的话,那你准备选取哪些社会生活与诗人的个人生活场景或诗人的哪些诗歌来展示这两句诗的内涵?

这两个案例,都是找准想象的"着火点",让学生充分调动自己的阅读积累与生活体验,然后去大胆想象,大胆创造。

当然,运用哪种案例进行哪种思维品质与哪种思维能力的训练,并非截然分开,我们可以通过一个案例进行多种思维品质和思维能力的训练,也可以综合运用多类案例来训练学生的某种思维品质或思维能力。

3 高中语文"主动学习"教学模式实验研究报告[①]

一、引言

随着人类社会进入信息化的知识经济时代,社会竞争日趋激烈。社会的竞争,说到底是人才的竞争,是人才的综合实力尤其是实践能力与创新精神的竞争。而基于网络文明的信息技术在从根本上改变人类的生活方式的同时,也将从根本上改变着我们的教育方式与学习方式。因此,现代教育不仅要传授知识,更要培养学生善于独立获取知识和主动自觉地探究新知的能力,培养学生终生受用的学习能力。在新一轮的课程改革中,明确提出本次课程改革的核心目标是"**课程功能的改变,改变课**

---

① 本研究成果于 2004 年获长沙市友谊科研优秀成果一等奖。

程过于注重知识传授的倾向,强调形成积极主动的学习态度,使获得基础知识与基本技能的过程同时成为学会学习和形成正确价值观的过程";提出要改善学生的学习方式,"倡导学生主动参与、乐于探究、勤于动手,培养学生搜集和处理信息的能力、获取新知识的能力、分析和解决问题的能力以及交流与合作的能力"。要做到这一点,就需要我们的教师在教学中采取各种措施创设情境,把社会、学校和教师的要求变成学生自觉学习的需要,培养和激发学生的学习动机,引导学生动手、动脑进行探索,让学生主动获取知识,主动学习,主动发展。

然而,由于长期以来应试教育的影响,语文教育中忽视对人的生命存在及其发展的整体关怀,忽视学生心理因素和主体意识的培养的状况仍然存在,教学中主要依靠反复灌输、强化作业以及无休止的竞赛和考试等手段,以外在的压力去强迫学生学习,落实认知目标的情况依然较严重,这使得学生的语文学习过于被动,语文能力没有得到充分发展,语文素养没有得到应有的提高,语文情感没有得到应有的培养,缺乏应有的参与积极性、学习主动性和主体创造性。

基于以上认识,我们根据学校的教学实际提出"高中语文主动学习教学模式研究"这一课题,以期通过实验构建并不断完善高中语文"主动学习"教学机制,启动学生的主体动力系统,借助非智力因素的作用,发挥学生的智力潜能,发展学生的语文能力与个性,培养学生的创新精神和实践能力,实现语文教学"减负—增效—提质"的良性循环,并为学生的终身学习打下坚实的基础;同时,通过实验不断规范教学行为,促使教师深入学习、钻研现代教育理论和先进教育思想,实现教育观念的彻底更新、教学方法的根本改进和自身素质的全面提高。

二、研究的主要阶段

研究主要分四个阶段进行。2000年4月~2000年8月为实验准备期,主要工作包括了了解主动学习的历史发展与国内外研究状况,成立课题组,培训实验教师,撰写实验方案,确定实验班级,做好前期调查工作。2000年9月~2001年1月为初步实验期,主要以作文教学为突破口,初步探索出了培养学生主动作文的教学机制,进行阶段性自查与总结,并对实验方案进行了修订。2001年2月~2002年8月为深入探索期,主要工作包括了定期开展研讨活动——定期组织理论学习、外出观摩、组织课题研究探讨课,全面探索语文主动学习的教学机制,构建语文主动学习的课堂教学模式,进行阶段性自查与总结。2002年9月~2002年12月为总结梳理阶段,主要工作包括了进一步收集、整理课题资料,进行数据处理与结果分析,撰写研究报告,申请结题等。

三、研究内容与主要做法

(一)研究内容

(1)探索互动创新的课堂教学机制,为学生的主动学习营造良好的氛围,提供心理安全保障与实践舞台。

(2)探索中学语文"主动学习"课堂教学模式与方法,全面培养学生语文的主动学习意识、习惯与能力。

(3)探索科学的作文评价机制,激活学生主动作文的兴趣,唤醒其写作热情,维护其写作积极性。

(二)主要做法

(1)开展扎实的理论学习与业务培训,更新观念,提高素养。三年中,我们编辑了大量的理论与案例资料,组织实验教师系统地学习了自主教育理论、素质教育理论、学习策略理论;实验教师每年至少研读两本教育、心理学方面的专著,勤读、细读魏书生、钱梦龙、李镇西等教育改革家的教育论著;每年都组织实验教师参加省市组织的课题培训与相关课题的观摩研讨活动;先后邀请湖南师大周庆元教授、张良田博士,长沙市教科所周赞梅老师,浏阳市教研室陈文老师、胡自才老师来校作专题讲座;积极参加信息技术培训,每位实验教师都能熟练地使用多媒体进行教学,能自己制作多媒体课件。

(2)大胆进行课堂教学改革,创新课堂教学机制,革新教学手段。我们要求课题组实验老师都能以"主动学习"的理念规范自己的教学行为,在课堂教学中大胆改革,创新教学机制,优化教学过程,革新教学手段,构建新的教学模式。每阶段至少组织两次课题研究教研课,并强调组内的集体研究与交流合作。

(3)开设语文阅读课。在全校高一到高三全面开设阅读课,每两周一次,每次两节;列出高中阶段必读书目,要求学生利用阅读课或业余时间进行阅读;组织全校性的读书报告会,阅读心得作文竞赛。

(4)坚持课前五分钟说话活动,推出语文学习"三个一"工程。每节课课前五分钟进行口头作文或阅读推荐活动。学生每天读一首诗或一篇精美时文、每周写一篇随笔、每月写一篇语文方面的研究性小论文。

(5)组织专题讲座,开展丰富多彩的语文学习活动。我们先后组织了"用心阅读,轻松写作"、"谜语文化"、"古诗鉴赏方法指津"等专题讲座,多次组织演讲赛、辩论赛、谜语竞猜、读书沙龙、语文学习经验交流会等活动,充分激活了学生的主动学习热情,培养了其主动学习能力。

(6)编制问卷调查表,对学生语文主动学习的情况进行调查与分析,为实验提供了有力的佐证。

四、研究成果与分析

1. 大面积地提高了学生语文学习的主动性与语文素养

(1)学生语文学习的主动性明显提高。

为了从量的角度观察实验实施前后学生语文学习主动性的

变化情况,课题组分别在 2000 年 6 月和 2001 年 11 月对实验班和对照班进行了检测,其结果如表 1;同时还在研究前期(2000 年 6 月)与研究中期(2001 年 11 月)对实验班随机抽样的 50 名学生的语文主动学习情况进行了跟踪问卷调查,其结果如表 2。

表 1　两次检测比较

	班级	N	X	S	S_{ES}	Z	P
前测 (2000.6)	实验班	50	4.20	8.78	0.88	0.085	>0.05 不显著
	对照班	50	4.60	8.65	0.87		
后测 (2001.11)	实验班	50	8.12	4.76	0.48	4.13	<0.001 相当显著
	对照班	50	4.80	9.36	0.94		

表 2　跟踪问卷调查结果

调查项目		2000 年 6 月		2001 年 11 月	
		人数	比例(%)	人数	比例(%)
你对语文学习的兴趣	很浓	5	10	26	52
	没有兴趣	21	42	0	0
你的语文学习	计划性很强	0	0	18	36
	几乎没计划	35	70	4	8
你上语文课时	思维活跃积极参与	8	16	33	66
	分心或昏睡	18	36	2	4
你的课外练笔	每周两篇以上	11	22	35	70
	几乎没有	20	40	0	0
你的课外阅读	很经常,且面广	19	38	33	66
	几乎没有	6	12	0	0
你在语文学习中遇到疑难与困难时	借助工具书、查阅资料解决	13	26	34	68
	放弃它	16	32	1	2

由上面两个表可以看出:随着实验的深入,实验班的学生普遍表现出乐学、好学、能有计划地学、能创造性地学的学习品质,学习主动性得到明显提高,良好的语文学习习惯已经形成,而且与对照班的差距明显拉大。

(2)学生的整体语文学习能力与语文素养有了明显提高,个性特长得到了培养。

通过实验,实验班学生的整体语文能力与语文素养有了明显提高,个性特长得到了充分的发展。在学校举行的"春雷杯"辩论赛中,决赛一、二等奖都被实验班代表队夺得,最佳辩手也都在实验班代表队中;在学校举行的演讲赛中,实验班选手囊括了前3名;在学校举行的作文竞赛中,半数以上的获奖学生来自实验班;《一中校园文学》每期都要录用实验班学生20篇以上的文章;选送到教研室参加研究性学习小论文评比的作品几乎全部是实验班学生的;有35位同学的作文在省级以上杂志发表或获省级以上奖励。

表3 2000~2002年实验班学生作品发表与获奖情况

学生姓名	作品名称	发表刊物(获奖级别)
贝承丽	《后山的竹林哟》	《语文教学与研究》(国)
陈 娜	《最上镜的女孩》	《小溪流》
王 洁	《走进荒凉》	《作文与阅读报》
邝 斌	《推开面向阳光的窗户》	《小溪流》
刘传华	《一只苹果的重量》	《小溪流》
贝承丽	《父亲说的那声谢谢》	《小溪流》
彭 浪	《等你在心的彼方》	《小溪流》
彭 浪	《生命的最大值》	《小溪流》
黄启明	《空前绝后的范蠡》	《语文教学与研究》(国)
王一凡	《生命的价值》	《语文天地》

续表

学生姓名	作品名称	发表刊物（获奖级别）
陈友圣	《找个人来聊聊天》	国家级三等奖
张 玲	《来自乡下的同学》	国家级优秀奖
刘晶晶	《能记住并能写下时光流转》	《同学月刊》(国)
刘海雁	《小桥》	《中文自修》
彭幽幽	《有关安妮宝贝》	《同学月刊》(国)
宋 蕾	《生命诱惑》	《新作文》
宋 新	《有没有快乐的理由》	《新作文》
张 蓉	《寂寞》	国家级优秀奖
刘婷婷	《寂寞》	国家级优秀奖
唐 建	《寂寞》	国家级优秀奖
王一凡	我的美国姑姑	《同学月刊》(国)
刘院林	《落叶漂流》	《语文报》(国)
王一凡	《玫瑰与蔷薇》	《同学月刊》(国)
刘姗霞	《快乐的小鱼》	《同学月刊》(国)
罗 敏	《寝室生活二三事》	《第二课堂》
伍婧楚、汤健、刘妮		第二届"天才杯"全国作文大赛三等奖
李晓、罗婧、彭恋、李成玲、蒋祝、张娜		第二届"天才杯"全国作文大赛优秀奖

（3）学生语文学业成绩有了较大的提高。

通过实验,有效地激活了学生主动学习语文的动力系统,随着学生语文学习兴趣的提高,学习热情的高涨,学习目标的明确,良好习惯的养成,语文课堂教学效益明显提高,学生的学业成绩有了较大幅度的提高。实验班的三考(年考、会考、高考)成绩与评价明显高于对比班,且其差距随着实验的深入不断拉大。

表4 实验班年考、会考成绩评价情况

班级	评价得分		
	1998~1999（年考）	1999~2000（年考）	2000~2001（会考）
247	91.1	107	108
248	93.9	112	106
249	86.4	106.5	106
252	96.1	109	102

在高考中，实验班均取得了优秀的成绩。2001年高考，247班语文平均分为104.2分，248班为105分，249班达107，252班为103.7；2002年高考260班语文平均分达110.73分，在全市均遥遥领先。

2. 创新了语文课堂教学机制与教学作文评价机制

通过3年的实验摸索，课题实验教师的课堂教学机制与教学作文评价机制发生了质的改变。教学设计做到"三主"、"三动"，即学生为主体、问题为主轴、创新思维能力与综合运用知识能力的培养以及良好习惯的养成为主目标，强调学生的动脑、动手、动口；教学过程充分体现学生的自主学习与合作探究；课堂评价注重激励、多元与差异；语文课堂气氛做到平等、民主、宽松，真正形成了一种有利于学生主动学习的"互动创新"的课堂教学机制。教学作文评价的功能由过去的重鉴别、分层级转变为重激励、交流与发展；评价的标准由过去强调客观、公正、全面，发展为开放、尊重学生的个性差异；评价主体由过去以师评为主，发展为自评与他评相结合、师评与生评相结合；评价用语由原来简单的指令、断语，发展为饱含感情、充满期待、富于文采。这种评价机制充分激活了学生的写作兴趣，维护了学生的写作热情与写作积极性，形成了学生的写作个性。

3. 探索了语文"主动学习"的教学模式

在近三年的实验中，课题组实验教师在自主学习理论、建构主义学习理论、素质教育理论的指导下，大胆进行语文"主动学习"教学模式的构建与教学方法的摸索,老师创造性地教,学生主动地、创造性地学。在阅读教学与专题教学中尝试案例教学法,即:创设问题情境→组织学生自主或合作探究→形成自己的见解与解决方案→评价总结→创新运用;作文指导课模式为:创设情境,激活兴趣→讨论交流,激活思维→范文赏析,拓扩思维→师生同作,结出思维之果;作文讲评课模式为:片段欣赏,激发兴趣→佳作研习,总结写作技巧→病例修改,运用写作技巧→审视作品,写出评后记。

4. 全面提升了实验教师的综合素质

(1) 更新了实验教师的教育教学理念。

课题组成员间每月一次的集体研究已成惯例,理论学习已成自觉。通过深入的学习与钻研,实验老师都深切地认识到"教育的本质在于唤醒",学生"主动学习"是提高教学质量、实施素质教育的有效途径。"以人为本,以能力为核心,以学生的发展为目标"的教育理念已成共识。当网络教学与研究性学习扑面而来时,课题组老师都能积极应对。

(2) 提升了实验教师的教育教学能力。

在课题实施过程中,课题组成员能注重学习,坚持集体研讨,大胆改革,明于借鉴,教育教学能力得到了极大的提高。课题组先后有10多堂课在市级以上进行交流或获奖。其中,在2000年全国中语会、《语文教学通讯》联合举办的"全国语文教师素质教育知能"大赛中,冯辉梅老师设计的《言之有理训练(之一)》获二等奖;在2002年省创新课题组举行的创新课堂教学竞赛中,由冯辉梅老师指导、林雪冰老师执教的《打开心灵的窗户》获一等奖;2002年省创新课题组来我校督察工作时,胡辉老师执教的《语言要得体》受到好评,并在湖南教育电视台播出;在中国发明协会中小学创造教育分会第九届年会的观摩课中,冯辉梅老师执教的《过万重山漫想》得到好评,并获浏阳市"优质录像课评比一等奖";冯辉梅老师设计的《警察与赞美诗》、《孔雀东南飞》,胡辉老师设计的《孔雀东南飞》、《邹忌讽齐王纳谏》已分别送省教科院、全国中小学创造教育分会参评;另外,李忠民老师执教的《学生主动作文训练》、胡自才老师执教的《胡同文化》、《兰亭集序》等教研课都获得成功。

(3)发展了实验教师的教育科研能力。

课题实验拓宽了实验教师的视野,更新了他们的教育观念,提升了他们的理论素养与教育科研能力,使他们已逐步成长为学校乃至当地教研的领头雁。在近3年内,课题组教师一边实验,一边总结,先后有13篇研究论文在省级以上刊物发表或在省级以上评比中获奖。

表5 课题组教师论文发表与获奖情况

作者及论文名称	发表刊物或获奖情况	时间
冯辉梅《诚于嘉许,宽于称道》	《湖南教育学院学报》	2001.1
冯辉梅《浅谈用词准确的方法》	《云梦学刊》	2001.5
冯辉梅《多媒体:语文美育的催化剂》	《湖南教育》	2001.8
冯辉梅《语文案例教学法探微》	《语文教学与研究》	2001.10
冯辉梅《浅论教学作文评价》	国家一等奖	2002.4
胡 辉《走出误区,实现最佳整合》	国家一等奖	2002.4
冯辉梅《论作文评语的激励功能》	《高等函授学报》	2002.1
胡 辉《试论诗歌鉴赏》	《常德师院学报》	2001.2
胡 辉《浅论李贺诗歌的色彩美》	《常德师院学报》	2002.1
冯辉梅《让诗词走进心理健康教育》	省二等奖	2002.4
冯辉梅《语文案例教学与学生创新思维培养》	国家二等奖	2002.4
陈新春《现代教师应具有的学生观》	省三等奖	2002.12
冯辉梅《语文创新教育的误区及对策思考》	省一等奖	2002.12
胡 辉《中学作文教学要重视审美情感培养》	省一等奖	2002.12

此外,还有10多篇论文在长沙市、浏阳市教育学会年会论文评比中获奖。

五、体会与思考

(1)深入学习、更新观念是课题成功的基石。要培养主动学习的学生,教师自己首先必须是一个主动学习者。要取得实验研究的成功,教师自己必须勤于学习、乐于学习、善于学习,吸纳最先进、最科学的教育理念,广泛借鉴他人的成功经验。

(2)充分发挥学生学习的主体作用,特别是启动学生主体的内在动力作用,是培养学生主动学习能力与习惯的关键。

(3)语文主动学习的实现需要营造良好的教育环境。它与学校的办学理念、评价体系、其他学科的教学活动,甚至与学生的家庭教育环境都紧密相连。

4 语文课堂教学目标的偏差与改进[①]

教学目标是预期的学习结果或预期的学习活动要达到的标准,是课程目标的进一步细化和具体化,课程目标是通过教学目标来实现的。新课程标准将课程目标分为"知识和能力、过程和方法、情感态度价值观"三个维度,反映了"一切为了学生的发展"的目标价值取向。新课程背景下课堂教学目标的关注重心由"教师的教"转向"学生的学"、由"强调双基"转向"关注学生的进步和发展"。课堂教学目标是每堂课的方向,是教师教

---

① 本文收入天津教育出版社出版的《中学课堂有效教学的20条建议》,有改动。

学思想、教学价值观的具体反映,是教师专业活动的灵魂所在。美国著名心理学家、教育家布鲁姆说:"有效的教学,始于期望达到的目标。"可见,教学目标是判断教学是否有效的直接依据。如何准确、科学、有效地定位课堂教学目标,是有效课堂教学设计首先要思考与研究的问题。

一、语文课堂教学目标的偏差扫描

教学目标对教师而言是教的标准,对学生而言是学的标准。这些标准或要求应该是具体、清楚、可检测的,而不应该是抽象、含糊而不着边际的。但是,我们从各种类型的教案设计中发现教学目标的设计与表述还存在着种种问题。

1. 课堂教学目标虚泛化,缺少操作性与针对性

一些教师将课堂教学目标与课程目标、教学目的、单元教学目标混为一谈。在设计教学目标时,并没有结合具体教学内容和针对实际学情,而导致课堂教学目标定位宽泛、空洞、笼统、含糊,难以操作,无从检测,使得教学目标失去了对课堂教学应有的导航作用和评价功能。比如,我们经常会看到教师这样表述其某一篇课文或某一课时的课堂教学目标:"培养学生的诗歌鉴赏能力","培养学生口语交流能力,提高口语交际水平","培养学生的质疑问难的问题意识和乐于探究的自主学习精神"、"培养学生的合作精神,鼓励学生发表不同意见,以促进他们的个性发展"、"培养尊重不同意见的胸怀,学会与持不同意见的人交流",等等。这些目标,虽然含有期望学生经过学习后产生一定变化的意向,但缺少引导和检查学生达到上述意向的标准,也没有明晰达成这些意向的具体过程与方法,教学后无法检测是否达到了目标。

2. 教学目标片面化,缺少系统性与和谐性

新课程倡导"三维"教学目标,但有些教师在设计与定位教学目标时往往顾此失彼:有的仍偏重认知目标,仅从文本与知识

的层面出发,关注教给学生多少知识和技能,忽视了获取知识的过程与方法目标,忽视了对学科文化、学生心理与学生终身发展等方面目标的关注;有的则过分强化情感态度价值观方面的目标,相对弱化学科的知识与技能目标;有的则知识与技能、过程与方法、情感态度价值观目标三者各自独立,忽视其内在的有机融合。诚如陈大伟老师在《建设理想课堂》中所言:"就笔者所看到的课堂,很少有教师在课堂上介绍学科知识的发展历史,教师可能一句话就说过了'哥白尼建立了日心说',却不会讲围绕'日心说'有伽利略的坐牢和布鲁诺的被烧死,知识产生、传播的艰难过程被省略了,知识背后科学家们的人格魅力没有了,知识改变人类命运的巨大功绩不见了,只是'哥白尼建立了日心说'一个结论。学生根本没有从学知识的过程中感受到科学的来之不易,没有体会到知识改变人类命运并与人类命运息息相关……也有介绍科学发展史的,但过于简单,于是科学的发现也就变成了偶然……"

3. 目标要求主观化,存在偏高或偏低现象

有的教师在设计课堂教学目标时,仅从学科课程标准、教材内容出发,有的甚至对课程标准和教材的把握都不够准确,没有或很少考虑学生的现实起点、认知水平、生活阅历等方面的差异,不能充分体现"量力性"原则,导致部分目标不符合学生实际,存在偏高或偏低现象。

4. 陈述教学目标的主体不是学生或学习结果,而是教师或讲授内容

有些教师陈述的教学目标全部是教师自身的行为,是自己准备讲授的教学内容与方法,而不是陈述学生的学习结果与学生通过学习产生的行为、情感的变化。多数教师将课堂教学目标陈述为:"培养学生动手能力、观察能力以及综合运用知识的能力"、"激发学生热爱大自然、热爱祖国大好河山的情感"、"创设民主和谐的学习氛围,使学生积极主动参与学习过程"。这

些目标的行为主体都是教师,而不是学生。陈述教师行为与陈述学生行为是不同的,前者是检测教师有没有做,后者是检测学生会不会、能不能做。如果用教师的教学行为词语来陈述教学目标,那么,教师做了,目标就完成了,至于学生"能不能,会不会"就无须检测,也无从检测了。

二、语文课堂教学目标的定位原则

1. 面向全体

新课程背景下的教学目标是根据新课程标准的相关要求在课堂教学设计中由授课教师制定的、绝大多数学生通过学习应该达到的基本要求。课程标准在设计和规定教学基本要求的同时,给部分学生以充分发展的空间,只有下限,没有上限,下限是绝大多数学生必须达到的基本要求,在此基础上学生可以自由发展。教师在设计课堂教学目标时,应该在准确把握学生的知识水平、心理状态和能力层次的基础上,根据实际情况设定出绝大多数学生能够达到的共性目标,同时又要注意适应个别差异,针对不同学生的具体学习情况预设个性化目标,从而使不同层次的人都能获得相应的发展。共同性目标和个性化目标体现了基础性与多样性相统一的原则,是在使全体学生都能获得必要的知识与技能的同时,还顾及了学生自我发展的方向和学习需求方面的差异,有效地促进学生的个性化发展。

2. 针对教学

教师要深入钻研语文课程标准、教材内容,根据课程标准、教学用书和教学的实践经验,在认真分析教学内容、准确判断学生的知识基础和能力水平的基础上,根据教学目标分类法,确定每条目标的层次要求。

3. 凸显学生主体

新课程标准告诉我们,教学产生的结果只能体现在学生身上,而不是由教师来体现,也就是说教学目标是描述学生学习过程中的心智变化和体验结果,是教师通过教学活动期待学生达到的学习效果,是学生在一个教学单元的学习后能够做些什么事情、有些什么提高的具体、明确的表述。判断教学是否有效益的直接依据是学生有没有获得相应的知识,有没有提高自己的能力,有没有获得相应的发展。一个好的教学目标应该体现通过一定的教学活动后学生的知识积累、内在能力和情感态度方面的变化,因此,教学目标的行为主体应该是学生,而不是教师,其行为词语应该是明确具体的,而不是模糊抽象的。

4. 便于操作

教学目标的设计要切实可行,既要充分体现语文学科教学的特点与要求,又要便于指导教学过程,便于实际操作。课堂上教学时间有限,教师设计教学目标时不可能面面俱到,设计每堂课的教学目标时,一定要考虑教学进程,结合学校的实际情况,结合学生所熟悉的生活、科技与社会实际,使教学目标富有实效性与时代性。教学目标一定要明确具体,唯有这样,才有利于教师正确地选择教学方法,合理地组织教学过程,准确地评价教学结果,也才能使教师将教学意图清楚地传达给学生,让学生主动地把握自己的学习过程。教学目标的明确、具体,在于用可以观察或测量的行为动词来描述教学目标,这个动词必须指出一个动作,应尽量避免使用诸如"了解"、"掌握"等缺乏质和量的具体规定性的词语,而选择使用诸如"写出"、"列举"、"比较"、"区分"等具体、明晰的动词。

三、语文课堂教学目标的设计策略

1. 突出过程,聚焦素养——新课程背景下语文课堂教学目标的内容设计

新课程背景下的课程目标从三个维度展开,关注学生发展的三个方面:知识与技能、过程与方法、情感态度与价值观。三维目标相互交融、相互渗透,呈现教学本身的价值取向,统一于学生的成长与发展中。知识与技能是实现过程与方法和情感态度价值观两个维度目标的载体,过程与方法是链接知识与技能和情感态度价值观两个维度目标的桥梁,情感态度价值观是教学中知识与技能、过程与方法目标的升华。其中,知识与技能的东西是外显的,我们可以用讲授的方法传授,用动手实践的方式训练;情感态度价值观是内隐的,它们都依附于知识发生、发展的过程之中,同时又在探索知识的过程中得以形成和发展。没有过程,就没有体验和感悟,没有过程也就形成不了技能。因此,过程性目标在三维目标中处于核心地位。突出过程,就是要关注学生的情感体验,关注学生的精神领域;关注学生如何发现问题、研究问题、如何表达与交流,关注学生的学习方法与习惯;关注学生能否尊重伙伴,能否与人合作。突出过程,就是要给学生留出足够的发展空间,把引导他们自己纠正错误当做重要的教育;给学生留出足够的发展时间,让他们自己品味、讨论、判断、交流,让他们享受学习过程的愉悦。强调通过"过程与方法"对知识与技能、情感态度价值观的体验,就意味着课堂教学不仅是学生获得知识的过程,更是学生联系自己的生活、凭借自己的情感、直觉、灵性去再认识、再发现、再创造的过程。只有这样,教育才能真真正正走进学生的精神世界,在学生的心灵与人生中留下有意义的痕迹,才能实现其精神建构和个性发展。具体而言,"过程与方法"的价值追求是:在揭示知识的形成过程中,体验知识的价值,构建合理的知识结构,发展学科能力,培育科学精神和科学的思维方式,形成正确的情感态度价值观。

教师在设计课堂教学目标时,应做到"突出过程,聚焦素养",既关注知识,更要关注与知识密切相关的、有助于各种能力形成与技能掌握的步骤、过程与活动,同时通过知识与能力体系的密切配合,奠定思想、信念、价值观、审美观等方面的认识,为学生的终身学习和可持续发展奠基。

2. 关注基础,体现差异——新课程背景下语文课堂教学目标的层次设计

有些知识或技能只需要学生了解,有些则要求学生理解,还有些则要求学生能够灵活运用。所谓了解,就是知道大致内容,能够达到再认识的程度。一般说来,一些具体的现象或一般的概念,只要求了解就可以了;要求学生理解的,就是要能够比较准确地解释说明或归纳概述或比较区别,像一些重要的概念、规律与重要的事实,就要求在了解的基础上准确表达出来;所谓灵活应用,就是需要学生在分析、归纳、综合、概括的基础上,能提出新设想,设计新方案,解决新问题,它更强调知识之间的联系,强调在知识的加工、整合过程中实现创新。情感态度价值观方面的教学目标,又可分为经历或感受、反映或认同、领悟或内化等不同等级,每个等级都有其标准的内在规定性。

我们在设计教学目标时,要根据课程标准的实际要求、每堂课的具体情况以及学生学习的现实起点、实际水平与发展需要,精心制定各个层次的教学目标。既关注基础性目标的设计,同时又要照顾不同发展水平、不同发展方向的学生的实际需要,设计多层次目标,并力争让不同层次的目标能切合不同层次的学生的"最近发展区",让低层次的学生能"吃得到",中等层次的学生能"吃得饱",高层次的学生能"吃得好"。

3. 指向行为,具体明晰——新课程背景下语文课堂教学目标的叙写要求

根据美国著名教育家马杰的观点,教学目标的叙写应该反映三个方面的问题:要求学生做什么? 根据什么标准去做? 做到什么程度算合格? 因此,从某种意义上说教学目标是教师要求学生达到的学习结果或最终行为的明确阐述。这就要求课堂教学目标的叙写既要比较详细,又要有一定的概括性,应尽可能地用可观察和可测评的语言来陈述,以便对教学和评价进行有效的整体指导。

课程标准以"行为目标"来表述课程内容标准,教师制定课堂教学目标的依据是课程标准,因此,在陈述课堂教学目标时,也宜采用"行为目标表述方式"。行为目标取向主张以人的行为方式来陈述目标,强调目标的精确化、标准化、具体化,避免含糊不清和不切实际的语言表述。

根据马杰等人的行为目标理论与技术,一般认为,一个完整、具体、明确的教学目标应该包括四个要素,即行为主体、行为活动、行为条件和行为程度。其规范表述应该做到:

(1)行为主体学生化。即尽量把每项目标描述成学生行为而不是教师行为。如"通过刘兰芝形象的赏析,学生初步掌握叙事诗中形象鉴赏的方法,初步形成健康积极的爱情观","了解《论语》及孔子的仁政、礼治的政治主张",等等。

(2)行为活动具体化。即描述活动的动词尽可能是可理解、可观察的。我们应尽量多使用学科课程标准列出的行为动词,如:写出、背诵、列举、掌握、复述、辨别、比较、概括、推断、揣摩、感悟、运用等。

(3)行为条件情景化。即尽量描述出行为发生所凭借的媒体、时间限定、信息提供等,如"通过诵读、改写、对比评点等多样化的语言实践,提高对戏曲曲词的鉴赏能力","通过佳句欣赏、理解导背、问题导背等教学环节,指导学生背诵全文","感悟诗歌对琵琶声音的描摹与叙写,走进美妙的音乐世界",等等。

(4)行为程度准确化。即要准确体现不同水平层次的要求,如"能找出诗中的意象,并把握其特点","能联系上下文、写作背景对本诗中的'艺术空白'进行推断与想象",等等。

在教学目标的陈述要素中,行为活动是基本部分,不能省略。相对而言,条件和程度是两个可选择的部分。因为,教学中并不是在任何情况下都要强调特定的条件,例如:"背诵课文第三小节";教学中学生的全部行为结果不必都用定性或定量的词来精确地表达。至于教学对象,由于教学面对特定的班级和学生,只要不是特别强调某一部分学生作为教学目标要求的对象,也没有必要写出来。

5 语文课堂教学方法的改革与优化[①]

教学方法,是教学过程中教师与学生为完成教学任务和实现教学目标所采取的行为方式的总称。教学方法是教学系统最活跃的成分,是整个教学过程中事关成败的重要环节,是实现课堂教学目标的重要途径,也是学生学习方式转变的关键所在。教学方法外显着教师的教学理念、教学智慧与学科素养,一位教师如果仅有高深的专业知识,而不懂得或不善于运用科学的教学方法,是很难取得理想的教学效果的。选择合适的教学方法,对提高课堂教学效率起着十分重要的作用。前苏联教育家巴班斯基认为:"选择对每节课有效的教学方法,是教学过程最优化的核心问题之一。"调查研究也表明,教师教学方法的优与劣,直接影响到学生的语文学习兴趣与学习效果。因此,恰当而有效地选择教学方法,是每位语文教师必须重点探索的问题。

一、语文课堂教学方法选用失当面面观

1. 重教法设计,轻学法指导

教学应该是教与学的有效统一。在设计教学方法时,应该

[①] 本文收入天津教育出版社出版的《中学课堂有效教学的20条建议》,有改动。

注意以教导学、以教促学、以学定教、以学验教。但有些教师仍然只站在教师的角度,更多地考虑教师怎样提问、怎样讲述、怎样演示、怎样板书,较少考虑学生怎样学习、怎样讨论、怎样质疑、怎样探究、怎样发现,致使教学仍停留在教知识、练技能上,让学生学会学习、促进学生自主发展仍停留在理念层面,而未能转化成教师实实在在的教学行为与方法策略。

2. 重传统沿袭,轻方法创新

新课程倡导"自主、合作、探究的学习方式",然而,大部分教师的教学方式、教学策略、课堂教学模式并未得到有效改变。有调查显示,75.6%的教师认为目前的课堂教学方式仍更多地停留在"灌输—接受"的层面,学生的学习方式基本上也还是"听讲—练习—再现教师传授的知识"。教学仍以教师讲授为主,强调知识灌输,强化机械训练,学生的学习仍以死记硬背和"交差式"练习为主,很少让学生通过自己的体验与实践来获得知识,得到发展;即使有时开展讨论教学、合作学习、探究学习,也非常勉强和"僵硬",甚至流于形式、走过场,一些科学、高效的现代教学方法没有得到有效的运用。

3. 重形式新异,轻实际效果

随着新课程改革的向纵深推进,不少教师主动顺应课改发展的潮流,大胆探索,勇于创新,在教学方法的改革与优化方面做了大量有益的尝试。但由于对一些现代教学方法的两面性认识不足,在具体实施中,一部分教师或流于形式,或走极端,导致课堂教学的高耗低效。比如,有的教师在使用自主、合作、探究式教学时,认为提倡学生自主学习,就是让学生自己学习、自由学习;认为合作学习便是小组讨论,于是一些缺少思辨性、开放性与层次性的问题也动辄来一番讨论,讨论刚展开还没深入就草草收兵、匆匆进入汇报总结阶段;认为探究性学习就是鼓励学生求新求异,就是课题研究、撰写研究论文。课堂表面热热闹闹,学生实际收益甚少。

二、语文课堂教学方法的选用原则

课堂教学方法,因其角度不同而可以有不同的分类。按照教师在课堂教学中使用的不同手段以及对应状态下学生认识活动的特点,教学方法可以分为五类:"以语言传递信息为主的方法",包括讲授法、谈话法、讨论法、读书指导法等;"以直接感知为主的方法",包括演示法、参观法等;"以实际训练为主的方法",包括练习法、实验法、实习作业法等;"以欣赏活动为主的教学方法",如陶冶法等;"以引导探究为主的方法",如发现法、探究法等。任何一种教学方法最核心的作用,是要为实现教学目标和完成教学任务服务。因此,选择和运用教学方法的实质,就是要把教师的教学、学生的学习和教学的内容有效地联系起来,使教学的基本要素能够在教学活动中充分发挥其功能和作用。

1. 切合教学的目标和任务

教学方法是实现教学目标和完成教学任务的重要手段,教学目标和任务不同,教学方法也应不同。如果目标强调的是获得新知识,则常常采用讲授法、发现法;如果目标是培养学生的某种技能、技巧,则宜采用以训练为主的练习法、讨论法等;如果目标是培养学生的自学能力,则宜采用自学辅导法、读书指导法等;如果目标是培养学生的思维能力与综合实践能力,则采用发现法、探究法等。在选用教学方法时,一定是教学方法为教学目标与任务服务,而不能脱离目标与任务盲目地追求方法的新异。

2. 切合教学内容的性质和特点

教学目标和任务是通过特定的教学内容来实现的,只有选用与教学内容的性质和特点相吻合的教学方法,才能使教学内容发挥出更大的效益。诗歌散文教学一般宜采用诵读体悟法,小说戏剧教学则宜采用谈话法、探究法、发现法等。

3. 切合学生的实际情况

学生是学习的主体,教师的教是为了学生的学,任何教学方法效果的验证都是要通过学生才能够反映出来的。无论采用什么教学方法,都必须以学生对教材的承受能力为主要根据,以培养学生的语文素养、发展学生的思维能力为主要目的。学生的实际情况包括其现有的知识水平、智力发展水平、学习动机状态、年龄发展阶段的心理特征、认知方式与学习习惯等因素。一个优秀的教师,应是在此基础上选择教学方法,形成自己的教学特色。

4. 切合教师自身的素养条件

教师自身的素养条件和驾驭能力,直接关系到所选用的教学方法能否发挥其实际效能。教师自身素养在教学活动中主要表现为教师的语言表达能力、思维品质、教学技能、教学组织与调控能力、教学艺术与个性风格等方面。任何一种教学方法,只有切合教师自身的素养条件,并能为教师充分理解和驾驭,才可能发挥功用。有的教学方法虽好,但教师缺乏相应的素养条件,自己驾驭不了,在教学中也难以有效地发挥其功效。

5. 切合教学环境条件

这里所说的教学环境,主要指学校教学设备条件(信息技术条件、仪器设备条件、图书资料条件)、教学空间和教学时间条件。教学环境的优劣对教学方法功能的实现有一定的制约作用,特别是现代教育信息手段的运用,能进一步开拓教学方法的功能。教师在选择教学方法时,要最大限度地运用和发挥教学环境条件的功能与作用。

6. 切合教学方法的类型特点与功能

每种教学方法都有其自身突出的特点与功能,教师应认清各种教学方法的优缺点,把握其适应性和局限性,或有所侧重地使用,或进行优化组合,不可盲目地生搬硬套。

三、语文课堂教学方法的改革与优化

新课程改革提出要转变学生的学习方式,由传统的接受式学习向自主、合作、探究式学习转变,强调教师是学生学习的合作者、引导者和参与者。在新课程实施中,采用什么样的教学方法,学习内容以什么样的形式呈现给学生,都将直接影响或决定学生的学习方式,直接关系到课堂教学的效益问题。教学方法的改革与优化,体现着教师的教学智慧,标志着其教学艺术水平的高低。

1. 注重传统教法与现代教法的整合,突出教学的实效性

早在春秋时代,孔子就提出过的"启发式教学、因材施教、教学相长"的教学方法与思想,至今仍有十分重要的指导作用。一些传统的教学方法,如讲授法、谈话法、读书指导法、演示法、讨论法、示范—模仿法、练习—反馈法等,历经数百年,自然有其难以被完全取代的地位与作用。另一方面,随着现代教育理论、学习理论和现代教育技术的发展,一些现代教学方法日益受到广大教育工作者的关注与重视,如探究式教学、体验式教学、非指示性教学、网络式教学等,这些教学方法在凸显学生学习的主动性、主体性和促进学生情知的和谐发展等方面有其得天独厚的优势。但任何一种教学方法都不是万能的,都有其自身难以克服的缺陷。因此,我们既不能死守传统的教学方法不放,也不能一讲教学方法的改革就完全摒弃传统教法,而应该注重传统教法与现代教法的有效整合,合理选择与优化组合适合教学内容、适合教师自身素养的教学方法,以取得更佳的教学效果。

我们不妨来看一下《社戏》教学片段中教学方法的运用机智。

师:下面请同学们自由朗读"夏夜行船"和"归航偷豆"有关段落,把表现"我"所见、所闻、所嗅、所感的美句分别摘出来。

(学生朗读并记诵美句,然后交流展示)

师:同学们看书都很仔细,这些语句作者写得很美,美词美句需要我们用心去体验,请自选一段你认为写得美的句子,读一读,然后用"我觉得……(美词)用得好,好在它写出了(或表现了)……"的形式对你选读的美词进行品味、讨论、交流。

（学生先自读课文，自主品析，感悟发现；再小组内讨论交流；最后全班展示分享）

师：同学们的感受很真切，刚才我们对文中的两个精段进行了由句到词、由粗到细的品读，感受了江南水乡的温柔秀美。我们在读的时候还要思考，这些自然环境描写对作品主题的表达有什么作用？请大家思考并讨论一下。

（学生小组合作讨论后发言）

师：说得很好，这几段分别从嗅觉（清香）、触觉（扑面吹来）、视觉（朦胧的月色、漆黑的起伏的连山、依稀的赵庄、几点火）、听觉（歌声）、想象（戏台、渔火）写出江南水乡月夜的特征。这些景物描写写出了江南水乡夜景的清新优美，使"我"这次看戏更具有独特的韵味，写出小朋友行船之快，也很好地烘托了"我"急于看到社戏的愉快和迫切的心情，情景交融，抒发了作者热爱农村的感情。

师：下面，大家想象一下：在一个清新秀美的月夜，一场精彩的社戏正在开演，而你还在看戏的途中。带着这份情感，让我们一起跟着音乐朗读一下这部分景物描写的句子。好，请看画面，听音乐，开始！

（师播放江南水乡月夜画面、钢琴曲《水边的阿蒂丽娜》，众生齐读）

（引自网络，有删改）

本案例在教学方法的选用方面，巧妙地将传统的语文教学方法与现代教学方法有机整合在一起，并借助现代教育技术来优化其效果。教师依据具体的教学目标与教学内容的特点，借助朗读教学法、品味赏析法与非指示性教学法，配合多媒体课件展示，引导学生以自主、合作、探究的学习方式主动阅读，深度参与，自主建构，读出自己的独特感受，发现文本中精妙贴切的美点,并用自己的话按照规定的句式来表达交流,凸显了学生的主体地位与教学的交往互动。在教学过程中,又辅之以教师适时、适度的精彩讲授、巧妙点拨与学法引领,帮助学生形成积极合作的意识、深入探究的态度,体验发现的乐趣,培养创新的精神。同时,由段到句、由句到词、由粗到精的品读,既让学生感受了江南水乡的温柔、秀美,又训练了学生的分类摘录、语言品味、口头表达能力。在如登台阶的能力训练中,让学生掌握了阅读欣赏精段的方法与流程。

2. 注重教法与学法的统一,突出教学的互动性

教学的目的在于帮助每一个学生进行有效的学习,使之按照自己的取向得到尽可能充分的发展。教学是以促进学习的方式影响学习者的一系列行为,因而教学方式必然要服务、指导学生的学习方式。教师在选择教法时,只有把教学方式与学习方式结合起来考虑,真正彰显"以教师为主导、学生为主体、活动为主线、能力为主目标"的教学理念,让学生真正成为学习活动的主人,教师成为学生学习的"组织者、引导者和促进者",才能更利于增进教学效果。因此,我们在设计与选用教学方法时,应由"注入式"教学向"启发式"教学、由"教师主导式"教学向"合作学习型"教学、由"被动接受式"教学向"主动探究式"教学转变,实现教法与学法的统一,凸显教学的交往性与互动性。前面案例很好地体现了教法与学法的有机结合,实现了教学的有效交往与互动。

3. 注重知情结合,突出教学的生命性

传统的语文教学方法如讲授法、谈话法、读书指导法、练习—反馈法等,大多是为了达成促进学生智能发展的目标,较少关注学生的学习心理与情感因素。"主知重智"的教学方法使教学过程富于理性而单调乏味,学生在这样的教学环境下,有目标任务而无求知兴趣,有死记硬背而无探索欲望,有机械练习而

无求新冲动,有好胜心而少好奇心,有好成绩而少好心情,有高分数而无"高峰体验"。这种割裂知、情、意的教学方法,在20世纪50年代末就受到教学改革家如赞科夫、布鲁纳等的批评,他们指出,教学活动应该触及学生的情绪和意志,使学生产生兴奋感、自豪感,体验到成功的快乐。人本主义教育学家更是强调教学活动要满足人的多种需要,促进认知与情感、意志的协调发展。在此背景下,暗示教学法、情境教学法、欣赏教学法、角色扮演教学法和对话教学、体验式教学、游戏式教学以及非指示性教学等纷纷涌现,且逐渐受到广大教师的关注与重视。这些注重情知整合的教学方法的采用以及与此相关的和谐、民主、平等的师生关系的形成和开放、宽容、合作的教学氛围的营造,有利于调动学生学习的积极性与主动性,使他们带着自己的知识、经验、思想、灵感、兴致和个性参与到教学过程中,与同学和老师展开对话交流、智力互激、思想碰撞和情感共鸣,不仅使学生增长了知识,提升了智慧,而且使他们的情感得到陶冶,意志得到锻炼,潜能得到诱发,精神世界得到丰富,创造力得到解放,主体性得到提升。

4. 注重现代教育技术的开发与利用,突出教学方法的现代性

现代教育技术的开发与利用,已成为教育信息化的一个重要议题。为此,我们在改革和优化教学方法时,应高度关注现代教育技术与学科教学整合的研究,探索教学过程中现代教育技术的运用和现代教育技术条件下教学方法的改革之路。一方面,可以运用现代教育技术手段改造传统教学方法,以解决呈现信息的效率与效果问题,并使教学更加生动、形象、动态和直观。另一方面,可以运用现代教育技术丰富、充实和完善现代教学方法。如在运用探究教学法、情景教学法、发现教学法等现代教学方法时,巧妙地运用网络多媒体手段辅助教学,有利于创设逼真的情境,呈现生动形象的音、像、画,提供丰富多样的学习材料和信息资源;在网络多媒体教学条件下,学生既可以独立自主地学习、探究和发现,也可以选择由教师、专家指导下的探究学习,可以自主检索文献、查询信息、调取相关材料,也可以同教师或同学进行网上交流和协商。

叶圣陶先生说:"教亦多术矣,运用在乎人,孰善孰寡效,贵能验诸身。"教学有法,教无定法,贵在得法。教师应根据实际情况灵活选择适合自己的教学方法,以创造语文教学的最佳境界与最优效果。

6 语文课堂教学资源的取舍艺术[①]

语文课堂教学资源是师生在教与学的实践中所呈现的各种材料和所传递的信息,既包括对现成教材内容的沿用,也包括教师对教材内容的重构;既包括对课程内容的执行,也包括在课程实施中对课程内容的创生。语文课程标准明确提出:"教师应转变观念,更新知识,不断提高自身的综合素养。应创造性地理解和使用教材,积极开发课程资源,灵活运用多种教学策略,引导学生在实践中学会学习。"这就要求教师走出传统"照本宣科"的"教教材",走向着眼于教学需要、时代发展要求以及学生个性化学习需求,立足于教师的知能强项与个性特长,灵活地使用教材,积极开发教学资源,切实担当起"课程资源的开发者"的职责,以提高课堂教学的效率。

---

① 本文于2011年在省级刊物发表,标题有改动。

一、语文课堂教学资源取舍失当问题扫描

教材是一种重要的课堂教学资源,但不是唯一的资源,它不能成为师生反复研读和记诵的不容置疑的"圣经",更不能成为开启智慧和提升素养的"万能钥匙"。但在实际操作中,不少教师往往出现"非左即右"的偏差,具体表现为:

1. 囿于教材,照本宣科

一部分教师在选择教学资源、确定教学内容时,不能准确把握课程标准的新要求,不能整体把握教材编写的新思路与教材体系的新变化,仍然坚持"以本为本",唯教材是从,把教科书当成唯一的课堂教学资源,教学的过程就是"教教材",不敢或不善于对教材进行灵活处理与必要的"精加工",更不能突破教材的束缚,积极主动地开发更有价值的教学资源,导致教学内容的单调死板,从而窒息了课堂教学的生命活力。比如,有的教师无视新教材的选择性与开放性特点,仍然严格按照教材的内容、结构、顺序按部就班地开展教学;有的教师甚至不能准确把握新教材的编写意图,将"综合学习"板块中的文章当阅读教材来讲授,强调某一技能,等等。其实,新课程理念下,教材不等于教学内容,教学内容远远大于教材。教学内容的范围是灵活的、广泛的,可以是课内的,也可以是课外的,所有有关人与自然、人与社会、人与自我的任何方面的材料经过一定的教学化处理后,都可以进入教学资源,成为学习内容。

2. 撇开教材,另起炉灶

教材不是唯一的教学资源,但无疑是最重要、最核心的教学资源。它不仅本身是教学资源,更为重要的是它往往在教学资源的开发与利用中起着主导作用。然而,个别教师在选取教学资源时,存在舍近求远、撇开教材"另起炉灶"的倾向;或对教材资源重视不够、挖掘不充分,在教学中,大量引入教材外的资源,对教材内容则"蜻蜓点水",甚至"过而不入",其结果是劳神费

力,效果甚微。

3. 追求形式,偏离目标

有的教师在选用教学资源时脱离教学目标,游离于教学重点和难点之外,简单追求资源的感观刺激和课堂资源呈现的轰动效应,看不到教师的引导,看不到学生的思维,导致资源堆砌。

4. 重视预设性资源,忽略生成性资源

在课堂教学中,有的教师只重视文本、音像等有形的教学资源,忽视教师和学生本身所蕴涵的丰富多彩的人本资源;对已经预设好的课堂教学资源重视有余,对课堂教学过程中即时生成的教学资源捕捉不住,不能很好地挖掘与发挥其教育教学效益,导致教学资源的浪费与流失。

二、语文课堂教学资源的取舍原则

新课程突破了长期以来教材"一元化"和把课程"窄化为教材"的观念,明确提出课程资源的概念,并凸显其重要价值。那么,面对丰富多彩的课堂教学资源,语文教师该如何合理开发利用、有效筛选取舍并使其最优化呢?

现代教育理论认为,课堂教学资源的开发与设计应该遵循如下原则:

1. 科学性原则

课堂教学资源的开发与取舍首先必须有一个科学的态度。一方面,课堂教学资源特别是那些涉及客观知识的素材性课堂教学资源的选择,要注意它的真实性和可靠性;另一方面,又要注意打破对包括教科书在内的课堂教学资源的迷信,宽容和培养学生对于课堂教学资源的质疑精神。

2. 优先性原则

学生需要学习的东西很多,远非学校教育所能包揽,因而必须在可能的课堂教学资源范围内和在充分考虑课程成本的前提下突出重点,精选那些切合学生终身发展需求、有助于落实课程标准、培养学生学科素养的素材性课程教学资源,使之优先得到运用。

3. 适用性原则

课堂教学资源的开发与取舍必须适合课堂教学目标的要求,适合学生的认知水平和身心特点。课堂教学资源的开发与设计是为教学服务的,说到底是为学生更好地掌握基础知识、拓展知识领域、发展思维品质、优化个性心理服务的,因此,必须充分考虑学生的接受能力和可发展空间。另外,学生受各种因素制约,整体水平难以整齐划一,在选择课堂教学资源时必须考虑学生的个体差异性,满足不同层次学生的需要。

4. 实效性原则

在开发与利用课堂教学资源时,必须考虑它的实效性问题。首先,必须与教学目标和教学重、难点紧密相连,准确把握各学习内容之间的联系,在有效达成教学目标的前提下,实现有效整合;其次,要有利于教学过程、教学方法与手段的优化;其三,要有利于激活学生学习的内驱力,激发其学习兴趣,让其积极参与,主动探究,乐于对话。

三、语文课堂教学资源的取舍艺术——由"教教材"走向"用教材"

教材作为承载知识、情感、道德、思想的载体,是教学的主要资源,它的处理和优化直接关乎课堂教学的效益。教师首先要深入研究教材,真正吃透文本中的八个"着力点",即内容的重难点、知识的生成点、技能的训练点、情趣的激发点、思维的发散点、合作的讨论点、育人的渗透点和素养的引伸点;在此基础上,再融入自己的科学精神和教学智慧,创造性地使用教材,对教材内容进行重组和整合、改造和拓展、挖掘与创生,充分有效地将教材的资源激活,形成富有教师教学个性的教学资源,以确保课堂教学的优质高效。

1. 简约——化难为易,以简驭繁

所谓简约就是教师要对教材进行挖掘、梳理、浓缩,从而使课堂教学内容化难为易,以简驭繁,让学生在学习过程中,以较少的时间和精力投入获得较大的学习效益。要简约,首先是浓缩教材,挖掘教材的深刻内涵,让学生去认识本质的东西;其次就是必须有取有舍,删除浅显易懂非重点的东西,突出重点和关键的内容。

北京市特级教师宁鸿彬在讲授《皇帝的新装》一文时,整个教学过程只做了四件事:第一件事,请学生认真地读课文,然后以"一个……的皇帝"的形式给本文加个副标题;第二件事,让学生用一个字概括故事的内容;第三件事,组织学生讨论研究文中的这个皇帝上当受骗该怨谁？第四件事,讨论研究:两个骗子的骗术并不高明,为什么文中那么多人都上当受骗了呢？他们上当受骗的根本原因是什么？通过这四项内容,引导学生用极简练的语言概括了故事情节,认识了文中的众多人物,特别是文中的主要人物——皇帝的个性心理,进而引导学生领会本文深刻的思想意义。

这个精练的教学设计,正是在化繁为简、变难为易的设计思想指导下产生的。

2. 扩充——横向开拓,纵向挖掘

即根据课堂教学的实际需要,对教材中的概括点、含蓄点、疑难点、艺术空白点进行适当的扩展、补充和挖掘,从而达到增强教学效果的目的。

湖南省特级教师李玉上老师在教《雨霖铃》时,抓住词中的概括点与含蓄点发问:"本词中'多情自古伤离别'一句,具有极强的概括力,它总结了一个有极具普遍性的古老话题,同学们能从自己的阅读积累中找到印证吗？""本词写的是一对恋人临别时的难舍难分,该有千言万语相送,可诗人却写他们'执手相看泪眼,竟无语凝噎'。请同学们揣摩一下:假如此刻他们选择用语言来表达离情别意,他们会说些什么呢？"

让学生放飞联想与想象的翅膀,联系上下文,充分调动自己的阅读积累与情感体验,对"多情自古伤离别"、"执手相看泪眼,竟无语凝噎"等诗句进行个性化的扩展、补充与生发,大大丰富了词的内涵与意韵。

3. 调整——回归生活,贴近学情

无论是哪家版本的教材,由于受地域和学情的限制,以及文本教材本身的局限(教材无非就是个例子),教师使用时不可能完全通用,这就得根据需要进行必要的调整。对教材的调整包括内容的调整、顺序的调整、结构的调整、难度的调整,等等。内容调整要注意回归生活,贴近学情,要尽量做到陌生的材料熟悉化、陈旧的材料时代化,让教学资源贴近学生的实际,让学生带着自己的知识、经验、生活背景来参与学习,让他们产生一种亲切感和需要感;顺序的调整可以打乱教材的原有顺序,按照新的标准重新组合;对教材的难度也根据教学目标的要求和学生的实际水平进行适当调整。

《斑羚飞渡》是以一个动物故事来隐喻人类面临灾难时应当怎样选择的问题,对于现代初中学生来说,要理解并认同文章的主旨与情感是有一定难度与隔膜的。干国祥老师在教本文时,在深入钻研教材的基础上,对教材进行了大胆的调整与创生,将教学重点调整为"利用《斑羚飞渡》一文和相关材料探究'敬畏生命'这一人类哲学命题",而不是简单地接受作者、教材编者的观点。在课堂教学中,为了拉近文本与学生的心理距离,精心设计导入语:"假日到了,一个男人带着一家人——他年迈的母亲、温柔的妻子和可爱的儿子去划船游玩。不料船翻了,全家落入水中。这家人中只有这个男人会游泳,而他的能力只能救一个人。请问:你认为他该救谁?为什么?"在学生激烈的争论中巧妙地引入课题;在引导学生熟悉和整体把握课文内容的基础上,再引入了大量"同题异质"的相关文本材料,如"人类历史上的弃老传统"、"海难事件"、"克拉玛依火灾"等,与课文进行"互文性"解读,从而使得"敬畏生命"这一主题有了更为深广的背景,使教学内容更好地贴近时代、贴近生活、贴近学生的心理与情感实际,同时,课堂教学容量也大为增加。

4.活化——化静为动,学练合一

处理教材的另一种有效方法就是活化教材,通过改变教材的呈现方式、改变学生的学习方式等办法,让静止的、抽象的、死板的教学内容活起来、动起来,从而增强教学的感染力和吸引力。

如高中语文《装在套子里的人》一文,篇幅长,内容多,一般语文老师基本都是围绕"环境、情节、人物形象"转圈圈,转得学生索然寡味。有一位老师在引导学生欣赏小说的人物形象时,别出心裁,通过改变教材的呈现方式和学生的学习方式,对教材进行创造性处理,组织学生展开如下探究:

"别里科夫之死"专案调查:别里科夫是自杀,还是他杀?

情境:1898年夏季的一天,沙皇统治下的俄国,在一所中学的职工宿舍里,发现一具中年男尸。据查,死者为该校希腊文教师别里科夫,死因一直未明。一个世纪以后,2005年,某校高二某班学生特组成专案组,对这一事件进行立案调查。

投影:调查涉及的方面

调查一:案发背景;调查二:现场勘查;调查三:本人档案资料;调查四:有关人士采访。

请分组组成"'别里科夫之死'专案调查组,讨论决定本组选题。在深入研读课文的基础上,展开小组讨论,然后由一人执笔,共同写出该项调查报告,15分钟后,确定组内一人宣读,并写出本案的'结案报告'。"

这种化静为动、学练合一的教材处理方式有效地调动了学生参与教学的积极性与主动性,全方位地培养了学生的语文能力,优化了学生的语文学习心理。

5. 整合——学科渗透,知识整合

叶圣陶先生曾说:"教育的最后目标是使各个部分分立的课程能发生的影响纠结在一起,构成了有机体似的境界,让学生的身心都沉浸其中。"传统课程过于强调学科独立、学科本位,科目过多和缺乏整合。语文新教材本身就体现了学科渗透、知识整合的特点,如"综合学习"板块,就是以语文课程的整合为基点,强调语文与其他课程的联系,强调语文与社会、生活的结合。因此,教师在处理教材时,应立足于语文学科素养的培养,以本学科的知识、能力为主体,尽可能地吸收各相关学科的知识素材或背景材料,把它们作为语文课堂教学资源的生成点,引导学生运用各种方法、经由不同途径进行探究,有效地服务于学生语文素养的整体发展。

当然,谈到"整合",并不是简单地把不同学科知识之间的综合作为唯一追求目标,更不是简单相加,而是通过对内容的整合、方法的融合让学生从整体上去掌握语文知识,发展语文能力,提升语文素养。

6. 拓展——扩展课外,延伸社会

成功的教学表现为既立足于教材,又不局限于教材,既立足于课堂,又不局限于课堂。拓展就是根据课堂教学的实际需要,对教材内容进行适当补充和增加,让教学不仅满足学生学习与掌握课内知识的需要,更主要的是通过课内的学习而能引发学生更多的课外思考,延伸到社会,延伸到现实生活,让学生在现实生活中去实践和创造。

如语文教材中《错误》一诗,全诗不过百来字,虽是现代诗歌,其精神却是古典的,与古诗中"游子思妇式"的闺怨诗在题材与情感上一脉相承,以学生的知识基础、生活阅历、情感体验,仅凭文本内容来读懂它并非易事,要让学生体悟其佳妙进而产生情感共鸣更是不易。王开东老师为了让学生理解这一点,首先与学生一起回顾他们熟悉的官怨诗,于是李白的《菩萨蛮》、白居易的《长相

思》、温庭筠的《忆江南》，还有现代诗歌中席慕容的《一棵开花的树》等，都被从学生的记忆中提取出来，大大丰富了诗歌的文化内涵，让诗歌之美在更广阔的背景中彰显出来；为了说明"视角转化"的普遍性，引入了王维的《九月九日忆山东兄弟》和杜甫的《月夜》等同一表现手法的诗篇；为了说明"意象的聚焦与放大"，分别引入了柳宗元的《江雪》和余光中的《乡愁》等诗歌。

这些同类诗歌的引入，沟通了学生的经验背景与期待视野，揭示了现代情感与古典意境的文化传承关系，借此，师生同在诗境中徜徉，在诗句中玩味，在品味中共情。

著名语文教育家陈忠梁教授说："教什么永远比怎么教重要，教师不要在教学方法上过多纠缠，而要在教学内容上注重开拓。"课堂教学资源的开发与设计，使教师开阔了视野，转变了观念，从一定意义上讲，也激发了教师的创造欲望与激情；而且，在课堂教学中，学生由"被动接受"走向"主动参与"，课堂真正成了师生展示才华与彰显个性的生命舞台，成为师生共同构建知识和演绎人生的生活过程。

7 语文课堂教学问题的设计艺术[①]

纵观我们的一切教学活动，可以说都是以提出问题为出发点又以解决问题为归属的，我们几乎找不到一堂自始至终没有提问的课。美国学者高尔在研究中发现，"有时候多达80%的

---

① 本文于2009年在省级刊物发表，标题有改动。

课堂时间是用于提问和回答";日本教育家斋藤学将"提问"视为"教学的生命"。心理学研究表明:问题是放飞思维与想象的钥匙,合理的质疑是学生思维的起点,是学生学习的内驱力,它能使学生的探索欲望从潜伏状态迅速转入活跃状态。有效的提问是教师引领学生发现新问题、分析解决新问题最终实现自我建构不可缺少的重要环节,是培养学生独立思考与合作交流能力的重要渠道,是实现师生交往互动的有效途径。

美国教育家内德·弗兰德斯认为"问得好即教得好"。教师通过提问可以使课程内容持续地生成和转换,而不仅仅传递与执行。一个教师的教学水平、教学能力和教学效率的高低,大多可以从他发问的性质和发问的时机与方法中考查出来。教师选择的发问点、发问的方法和时机,体现着教师的知识广度、对教材钻研的深度和对学生的认知水平、学习状况以及心理特点的了解程度。课堂教学问题的设计是教师创造性教学的重要体现,是培养学生问题解决能力的重要前提。有经验的教师总是十分讲究课堂教学问题的设计,注意从思维的深度、广度与密度上设计问题,精心设计问题的类型与梯度,巧妙设计提问的方法,设疑激思,以疑引思,竭力点燃学生的思维火花,调动学生参与课堂活动的主动性与积极性,提高课堂教学的效益与质量。

一、依据需要,点击关键——语文课堂教学问题的内容设计

教学需要是教学问题设计的客观依据。教学过程中需要设置问题,通过提问引发学生思考,激发他们探究的兴趣。课堂教学提问并非"满堂问",应该精心选择问题的"切入点",问在当问处,问在关键处。语文课堂设问的关键处主要有:

1. 教材理解的关键之处

即教材中对学生的思维起统领作用、"牵一发而动全身"的地方,如新旧知识的衔接处、转化处,教材的重点处、疑难处、矛盾

处、延伸拓展处等。比如《面朝大海春暖花开》可以这样设问：诗中多处提到"幸福"，请同学们自由朗读诗歌，找出每一节中"幸福"的具体内容是什么？统观全诗，海子诗中描述的"幸福"包含了哪些内涵？这与常人追求的"幸福"有何不同？透过海子笔下的"幸福"，你看到了海子怎样的内心世界？这几个问题统领全篇，迅速将学生的注意力集中到诗歌的重点、难点上来，让学生潜心思考，深入钻研，细细品味，与文本对话、与诗人对话，同时也与自己的心灵对话。这种提问"少而精"，而且一问就问到点上。

2. 学生认知的矛盾处

即学生认知上最感困惑的地方。教师在提问前，既要深入钻研教材，又要了解学生现有认知水平及可能的思维障碍，精心确定好"问点"，这样比较容易引起学生的积极思维与兴趣，有效地引导学生准确、深入、全面地把握所学内容。如学习胡适的《我的母亲》一文时，我们可以就母亲对待"我"与大哥犯错误后的不同态度设问，以引导学生更好地理解身为后母后婆的母亲的尴尬坚忍与在教"我"做人方面的绝不含糊。"在我说了'娘（凉）什么？老子都不老子了'的混账话后，深爱儿子的母亲为什么会如此地动怒，如此严厉地体罚'我'，以至于让'我'害了一年多的眼翳病？而对败家子的大哥却从不动怒与责骂？"

3. 貌似无疑实则蕴疑之处

看似无疑，是学生思维停留在浅表层的反映，并不是真的没有问题，而是学生没有发现深蕴其中的问题。教师在该处设问激疑，可以促使学生的思考更加深入，有利于培养学生发现问题、解决问题的能力。如韩军老师教《大堰河——我的保姆》一文时，为引导学生深入体验诗歌的情感意蕴，设计了这样几个问题：我觉得"我被生我的父母领回到自己的家里"这一句中丢掉了一个"我"，应当是"我被生我的父母领回到'我'自己的家中"；"我做了生我的父母家里的新客了"应该改成"我终于回到了父母的家里"。大家同意吗？为什么？这样的提问"一石激起千层浪",让学生原本熟视无睹、漫不经心的地方即刻变得丰富、灵动、精彩起来。

二、"跳一跳,摘果子"——课堂教学问题的难度设计

设计恰当的问题难度是指教师的设问应遵循一定的认知规律,从学生的认知能力、已有知识经验的实际出发,针对不同的学生差异。维果茨基关于认知心理学的观点认为,人的认知水平可划分为三个层次:"已知区"、"最近发展区"和"未知区"。人的认知水平就是在这三个层次之间循环往复,不断转化,螺旋式上升。课堂提问不宜停靠在"已知区"和"未知区",即不能太易或太难。经验丰富的教师常常善于寻找学生的"已知区"与"最近发展区"的结合点,即在知识的"增长点"与思维的"生长点"上布设悬念,设置问题,以促进学生认知结构的形成、巩固和发展,使学生的认知能力得到迅速提高,并最终使认知结构的"最近发展区"化归为"已知区"。

如一位老师在教《社戏》一文时,设计了这样一组问题:

(1)本文主要是写看社戏,那么我们来看看这社戏好看么？(播放船头看戏的影像及一段越剧)并请结合课文具体内容来谈谈为什么不好看？

(2)去看戏,不尽兴,在船上吃的豆也是生长在田里的普通豆,但文章结尾"我"却说"直到现在,再没有吃到那夜似的好豆——也不再看到那夜的好戏了。"这看似矛盾的结尾,你是如何理解的？你有过类似的体验吗？请小组讨论一下。

很显然,在这里执教者遵循循序渐进的教学规律,根据教学内容的特点和学生的认知程度,立足于学生语文能力的提高和语文素养的形成,从教材的蕴疑处、矛盾处入手,由浅入深、层次分明地设计富有思维含量的、难度合理的、富有梯度感的开放性的教学问题,并借助这些问题引领学生真正走进文本世界,与文

本对话,与文本中的形象对话,与文本背后的作者对话,使学生的阅读与思维向横向开拓、向纵向延伸,充分激活了学生的阅读兴趣,让学生在自主、合作、探究的课堂学习中,有效地突破了教学的难点,参悟了文章的主旨,深切地体验到了语文学习与探究发现的快乐。

三、注重应用,引领创新——课堂教学问题的类型设计

按不同的标准,可以将课堂教学的问题分成不同的类型。美国著名教育家特内根据布卢姆《教育目标分类学》的基本思想,将问题按认知水平由低到高分为六大类型,即识记、理解、应用、分析、综合、评价。这个分类对于教师改进问题类型的设计、提高提问质量发挥着重要的作用。香港中文大学郑肇桢教授1980年对香港中学教师的课堂教学问题进行广泛调研,结果发现:知识型、理解型、应用型问题占的比例高达77.4%,分析型、综合型、评价型问题仅占22.6%。有时,表面上看,教师在课堂中提问不断,学生对答如流,实则大部分问题都可以在课本上找到现成的答案,或仅凭记忆就能回答,真正触发学生思维的问题并不多。因此,适当增加分析型问题、综合型问题和评价型问题在课堂提问中的比重,是改进教师提问质量、促进学生思维能力发展的有效途径。当然,这并不是说知识型、理解型和应用型问题就不重要,教师应该根据具体教学目标、学生实际认知水平和教学推进过程的需要等灵活设计与选择问题类型。

知识经济时代,越来越呼唤创新意识与创新能力。教育是为社会培养创新人才的母基,在教学中,我们应该适当增加开放型问题在大课堂教学提问中所占的比重,这将对改善教师的提问技能、提高课堂教学的质量产生积极的影响。

四、立交架桥,曲径通幽——课堂教学问题的形式设计

课堂提问在形式和方法上应力求灵活多样,不能机械呆板,千篇一律。常用的设问形式有如下五种:

1. 设问型提问

教师将问题提出后,并不要求学生作答,而是自问自答,其目的主要在于引起学生注意,提请学生思考,造成学生的悬念感。

设问常用于复习。复习中的设问,一般不是知识的简单重复,而是着眼于培养学生的多向思维能力,以利于知识的巩固、提高与迁移应用。设问也用于引入新课,其作用是设置悬念,激发学生的学习兴趣、热情和求知欲。

2. 疑问型提问

即由教师设置疑点提出问题,学生独立思考或合作探究后作出回答。这类提问是课堂提问中使用频率最高的一种。

3. 互问型提问

即由学生提出问题、学生回答问题。互问是一种你来考考我、我来考考你的教学活动。有经验的老师经常会采取互问、互考的方式来激励学生的学习兴趣,调动学生学习的积极性,并收到良好的效果。互问可以在局部也可以在全班进行,教师要框定问题的范围,注意引导学生围绕教学重点、难点去互问互答;学生出现"卡壳"时,教师要及时做好"穿针引线"的提示与点拨,以使互问能顺利进行下去。

4. 追问型提问

即围绕某个教学目标或教学主题,将之分解成为若干小问题,一环套一环地系统地提出问题,层层推进,促使学生积极思考。追问的特点是问题与问题之间的间隙时间较短,问题与问题之间呈明显的思维梯度。追问有利于创设富有思维挑战性的问题情境,保持学生注意力的集中与稳定,有利于训练学生思维的敏捷性、灵活性、深刻性与批判性。

5. 曲问型提问

即针对某一教学内容,教师不直接提问,而是拐上一两个弯,绕道迂回,问在此而意在彼,使学生开动脑筋,通过一番思考、探究才能回答。钱梦龙老师教《愚公移山》时,为引导学生理解掌握生词的含义,这样设问:书上有解释说"龀"是指七八岁,一个七八岁的孩子也去移山,他的爸爸让他去吗?生(沉思了一会儿,忽然大悟):他是没有爸爸的呀!师:怎么没有爸爸?生:他的母亲是"孀妻","孀妻"就是寡妇,因此他没有爸爸了。师:哦,我明白了,爸爸死了留下的儿子就叫"遗男"。对吗?这种提问富于启发性,吸引学生去探究和发现,让学生体验到精神历险的快乐和别有洞天的惊喜,产生"投石击破水底天"的教学效果。

8 语文课堂教学情境的创设艺术[①]

——以袁卫星老师执教的《就是那一只蟋蟀》为例

德国一位学者有过一个精辟的比喻:将 15 克盐放在你的面前,无论如何你难以下咽。但当将 15 克盐放入一碗美味可口的汤中,你早就在享用佳肴时,15 克盐全部吸收了。情境之于知识,犹如汤之于盐。盐需溶入汤中,才能被人体吸收;知识同样需要溶入情境之中,才能显示出活力和美感。建构主义认为,知识不是通过教师传授得到的,而是学生在一定的情境下,借助老师和同学的帮助,利用必要的学习资源,通过意义建构的方式获得的。一个充满情感和智慧的学习情境,是激励学生主动参与学习的根本保证。建构主义的学习观,要求我们将传统的教学设计,转变为情境化的学习环境的设计,围绕特定的学习目标,精心创设有利于学生建构意义的教学情境,将

---

① 本文收入天津教育出版社出版的《中学课堂有效教学的20条建议》,有改动。

学习内容安排在情境化的学习活动中,让学生通过参与真实的问题求解等实践活动而获得更有效的学习方法,完成知识意义的自主建构。

一、例析袁卫星老师《就是那一只蟋蟀》中的教学情境艺术

掌握了情境教学艺术的教师,是极具教学智慧的,他们总是乐于花费时间与精力,精心设置各种有利于学生学习的教学情境,来吸引学生的注意力,感染学生的情绪,引发学生的情感共鸣,让学生在教师精心创设的教学情境中乐此不疲地吮吸知识的琼浆。下面我们来欣赏袁卫星老师《就是那一只蟋蟀》教学中的情境艺术。

《就是那一只蟋蟀》教学节选

课前播放MTV《乡愁四韵》(余光中诗,罗大佑作曲并演唱),反复播放前"两韵"的内容。

师:同学们,对于离乡背井的人们来说,剪不断、理还乱的,无疑是那悠悠的乡思和绵绵的乡愁。唐代诗人李白的《静夜思》,不着一个"愁"字,却道出了写不尽的乡愁;台湾诗人余光中以《乡愁》为题,反复咏唱,直抒胸臆,也还是那化不开的两个字——乡愁。

(师生齐背《静夜思》、齐诵《乡愁》。)

师:面对乡愁者的倾诉,我们这些安居家乡的人该以怎样的心态来理解,来接受,来思考,来慰藉呢?现在,让我们打开课本,从大陆诗人流沙河的《就是那一只蟋蟀》中,去寻找答案!

师:请一位同学来把诗歌第1小节朗读一遍。(生读第1小节。)

师:读得很好。我们知道,第1小节实际上是起兴。它不仅仅交代了诗人的吟哦。那么,小小的蟋蟀为什么会有这么大的魔力呢?请同学们从蟋蟀的自身形象和生活习性这一些方面来考

虑一下。我知道在座的同学有不少家在农村,见过蟋蟀的举手。(不少学生举手)那谁来给大家描绘一下蟋蟀的模样和习性?

生:蟋蟀个子不大,两条腿很粗(师修正:后腿粗壮),前面有长长的胡须(师修正:是触须),后面也有(师补充:叫尾须),喜欢在阴暗的地方叫。

师:怎么个叫法,你能描摹一下吗?

生:声音不大,时断时续,隐隐约约。

师:蟋蟀时断时续、隐隐约约的叫声和人的什么比较合拍?

生:思绪。

师:而且蟋蟀叫声很小,人只有静下来才能听到。独自静处的人常常会想起天真烂漫的童年,想起生我养我的家园,想起伟大慈祥的母爱。对于这一点,诗中有没有写到?在哪小节?

生:(找)有。在第4小节。

师:请一位同学来把第4小节给朗诵一遍。

师:读得很好。请问,这一小节最有人情味的,你认为是哪一句?

生:"想起妈妈唤我们回去加衣裳"这一句。

师:你为什么认为是这一句?请你结合自己的经历谈谈自己的感受。

生:我想起妈妈天冷的时候也会给我送衣服来,还有棉被。(生自发鼓掌)

师:我想,我们在座的每一个享受着母爱的同学都应该会有和作者同样的感受吧。现在请同学们想一想,"想起妈妈唤我们回去加衣裳"这一句,是属于"童年的惊喜"还是"中年的寂寞"?

生:童年的惊喜。

生:中年的寂寞。

师:仔细想想,你小的时候,拿着竹雕的笼子在篱笆边捉蟋蟀的时候,妈妈唤你回去加衣裳,你说等会儿,还要玩呢!

生:(笑)应当是中年的寂寞。

师:是啊,人往往拥有的时候并不知道拥有,失去之后才知道失去。这里属于中年寂寞的还有哪几句? 大家一起来读一读。

生:(读)"想起故园飞黄叶/想起野塘剩残荷/想起雁南飞/想起田间一堆堆的爱垛/想起妈妈唤我们回去加衣裳/想起岁月偷偷流去许多许多"。

……

师:一只小小的蟋蟀引起了台湾诗人的想念,引来了大陆诗人的吟哦。那么,他们到底在想些什么,吟些什么呢? 请同学们齐读第6小节,看能不能找到答案。(生齐读第6小节。)

师:有没有直接的答案?

生:没有。只有"你该猜到我在吟些什么/我会猜到你在想些什么"两句。

师:诗人"吟些什么"、"想些什么",我们能猜到吗?

生:能。台湾诗人想念家乡,大陆诗人盼望统一。

师:好! 你已经领悟这首诗的内涵了。不过,你能告诉我,作者为什么不直接说出? 这样写,有什么好处?

生:这样写含蓄隽永,耐人寻味。

师:好! 你又品味到诗歌——也许应当说是中国诗歌的语言特色了。作者就不怕我们猜不到吗?

生:不怕。因为,"中国人有中国人的心态/中国人有中国人的耳朵"。

师:好,你可抓住诗眼了。是啊,中国人有同样的祖先,同样的血脉,同样的传统,同样的文化,同样的背景,同样的感情,当然,也就会有同样的共鸣。——现在,请齐读1、4、6节。

……

师:无论走到哪里,家都是一个温暖的所在。我们不仅有属于自己的温暖的小家,还有我们共同拥有的"大家"。今年对于我们国家来说是一个特殊的年份……

生：今年12月20日澳门回归，我想到了前年香港回归时的欣喜，想到了今后宝岛台湾的回归。

师：是啊，想家事小，统一事大。在香港、澳门相继回归的日子里，我们期盼着台湾早日回归母亲的怀抱。这不仅是大陆人民的心愿，也是台湾人民的心愿。从"乡愁诗人"余光中的笔下，我们不难找到见证。现在，让我们一起来把《乡愁四韵》给读一读。

师：名为《乡愁四韵》，这里只给出两韵，还有两韵，下面就请同学们来给它补上。写的时候注意：第一，要找到好的意象，可以从课文中去找，也可以到生活中找；第二，要注意句式的一致；第三，要注意音韵的和谐。

（师轻放《乡愁四韵》的旋律，学生仿写、展示交流。）

【案例评析】建构与生成需要一定的情境，在适宜的情境下，学生自然会很主动、很投入地参与到教学活动中来，课堂也会因此而精彩起来。本案例中，袁卫星老师抓住"中国人有中国人的心态，中国人有中国人的耳朵"这一教学重点，在教学中步步创设情境，营造了良好的学习氛围、探究氛围、情感氛围，让学生能长时间保持饱满的热情去参与教学活动。课前活动，听唱《乡愁四韵》，营造情感氛围；导入课文，诵读李白的《静夜思》和余光中的《乡愁》，拉近学生与诗歌的情感距离，启发学生的思考：这是入情。进入课文，让学生在诵读中感知诗情，获得真切、深刻的印象：这是入诗。配乐朗读，让学生闭起眼睛来与作者心灵沟通，并运用联想和想象，神游于诗中的人、事、物中，去体验、感悟诗篇：这是入境。巧设问题，"请同学们想一想，'想起妈妈唤我们回去加衣裳'这一句，属于'童年的惊喜'还是'中年的寂寞'？""'你该猜到我在吟些什么，我会猜到你在想些什么'有没有明确的答案"，"我们为什么能够读懂诗人的内心"，学生由此神会了全诗的精髓"中国人有中国人的心态，中国人有中国人的耳朵"：这是入神。最后，用《乡愁四韵》这一同类题材,调动起学生写诗的兴味,让学生运用习得的知识,进行诗歌仿写、续写训练,并当堂反馈:这是入化。这"五入"——入情、入诗、入境、入神、入化,环环相扣,步步深入。学生学诗、读诗、品诗、写诗的情绪始终处在亢奋状态之中,课堂教学始终处在生动、主动状态中。这正是广大语文教师苦苦寻觅、用尽心思想要达到的课堂教学境界,也正是我们语文教学所期盼的教学效果!

二、语文课堂教学情境的特点

1. 生活性

强调情境创设的生活性,其实质是要解决生活世界与书本世界的关联。在创设教学情境时,首先应紧密联系学生的生活,在学生鲜活的日常生活环境中发现、挖掘学习情境的资源。只有在生活化的学习情境中,学生才能切实感受与体验到知识的意义与价值。第二,要挖掘和利用学生的经验。任何有效的教学都始于对学生已有经验的充分挖掘和利用。美国著名教育心理学家奥苏伯尔有一段经典的论述:"假如让我把全部教育心理学仅仅归纳为一条原理的话,那么,我将一言以蔽之:影响学习的唯一最重要的因素就是学生已经知道了什么,要探明这一点,并应据此进行教学。"可以说这段话语道出了"学生原有的知识和经验是教学活动的起点"这样一个教学理念。

2. 形象性

强调情境创设的形象性,其实质是要解决形象思维与抽象思维、感性认识与理性认识的关系。为此,我们所创设的教学情境,首先应该是感性的、可见的、摸得着的,它能有效地丰富学生的感性认识,并促进感性认识向理性认识的转化和升华;其次,应该是形象的、具体的,它能有效地刺激和激发学生的联想与想象,使学生能够超越个人狭隘的经验范围和时间、空间的限制,既能使学生获得更多的知识、掌握更多的技能,又能促使学生形象思维与抽象思维的互动发展。

3. 学科性

情境创设要体现语文学科特点,紧扣教学内容,凸显学习重点,服务于教学目标。教学情境最好是能够体现学科知识的发现过程、应用条件以及学科知识在生活中的意义与价值的事物或场景。只有这样的情境才能有效地阐明学科知识在实际生活中的价值,帮助学生准确理解学科知识的内涵,激发他们学习的动力和热情。学科性是教学情境的本质属性。强调学科性,还意味着要挖掘学科自身的魅力,利用学科自身的内容和特征来生发情境,如利用语文课程的人文性、言语性来创设语文教学情境。

4. 问题性

有价值的教学情境一定是内含问题的情境,它能有效地引发学生的思考,促进学生的自主建构。情境中的问题要具备目的性、适应性和新颖性。目的性指的是,问题是根据一定的教学目标提出来的,目标是设问的方向与依据,也是问题的价值所在;适应性是指问题的难易程度要适合学生的实际水平,以保证使大多数学生在课堂上处于思维状态;新颖性是指问题的设计和表述具有新颖性、奇特性和生动性,以使问题有真正吸引学生的力量。

5. 情感性

情感性指教学情境具有激发学生情感的功效。教育家斯特金认为:"教学效果基本上取决于学生的学习态度。"人的兴趣调节着情感,学生如果有浓厚的学习兴趣,就会表现出巨大的热情。良好的教学情境,能使学生积极、主动、充满自信地参与到学习活动中来,使学生的认知活动和情感活动有机地结合起来,从而促进学生非智力因素的发展和健康人格的形成。

三、语文课堂教学情境的创设艺术

通过创设教学情境来优化课堂教学是一项创造性工作,教师在课堂教学设计时要善于运用多种教学手段,创设丰富多彩的教学情境,充分发挥学生学习的主动性、积极性和探究性,使学生在乐学中体验情感,建构知识,培养能力,取得教与学的最优效果。

1. 教学情境的创设要以强化体验、促进建构为前提

在教学情境的作用下,学生的学习情感会经历"关注"、"激起"、"移情"、"加深"、"弥漫"等环节,最终渗透到他内心的各个方面,融入其人格之中。因此,教师创设一种愉快、逼真、和谐、富于启迪学生认知、让学生全身心投入学习的教学情境,是学生对学习内容完成意义建构的首要因素。

2. 教学情境的创设要以更好地达成教学目标为归依

教学情境必须紧紧围绕教学内容与教学目标,要使教学目标的实现伴随教学全过程。教师要从自己的生活经验中,从教材的情境中提炼出学生有兴趣探索的问题,进而有效地达成教学目标。

3. 教学情境的创设要以学生已有的认知水平和生活经验为依托

学生的原有经验是进入教学情境的重要内容,教学情境的创设必须建立在学生的认知发展水平和已有知识经验、情感体验的基础之上,使学生的原有经验通过再创造,获得新的意义,从而使学生得到新的发展。

4. 教学情境的创设要体现鲜明的时代气息

教学情境的创设既要能驾驭教材,又要能体现鲜明的时代色彩,教师在创设教学情境时,要充分关注社会的进步、科技的发展与时代的变革,关注国内国际形势的新变化,选择时代性较强的情境,要让学生感知"新"、"趣"、"变"。

如有位教师在教《永久的悔》时,借助"感动中国2004年度十大人物颁奖仪式"来创设情境,在《世上只有妈妈好》的音乐声中,教师朗诵"感动中国2004年度十大人物颁奖仪式"颁奖词:(出示投影)"谁言寸草心,报得三春晖?"这是一个被追问了千百年的问题。一个儿子在2004年用自己的身体作出了最动人的回答,他把身体的一部分回馈给了病危的母亲。在温暖的谎言里，母亲的生命也许仍然脆弱，但孝子的真情已坚如磐石。田世国，让天下所有的母亲收获慰藉。田世国用他的行动尽了孝，可又有几人可以无悔如他？季羡林老人的一篇《永久的悔》让我们看到了一个未能尽孝的儿子对母亲的深深的愧疚之情。

  这个具有鲜明时代气息的教学情境渲染出理想的教学氛围，一下就深深地吸引了学生的注意力，让他们在进入新课之前，就已经在感情上被浓浓的亲情所感染、所打动，并于不知不觉中进入学习角色。

  情境教学的杰出代表李吉林老师曾说："情境教学的目的是促使教学过程变成一种永远能引起学生极大兴趣的、向知识领域不断探索的活动。"良好的教学情境可以使教学内容触及学生的情感与意志领域，让他们切实地感受、经历学习活动的全过程，并且升华为自己内在的精神需要，从而扩展语文教学的张力，提升语文教学的境界。

9 学生问题意识的培植策略[①]

  新课程改革特别强调"问题"在学习活动中的重要性。一方面强调通过问题来进行学习，把问题看做是学习的动力、起点和贯穿学习过程的主线；另一方面通过学习来生成问题，把学习过程看成是发现问题、提出问题、分析问题和解决问题的过程。问题意识不仅体现了学生思维品质的活跃性和深刻性，也反映了思

---

① 本文于2008年在省级刊物发表，标题有改动。

维的独立性和创造性。没有强烈的问题意识,便不可能激发学生认识的冲动性和思维的活跃性,更不能激活学生的求异思维和创新思维。课堂教学中注重学生问题意识的培养,有助于发挥学生的主体作用,激发学习兴趣和动机;有助于培养学生勇于探索、追求真理的科学精神和创新能力;有助于学生掌握有效的学习方法,提高学习能力;有助于活跃课堂教学气氛,提高课堂教学效益。

然而,在传统教学中,因教学观念、教学方法、教师权威等多方面的原因,忽视了学生问题意识的培植,导致学生不善思考,存在思维惰性,不能提出问题或者是不善于发问,问题意识淡薄甚至缺失。有人曾形象地形容描述:中国学生小学入学时像个"问号",高中毕业时却成了一个"句号"。随着学龄的增加,主动质疑问难的积极性逐渐降低;偶有学生提问,所问的问题大多是在完成作业时遇到的自己不能解答的习题,学生间交流的问题也多属于此类问题,对课本、教学辅导资料、老师的讲解进行质疑的同学为数不多;更有些学生想提问却不知从何处问、怎么问,提出的问题要么与教学内容联系不紧密,问不到关键处,要么与自己的思维不吻合,词不达意,缺乏一定的思维方法与语言表达能力,抓不住问题的本质,从而严重桎梏了学生思维能力的发展与创新意识的提升。

那么,教师应该怎样培养学生的问题意识呢?

一、创设民主和谐的教学氛围,使学生"敢问"

学生问题意识能否得以激活、表露和发展,关键取决于是否有一个适宜的环境和氛围。成功的教学依赖于真诚和信任的师生关系,依赖于民主、和谐的课堂氛围。为此,首先教师要转变观念,把自己放在与学生平等的地位,把学生看成是一个发展中的人,尊重学生的个性特征,尊重学生做人的尊严和价值,允许并宽容学生的犯错。在教学中,放下师道尊严,增强教学民主,加强师生沟通。鼓励学生大胆质疑问难,充分尊重、呵护学生的问题意识,即使是肤浅、幼稚乃至荒唐无稽的问题,教师也不得训斥、挖苦、嘲笑、讽刺、责难;要有意识地培养学生质疑问难的勇气和兴趣,提供争辩的机会,启发诱导学生积极思维,倡导独立见解,鼓励标新立异与异想天开;对学生的问题意识给予积极而合理的评价,让学生真正成为发现问题的主体,充分调动学生参与问题探索的主动性、积极性和自觉性。长此以往,学生才会敢于提出问题,从而激发求知欲望,成为课堂提问的主人。

其次,要打破学生思维上的"迷信观"。有些学生,特别是基础较差的农村学生,由于受"唯师、唯书、唯上"传统思维习惯的束缚,不能或根本不敢提出问题,尤其是与"师"、与"书"、与"传统定论"相悖的问题。因此,在教学中教师要让学生明白任何知识或科学发现都不是终极真理,都有待或能够进一步发展与完善,甚至是修正;教材并不是完美无缺的,也存在一些欠缺科学性与逻辑性的疑点;教师也是常人,在教学过程中也难免会出现错误,这其中既有本身对知识理解上的错误,也有课堂教学中出现的"口误";所谓"标准答案"其实都是一种"参考答案"。让学生突破"知识权威"观念的束缚,鼓励学生形成敢于面对问题、敢于提出问题、敢于质疑权威的健康心理和勤钻好问的学习品质,促使他们主动去发现问题、提出问题以至解决问题。如一位老师教冰心的《纸船》时,巧妙地借用作家冰心的《又寄小读者》一信,消除学生对名家大作的"顶礼膜拜"心理,解开学生面对"权威"时可能出现的思维束缚,叩开了学生的思维之门;然后采用"现场评改诗歌"的方式来研读诗歌,最大限度地激发了学生发现问题、提出问题的兴趣与激情,训练学生合作解决问题的能力,让学生深切地体会到"创新其实并不玄妙,它就是学生独立面对文本、指点江山激扬文字的一种青春姿态"。

二、创设问题情境,使学生"想问"

疑为思之源,思是智之本。学生只有在内含问题的情境中才能表现其能动性、主动性和创造性,才能力图克服一切困难,发展自身的潜能。创设问题情境,是培养学生积极心态、问题意识的重要方法。创设问题情境,不仅仅是教师设疑、学生回答,更重要的是教师应精心地创设一种内含问题的、富有挑战性与探索性的教学情境,促使学生产生认知冲突,点燃学生的好奇之火,激发学生的求知欲望,进而拨动学生的思维之弦,让学生因疑生趣,由疑诱思,以疑获知。一位教师在引导学生欣赏《孔雀东南飞》的人物形象时,创设了一个这样的问题情境:"不同的人有不同的爱情观,有人认为'爱情是自私的、排他的,爱一个人就一定要拥有他',有人认为'爱本是祝福/而非一定拥有/只要你一生幸福/这对我并已足够',有人认为'爱一个人便意味着全身心的付出,为了他,可以放弃自己的兴趣、爱好乃至个性与自由',有人认为'爱一个人就要让对方幸福,当发现自己没有能力给对方幸福时,压抑自己的爱和必须拒绝对方的爱,都变成十分美丽的人性故事',而有人则认为'高尚并不在于保证不变,而在于分手时仍然尊重'。从刘兰芝与焦仲卿处理婚姻的言行中,你看出了他们各自怎样的个性和爱情观?你更欣赏谁?为什么?"在这个问题情境中,列出对同一问题的不同看法,摆出了与传统定论观点相左的观点,充分激活了学生的思维,让他们带着疑问去研读、去思考、去探究、去发现,在解决问题的过程中又容易生发出更多、更有价值的问题,同时,让学生对刘兰芝、焦仲卿的认识不仅仅止于爱情的忠贞。

三、精心指点,启发诱导,使学生"善问"

"质疑"是学生在对教材深层次理解和探究的基础上的一种求真、求异的思维过程,它蕴涵着学生的创新意识,更是学生自主学习、独立探究能力的提升和外显。学生有了一定的质疑能力,他们提出的问题就比较深刻。因此,问题意识的培植,不仅要鼓励学生"敢问"、刺激学生"想问",还要培养学生"善问"

的思维品质。在教学中,教师应有意识地指导学生掌握发现问题的方法,提高问题表述的水平,既要教会学生"于有疑处生疑",也要教会学生"于无疑处生疑",以培养学生的质疑能力,使学生善于发问。

1. 引导学生就教材的主要内容和逻辑结构进行提问,避免提问的随意性

从理论上讲,教材的任何处都可以提问,但并非任何提问都能构成有思维含量、有探究价值的"真问题"。培植学生的问题意识,首先就要引导学生学会寻找"问点"。教材中的基本概念、基本原理、基本知识点,新旧知识的衔接处、转化处,特别是教材的重点处、疑难处、矛盾处、延伸拓展处更应成为学生质疑和探究的着眼点与关注点。此外,学生在认知发展过程中会出现一些困惑,这些困惑可能来自新旧知识的矛盾冲突,可能来自理论与实践、现实与理想的矛盾冲突,也可能是来自知识世界与生活世界的矛盾冲突,等等,引导学生于矛盾处生疑提问,可以加深学生对知识的理解,磨练学生的思维能力,提升学生的问题意识。

2. 引导学生掌握生疑发问的方法,提高质疑问难的能力

"善问"要讲究科学、合理的方法和技巧,让"善问"与"肯钻"紧密结合,使学生思维不停留于表层问题的思考,更能深入到问题的本质所在。一般说来,课堂中的问题大致可以归结为"是什么"、"为什么"、"怎么样"三大类。课堂教学中,要引导学生在学习过程中经常思考并提出这三类问题,尤其应引导学生尽量多生发"为什么"、"怎么样"的问题。同时,要教给学生质疑的方法。如在思维方法上,有求同思维、求异思维、横向思维、纵向思维等;在逻辑方法上,有比较法、类比法、归纳法、演绎法等。这些都是学生提出、分析、解决问题的有效工具。还要引导学生把这种质疑、发问的品质延伸到他们所关注的一些社会热点、焦点问题上去,学会联系社会生活实际的质疑方法。

在教学中，教师要努力改变"教师问—学生答"这种自上而下的单一的问答方式，积极推行"学生问—教师答"、"学生问—学生答"等多种问答形式，尽可能留足课堂空白，让学生有机会发问，让学生在实践锻炼中不断提高质疑能力，形成科学的探索精神和创新品质。

问题促使学生思考，思考带给学生幸福。培养学生的问题意识，就是培养学生进取的人生态度，就是教给学生创造美好未来的本领。学生如果能够积极地、科学地、创新地提出问题，那就表明他已经在用自己的心灵感受世界，用自己的眼睛观察世界，用自己的头脑思考世界，他已经成为学习、创新、发展的主人。

10 语文课堂偶发事件的调控策略[①]

著名教育家布卢姆曾说："人们无法预料教学所产生效果的全部范围。没有预料不到的成果，教学也就成为不了一种艺术。"课堂教学是一个动态生成的过程，无论教师课前怎样精心设计和准备，在具体实施过程中总是充满着意想不到的变数。对课堂偶发事件的分析与处理，最能反映一个教师的临场应变能力与教学机智。一个富有教学智慧的教师往往能敏锐地发现并机智地捕捉到课堂偶发事件中所蕴涵的有效课程资源，果断自如地应对出乎意料的问题，灵活巧妙地处理这些"偶发事件"，以保证课堂教学的秩序，提高课堂教学的效率。

---

① 本文于2009年在省级刊物发表，标题有改动。

一、语文课堂偶发事件处理失当面面观

动态生成的课堂,打破了旧的课堂秩序与平衡,这对已习惯于过去那种四平八稳、配合默契的"控制式"教学的教师来说,无疑是严峻的挑战。教师如果缺乏深厚的专业学识和足够的教学智慧,就难以适应灵活多变、丰富多彩的课堂,难以有效调控课堂教学中的偶发事件,从而严重影响课堂教学的效率。

1. 失察

个别老师对课堂中出现的"偶发事件",尤其是教学预设之外的问题,如学生在教学过程中的不同意见、不同看法与新奇发现,往往视而不见,听而不闻,避而不谈,有的则以一句简单的"课后讨论解决"、"课后自主探究"来搪塞敷衍,无视学生的情绪与反应,一味固守课前的预设,一味追赶教学的进度。有时课堂的偶发事件完全可以生成新的有价值的课堂教学资源,教师没有敏感觉察而任其白白流失。

2. 失法

面对课堂偶发事件,有的教师不能准确地了解或推测事件的原因,不能敏锐地把握事件的性质、学生思想跳动的脉搏和发展的苗头以及课堂变化的趋势,进而针对实际情况科学灵活地选择有效的应对措施和处理办法,而是急躁冲动、感情用事,或训斥辱骂、冷嘲热讽,或强硬压制、生硬回绝,或不闻不问、听之任之,严重伤害了学生的自尊心与学习积极性,导致课堂矛盾激化和师生关系恶化。

3. 失控

对课堂教学中出现的偶发事件,教师一味跟着学生走,太过顺其自然,放任自流,致使原有的课堂目标迷失,课堂秩序失控。

4. 失度

教师在处理课堂偶发事件,尤其是处理"课堂异动型"的偶发事件时,在情感流露、措辞选择、处理实施等方面往往容易失

去分寸，宽严失当，造成教学秩序的更加混乱。如个别老师在批评、处罚坏行为的同时，还对学生进行人身攻击与人格侮辱；有的老师因处理纪律问题而不惜影响、耽搁正常的教学，等等。

二、语文课堂偶发事件的有效处理原则

课堂教学是一个极其复杂而又动态的过程，再有预见性的教师，也不可能预料到课堂全部偶发情况的出现；再周密的教案，也不可能为偶发情况事先设计好具体的解决方法和步骤。因为课堂教学是师生的双向交流活动，教师面对的是活生生的人，对于学生的思维发展、情感交流情况，教师是不可能完全预见到的。所以，对于课堂教学中的"节外生枝"，教师应豁达、宽容地面对，冷静、智慧地处理。

1. 敏于观察，正确决策

处理课堂偶发事件，教师要有敏锐的观察能力与良好的决策能力。面对课堂偶发事件，教师首先要敏于观察，洞察事件的状态、程度、影响，观察学生的反应、态度、言行，了解或推测事件的原因，预测事件的结果或发展的趋势，从而把握事件的性质、学生思想跳动的脉搏和发展的苗头以及课堂变化的趋势。在此基础上，做出准确的判断，再迅速做出正确的决策。该淡化的淡化，该化解的化解；该疏导的疏导，该堵截的堵截；该当堂处理的当堂处理，该课后解决的课后解决。

2. 沉着冷静，以静制动

处理课堂偶发事件，教师要制怒戒躁，沉着克制，不要一遇到突发事件就动气发火，批评训斥，甚至停下课来就事论事或上纲上线地处理。这种针锋相对或直接压制偶发事件的做法是极不明智的。因此，遇到偶发事件时，教师要善于控制自己的情绪，冷静地掌控局面，迅速使课堂安静下来；善于具体问题具体分析，坚持耐心细致的教育，态度严肃而亲和，心胸平静而理智。这样，才能做到既不影响课堂教学，也不放弃原则而姑息迁就学生的问题行为。

3. 正面教育,因势利导

处理课堂偶发事件,教师要坚持正面教育,因势利导。遇到课堂偶发事件时,教师要根据学生特点,结合教学实际,要诱导攻心而不要简单粗暴;要心悦诚服而不要强迫服从。这就要求教师遇到偶发事件时要动之以情、规之以矩、导之以行,因势利导,启发自省,帮助学生认识错误,从而有效地处理课堂偶发事件。

4. 时效统一,及时高效

处理课堂偶发事件,要讲求时机和效益,既抓紧时间,又不偏离课堂教学目标,不中断教学进程。为此,教师在处理偶发事件时应力求做到:一要尽力缩短处理问题的时间,把偶发事件消灭在始发状态,不使其蔓延;二要尽力限制、减少、消除偶发事件的消极影响,尽可能不影响全班,不影响教学;三要点到为止,见好就收,只要阻止、平息偶发事件即可,不要陷入无休止的纠缠与随意发挥;四是尽力运用教学机智,化被动为主动,把处理偶发事件转化为教育学生的新契机,以取得最佳效果。

5. 化弊为利,长善救失

处理课堂偶发事件,教师要变消极为积极,变不利为有利。有些偶发事件,表面上看干扰了课堂教学、破坏了课堂纪律、影响了教学进程、打断了教师的教学思路,但其中往往包含着一些积极因素,这就需要教师充分认识和挖掘,并加以利用,化消极为积极,变不利为有利,把它当成一种鲜活的教育教学资源予以重视,把处理偶发事件变成拓宽学生视野、提高学生认识、激发学生情趣、磨练学生意志、培养学生创新思维以及教育大多数学生的一次机会,变成推动教学向纵横延伸拓展的新契机。这样做,既处理好了偶发事件,又提高了课堂教学的效益。

三、语文课堂偶发事件的应对技巧

1. 借题发挥法

即把课堂教学中的偶发事件巧妙地融进自己的教学之中,利用课堂教学中出现的意外情况,借题发挥,加以引导。

有位教师在新接任一个新班的第一节课上,当她打开粉笔盒时,里面跳出了一只癞蛤蟆,学生哄堂大笑。面对学生的挑衅与恶作剧,教师并没有发火,而是一把抓起癞蛤蟆问:"大家知道它叫什么吗?"学生哄笑着说:"癞蛤蟆。"老师接着问:"我问的是它的学名?"学生答不上来。于是老师娓娓解释道:"它的学名叫做蟾蜍,它的皮虽然难看,却可以提炼出一种名贵的中药——蟾酥。蟾蜍在古代还是个吉祥物,读书人考中状元叫'蟾宫折桂人'。"

老师的表现让学生深切感到:这个老师胆子真大,了不起,知识丰富,心眼好……

2. 因势利导法

所谓"势",是指事情发展所表现出来的趋向。处理偶发事件时,要注意发现和挖掘事件本身所表现出来的积极意义,然后或顺势把学生引向正路,或逆势把学生拉回正轨。

一位教师教《陌上桑》一文时,组织学生讨论:"这么多人见到罗敷后都不约而同地停住脚步去'观罗敷',这说明了什么呢?""好色!"一个学生扬扬自得地说。班里一下沸腾起来了,还有几个"不怀好意"的学生在起哄。短暂的停顿后,老师在黑板上写下"好色"两字,并在"好"下面加了着重号。然后让同学们给它注音、组词。然后,接着问:"通过刚才那段文字,大家能否用一个词概括罗敷的特点?""好看""美丽""漂亮""酷"……同学们争先恐后地回答。"是啊,爱美之心,人皆有之。刚才那段文字中的青年人、老年人、耕者、行者都不约而同地停下来观赏罗敷,是因为罗敷太美了。同学们再想想,大家的这种心理能否用'好色'一词来形容呢?""不能,因为好色是指心怀邪念的男子沉溺于情欲,贪恋女色;而爱美则是对美好事物的欣赏、钦佩。"

在这里,教师没有回避学生的"异口异声",更没有简单地批评训斥他,而是以一种开放的心态接纳了他,并顺着他的思路展开教学,将问题引向纵深,从而化被动为主动,在不动声色、不着痕迹中对学生的认识进行了修正与提升。

3. 以"变"应"变"法

当课堂教学超出原来的设想,突然出现意料不到的情况,且影响到正常教学时,教师可以采取以变应变的方式。

著名特级教师于漪老师上课时,几只蝴蝶飞进了教室,一下子吸引了同学们的注意力。于漪老师是这样处理的:她首先让学生把蝴蝶赶走,然后以"蝴蝶飞进教室"为谜面让学生打一词牌名,同学们苦思冥想不得其解时,于漪老师给出了答案:"'蝶恋花'呀,因为你们都是祖国的花朵!"在同学们会意的笑声中,于漪老师继续讲她的课。

4. 暂时悬挂法

课堂教学中,学生有可能提出一些教师意想不到的问题,有的还可能与课堂教学关系不大,或比较难回答、难解释。如果把时间过多地消耗在此,势必影响课堂教学的效益。这时,教师不妨采取暂时悬挂法,将问题暂时"搁置"起来,或是稍作处理,留待以后再从容处理或师生课后再去解答。这样既不挫伤提问学生的积极性,又能鼓励他们分析问题和探讨问题,还能保证课堂教学的正常进行。

5. 幽默调侃法

著名学者海因·曼麦说:"用幽默的方式说出严肃的真理,比直截了当地提出来更能让人接受。"教学幽默是教师性格、修养、智慧的表现,它用富有情趣的、意味深长的表现手段灵活、巧妙地实现教师的教育教学意图,将教学引向成功。遇到一些偶发事件,教师不妨表现得幽默一些,从而既缓解了紧张情绪,也有利于转移学生不良的注意力;既没有干扰正常教学,又使学生受到了教育。

6. 将错就错法

在教学过程中,教师难免会出现这样或那样的失误,可以采取实话实说的方式，但如果教师每次都仅停留在承认错误的层面，会在一定程度上影响到教师的威信。有时教师不妨根据具体的情况采取将错就错的方式，既及时纠正出现的教学错误，又以此为契机巧妙地将教学引向新的境界。

一位语文教师在批改学生作文时，发现一篇构思精巧、立意新颖的优秀作文，教师决定把它当范文讲评。作文讲评课上，教师刚一读完，就有学生站起来揭发这篇作文是抄袭的。全班哗然，同学们一起把目光投向那位抄袭作文的同学，那位同学羞愧得低下了头。老师有些始料未及，短暂地思考后，说："看样子老师也无法拒绝美丽！这篇美文既然深深地吸引了某某同学，又强烈地打动了老师，下面我们就一起来赏析一下它的美，看看它好在哪里？"同学们的注意力一下子转移到对文章的欣赏上，等同学们评赏活动结束后，老师以此为契机，从那天开始，要求全班同学每天轮流推荐一篇文章在班上朗读。

在这里，面对学生对作文抄袭者的检举、全班同学的一片哗然以及抄袭者的羞愧自省，教师机智地将错就错，重新确立课堂生活中师生的关注点、动情点，让同学们一起赏析文章的佳妙，并以此为契机，要求全班同学每天轮流推荐一篇优秀作文。这样，不仅使那位抄袭作文的学生免受自尊的伤害，而且开阔了全班同学的阅读视野，开拓了大语文学习的渠道，并引导学生宽容别人的错误，唤醒犯错学生的内省与改进，让错误顿时变得美丽起来。

苏霍姆林斯基说："教育的技巧并不在于能预见到课堂上的所有细节，而在于根据当时的具体情况，巧妙地在学生不知不觉之中做出相应的变动。"在课堂教学中，偶发性事件时有发生，需要教师能随机应变、急中生智，正确而迅速地做出判断，采取最合理的解决方法，机智化解。唯有这样，方能确保课堂教学的有序与高效。

11 渗透学习策略教学
铺设学生"会学"之路[①]

一、问题的提出

当今社会,科学技术日新月异,科学知识正以前所未有的速度剧增。人们从未像今天这样深切地感受到"学海无涯"。面对这浩如烟海而不断涌现的知识,传统的以"传授知识"为主的课堂教学模式已无法应付。更新课堂教学理念,优化课堂教学策略,让学生在"学会"的同时达到"会学",已成为顺应时代发展的需要。埃德尔·富尔在《学会生存》一书中说:"未来的文盲不再是不识字的人,而是没有学会怎样学习的人。"可见,学会学习具有何等重要的现实意义!它已成为人类未来社会生存发展的必备素质,也是每一位学习者在时代挑战面前所应作出的必然选择。然而,当今普通中学教育中,由于长期以来的应试教育的桎梏,课堂教学以死记硬背书本知识和片面培养学生应试能力为目标,学生不会学习已成为一种普遍现象。因此,更新教育观念,变革教育思想,在课堂教学中铺设学生"会学"之路,已显得尤为紧迫。

二、学习策略对学生学习的重要意义

要让学生学会学习,最重要的一条就是要提高他们的学习策略水平,让学生用良好的学习策略来控制他们的学习过程,以成为一个真正能独立学习的人。所谓学习策略是指"学习情境

---

① 本文于2001年获省级优秀论文评比一等奖。

中,学习者对学习任务的认识,对学习方法的调用和对学习过程的调控"(《学习策略》,超英著,第29页),它是学习能力的核心内容。利用它,学生用较少的"能源消耗",就能有效地达到学习目标。1979年维特罗克等人的研究表明,不论是优等生还是差生,在阅读中写概括语的要比单纯阅读的成绩好,因为学生自己写出反映观点的概括语促进了他们对材料的理解。英国心理学家奈斯比特也认为,学习成功者与学习失败者的区别,不只是因为智商的差异,也不是因为掌握了多少学习方法或技能的差异,最重要的是学习成功者有调节与控制学习的能力,掌握了学习策略。重视学习策略的教学已成为各国教育学家与心理学家的共识。赞诃夫把"使学生理解学习过程"作为他的五大原则之一,布鲁纳在《教育过程》中也提出了"学习学习方法"的主张,梁启超在他的《教授法》中说:"教员不是拿所得结果教学生,最重要的是拿怎样得出结果的方法教人。善教人者,是教人的学习方法。"

面对现代教学论研究重心的转移,我们必须顺应潮流,站在面向未来的高度,在课堂教学中切实把学习策略的教学落到实处,真正像巴班斯基一再强调的那样"要致力于使学生形成独立的认识活动的技能技巧",真正使学生掌握学习的主动权,从而使他们实现由"学会"到"会学"的飞跃。

三、渗透学习策略教学的实施策略

1. 注重学法渗透和指导

学习方法是学习策略的知识基础和技能基础。如果没有掌握一定的学习方法,学习策略的形成也便成了空中楼阁。从一定意义上讲,学生的学习策略主要是指其学习方法。因此,在教学过程中,教师应自觉地将知识传授、能力培养与学习方法的指导有机地结合起来,在引导学生探求知识的同时,也把探求知识的过程与方法科学地艺术地展示给学生、传授给学生。如在语文教学中,我们既教给学生一些通用的语文学习方法,如诵读法、出入法、钩玄提要法、反馈学习法、暗示学习法等;也教给学生一些常用的课堂学习方法,如预习、听课、笔记、复习的方法;既教给学生听、说、读、写的方法技巧,也教给学生学习一篇课文、阅读一本书的方法;而在具体课文与专题知识的教学中,注意阅读规律与答题技巧的总结,如划分层次的方法、归纳中心的方法、分析写作特点的方法、分析人物形象的方法、体会含蓄语言深层含义的方法、概括具体内容的方法,等等。这样,让学生在学习知识、训练能力的同时,也习得了学习的策略。

2. 尽可能多地给学生提供灵活使用学习方法的机会和条件

学习方法是学习策略的知识与技能基础,但也仅仅构成其知识与技能基础。学习策略从本质上讲是对学习方法的应用。如果学习方法在具体的学习过程中得不到应用,也就不存在什么学习策略的问题。因此,要使学生在掌握学习方法的基础上,形成和发展成学习策略,必须得让学生将已经掌握了的学习方法进行充分的应用,让他们在应用中明确何时、何地、怎样及为什么使用这些方法。这就要求教师彻底地转变教学理念,以学生的学习来考虑教学内容的组织和教学活动的设计,以活动情境的创设来保证与增加学生在课堂学习中的思维空间,让课堂真正成为学生学习或学生与老师进行商量、讨论与合作的场所。让学生在对方法的充分使用的过程中最终形成学习策略,进入"不复需教"的境界。

3. 加强元认知能力的培养

培养学生元认知能力是变盲目学习为策略学习的一个重要途径。学习的效率如何,学生是否会学习,都取决于元认知的发展水平。元认知的培养和训练应着眼于元认知和元认知监控水平的提高。其主要内容是教会学生如何根据自己的智力特点、学习任务与要求灵活制订科学合理的学习计划,选取适当而有效的学习方法,并在学习过程中积极地进行自我监控和反馈,从而及时调整与修正学习方法,以便能更好地达成学习目标。在课堂上,我们可以引导学生通过研究课文标题、文体类别、预习提示、课后练习,与他们一起确立学习目标、学习重点、学习难点;在学习的展开过程中,不仅评价其学习结果,还要评价其思维过程与思维品质,引导学生充分利用反馈信息调节自己下一步的学习;在作业讲评和试题分析时,不满足于对答案、讲技巧,还要引导学生对错题进行原因分析,是知识掌握不到位,还是解题的方法技巧没有掌握?是解题的思维策略效果不佳,还是临考的心理状态不好?以便让他们在日后的学习中能够对症下药,及时改进。

四、结束语

学无止境,教亦无止境。提高学生学习策略水平的途径远不止上面这些。也许我的这些摸索仅仅是教会学生学习路途上的一块小石子,要铺设学生"会学"的康庄大道,还有待广大教育工作者的共同探索,大胆革新与无私奉献。

12 浅谈用词准确的方法[①]

语言的锤炼,首先得讲究用词的准确,否则就不能正确地表达自己所要说写的意思。孔子云:"辞达而已矣。"如果词不达意,则必将会影响交际的效果。那么怎样才能做到用词准确呢?

---

① 本文于2001年在省级学报发表,并于2002年被人大复印资料《语言文字学》录目。

一、准确理解词的意义与用法

按照词的语法特点,汉语里的词可以分为实词和虚词两大类。实词表示实在意义,因此我们在使用实词的时候,首先就必须明确它的意义;虚词一般不表示实在意义,它的基本用途是表示语法关系,因此我们运用虚词的时候,首先就必须明确它的用法。只有这样,才能做到用词准确。例如:

(1—1)他从来认为,要做一个真正为人民所爱戴的艺术家,首先要做一个各方面都能成为表率的,一个高尚的人!(何为《第二次考试》,见《临窗集》)

(1—2)他一向认为,要做一个真正为人民所爱戴的艺术家,首先要是一个高尚的人,一个各方面都能成为表率的人!(《同上》,见初二)

(2—1)其中任何一个部件有任何一点损坏和漏运,都要误工误时。损失严重。(柯岩《船长》,见《奇异的书简》)

(2—2)任何一个部件有一点损坏或漏运,都要误工误时,损失严重。(《汉堡港的变奏》,见高六)

例(1),"从来"和"一向"都表示"从过去到现在都是如此",然而"从来"多用于否定句,"一向"多用于肯定句。因此改文用"一向"来替换原文中的"从来"。

例(2),"和"与"或"都是表示联合关系,然而二者在用法上有细微差别:"和"表示并列关系,它所连接的成分是并列地联合在一起的;"或"表示选择关系,用"或"的时候是表示在被连接的两个成分之中只选择一个。这里所指的造成"都要误工误时,损失严重"的后果,是指前一个分句中只要出现任何一种情况就会发生的,而不是要"部件有一点损坏和漏运"这两者同时出现才会发生。因此改文用"或"比原文用"和"更准确。

是否准确地理解了词的意义或用法,还可以从词语之间的搭配关系来考虑。例如:

(3—1)毛主席也笑了。他用柔和的眼睛看着他说,我们拥护你。(徐迟《地质之光》,见《人民文学》1977年第10期)

(3—2)毛主席也笑了。他用柔和的眼光看着李四光说:"我们支持你。"(《同上》,见初六)

(4—1)用野苹果来养育成群的乌克兰大白猪。(碧野《天山景物记》,见《现代游记选》)

(4—2)用野苹果来喂养成群的乌克兰大白猪。(《同上》,见高二)

例(3—1)"拥护"的对象应该是上级而不能是下级。因此改文换成"支持"。

例(4—1)"养育"只能以人为支配对象,对动物宜用"饲养"或"喂养"等词语。

二、表意明确而不费解、无歧义、不自相矛盾

语义费解、义有两歧或自相矛盾,都必将使得表意不明确,因此我们在运用词语的时候,应该避免这些消极因素,从而准确地表情达意。例如:

(5—1)何况这是航海,是科学……稍有一点儿不实事求是,不科学,它就要惩罚你!(柯岩《船长》,见《奇异的书简》)

(5—2)何况这是航海,是科学的事,有一点儿不实事求是,大海就要惩罚你。(《汉堡港的变奏》,见高六)

(6—1)手术在悄悄地进行着,只听见低微的锯骨的嘶喳嘶喳的间响。(周而复《诺尔曼·白求恩片断》,见《中国现代散文选·七》)

(6—2)手术在静悄悄地进行着,只听见低微的锯骨声。(《截肢和输血》,见初一)

(7—1)而且东山一带已将成为上海一带的工人疗养区。(郑振铎《石湖》,见《人民日报》1958年1月4日)

(7—2)何况东山一带即将成为工人的疗养区。(《石湖》,

见试初三)

例(5—1)中的"它",是指代什么?还真有点叫人弄不明白;改文换成"大海",这样表达就清楚了。

例(6—1)中的"悄悄",既可以指"没有声音或声音很低",也可以指"(行动)不让人知道"。这里究竟是指哪一种意义,并不很明确,因此改换成了"静悄悄"。

例(7—1)中的"已"是表示"已然",而"将"是表示"将然"。前者是完成时,后者是将来时,二者不能连用;改文换成"即将"就恰当了。

值得注意的是,有时作者故意使用相矛盾的词语来表情达意,以求获得特殊的修辞效果。例如:

(8)我到现在终于没有见——大约孔乙己的确死了。(鲁迅《孔乙己》)

例(8)中,"大约"是表推测的语气副词,"的确"是表肯定的语气副词,二者相矛盾,本不能并列使用,作者在这里故意将它们并列连用在一起,从而表达了这样一种复杂的感情:孔乙己最后一次来酒店是在将近初冬,他被人打断了腿,是用手爬着来的。到了年关,掌柜取下了粉板,到第二年的端午,到中秋,再到年关,孔乙己一直没有再来,于是"我"断定他"的确死了";然而"我"毕竟没有亲自看见或者亲耳听到孔乙己死亡的确凿消息,更重要的是,"我"不愿意相信这是真的,因此说孔乙己"大约死了",从而寄寓了作者对这个穷愁潦倒的小知识分子的深厚同情。

三、用词符合规范

用词是否准确,还表现在运用词语是否符合规范方面,因为只有符合规范的语言才容易被人理解,从而达到交际的目的;同时,语言的规范性,也是保持语言的纯洁性的重要手段。

(9—1)五更半夜牲口正吃草。(李季《王贵与李香香》,见《新诗选·三》)

(9—2)三更半夜牲口正吃草。(《同上》,见高二)

(10—1)我知道太阳要从天边升起来了,便不转睛地望着那里。(《海上的日出》,见《巴金文集·八》)

(10—2)我知道太阳要从那天际升起来了,便目不转睛地望着那里。(《同上》,见试初一)

成语是一种固定短语,其结构紧密,不能任意更换或者增删其中的成分。以上例句原文中的"五更半夜"和"不转睛"等违背了这一原则,因而是不规范的,于是改文分别换成了"三更半夜"和"目不转睛"等成语。

值得注意的是,有时作者为了收到某种修辞效果而有意改换或增删固定短语中的成分。下面我们仅以鲁迅先生的作品为例来讨论这一问题。

(11)可惜他又有一样坏脾气,便是好喝懒做。(《孔乙己》)

(12)那是赵太爷的儿子进了秀才的时候,锣声镗镗的报到村里来,阿Q正喝了两碗黄酒,便手舞足蹈的说,这于他也很光彩,因为他和赵太爷原来是本家,细细的排起来他还比秀才长三辈呢。其时几个旁听的人倒也肃然的有些起敬了。(《阿Q正传》)

例(11),成语有"好吃懒做"而没有"好喝懒做",作者在这里有意更换其中的一个成分,把"吃"改成"喝",是为了突出孔乙己好喝酒的性格。如果照搬成语,就不能准确地揭示孔乙己的这一性格。

例(12),"肃然起敬"是一个固定短语,它中间一般不能插入其他成分,作者有意在它中间增加一些词语而说成"肃然的有些起敬"。这是因为旁听的人对阿Q未必真的会"肃然起敬",如果照搬成语"肃然起敬",反倒会显得不准确、不真实。这样的改动,可以增加作品的幽默诙谐的意味。

(13—1)他划第二根洋火,选定他睡觉的地方。(柳青《创业史》)

（13—2）他划第二根火柴，选定睡觉的地方。(《梁生宝买稻种》，见初二)

（14—1）在这幅浮雕上，一群拿着大刀、梭镖、锄头、土炮起义的汉、僮族人民的儿女，正风起云涌地从山坡冲下来，革命的旌旗在迎风飘扬。(周定舫《人民英雄永垂不朽》，见《人民日报》1958年4月21日)

（14—2）在这幅浮雕上，一群拿着大刀、梭镖、锄头、土炮起义的汉族壮族人民的儿女，正从山坡冲下来，革命的旌旗在迎风飘扬。(《同上》，见初二)

（15—1）它提出政治、经济、民族、男女四大平等的口号，严重动摇了满清皇朝封建统治的基础。(《人民英雄永垂不朽》)

（15—2）它提出政治、经济、民族、男女四大平等的口号，严重地动摇了清朝封建统治的基础。(《同上》，见初二)

例（13—1），作者在写作《创业史》的时候，生活中还广泛地使用着"洋火"这一名称，然而现在，中国人靠用洋货的时代已经一去不复返了，因此那些带有"洋"字标记的名称如"洋油""洋火"等，都已换成了另外的词语来代替，因此改文用"火柴"来替换"洋火"。

例（14）和例（15），历史上曾经遗留下来一些含有歧视少数民族的词语，如原文中的"僮族"、"满清皇朝"和"满清帝国"等说法，因此两例改文分别换成了"壮族"和"清朝"。

（16—1）而在年宵花市中，经过花农和园艺师们的努力，更是人工夺了天工。(秦牧《花城》，见《长河浪花集》)

（16—2）而在年宵花市中，经过花农和园艺师们的努力，更是巧夺天工。(《花城》，见高四)

（17—1）整个上午，郑瑾低低地教给他们唱一首监狱的歌子。(杨沫《青春之歌》)

（17—2）整个上午，郑瑾低低地教给他们唱一首囚歌。

(《坚强的战士》),见初五)

例(16),原文中的"人工夺天工"实际就是"巧夺天工"的意思;例(17),原文中的"监狱的歌子",当然是"囚歌"。这两例改文换成通行的词语之后,不仅使语言规范,而且使语言更精练。

值得注意的是,作者有时故意放着通行的词语不用,偏要用另外的词语来表达,这主要是为了收到某种修辞效果。例如:

(18)如果年景再好一点,过三年两载,也能像平原的农家那样,买个会唱歌的盒子,能放电影的机子,一家老小听听曲子,那是多么叫人醉心的日子呀。(季仲《深山里的"鬼火"》,见《人民文学》1984年2期)

(19)有天,她居然带了个穿包屁股裤的小白脸来家里。(张宗式、蒋继锋《夕唱》,见《当代》1986年增刊7期)

例(18),把"收音机"说成"会唱歌的盒子",把"电视机"说成"能放电影的机子",表明说话人对这两样物品还比较陌生。

例(19),放着"牛仔裤"不说,而偏要说成"包屁股裤",这反映了说话人对穿牛仔裤的人看不惯的态度。

13 从两种修辞方式谈中学文言文注释的错误[①]

古代汉语中常常把两个或两个以上的同义词连在一起使用,人们在阅读的时候只须取其中任何一个词语的意义即可。这种修辞方式叫"同义连用"。中学语文课本在给文言文中的

---

① 本文于2003年在市级学报发表。

某些词语作注释的时候,由于不明白或忽视了"同义连用"这种修辞方式,因而常出现一些错误注释。现从高中课本中列举几条注释来商榷。

《鸿门宴》:"常以身翼蔽沛公。"高中语文第二册注:"翼蔽,掩护。翼,鸟翅膀。"

我们认为,把"翼蔽"解释成"掩护",这是正确的,然而把"翼"解释为"鸟翅膀"则值得商榷。如果按照课本的注释,把"翼"解释为"鸟翅膀",那么"翼"就是名词活用作状语,"翼蔽"就应该解释为"像鸟张开翅膀一样来掩护"。其实这里的"翼"不是名词,而是动词。"翼"与"蔽"都有"遮被、掩护"的意思。张自烈《正字通·羽部》:"翼,卫也。""常以身翼蔽沛公"这句话,在《汉书·樊哙传》中写作"项伯常屏蔽之。"王念孙在《读书杂志》指出:"彼言'翼蔽',犹此言'屏蔽'也。"由此可见,"翼蔽"是运用了同义连用的修辞方式,"翼蔽"就是"掩护",不必再把"翼"解释为"鸟翅膀"。

司马光《训俭示康》:"人皆嗤吾固陋。"高中语文第三册注:"嗤吾固陋,嗤笑我固执不大方。"

我们认为,这里的"固"不宜取"固执"义,因为穿着朴素根本不存在"固执"与否的问题,只是可能让人误解为"吝啬"。那么"固陋"是什么意思呢?"陋"有"吝啬"义,例如《吕氏春秋·节丧》:"侈靡者以为荣,俭节者以为陋。""固"与"陋"是同义词,也有"吝啬"义。《广雅·释言下》:"固,陋也。"《论语·述而》:"奢则不逊,俭则固。"意思是,奢侈就显得骄傲,节俭就显得吝啬。由此可见,"固陋"是同义词连用,解释为"吝啬"即可。

司马光《训俭示康》:"苟或不然,人争非之,以为鄙吝。"高中语文第三册注:"鄙,没见过世面"。"吝,舍不得花钱。"

按,"鄙"有"吝"义。张自烈《正字通·邑部》:"鄙,啬于财,薄于礼者曰鄙吝。"可见"鄙吝"为同义词连用,与"固陋"同义。

在古汉语中,说甲事物时又连带说及与甲事物相关或相反的乙事物,但其意思只指甲事物,这种修辞方式叫"连及"。例如《左传·昭公三年》:"昔文襄之霸也。"这里说的其实是"昔文之霸也",但由于晋襄公是晋文公的儿子,因此在说晋文公时而连带说及晋襄公。又例如诸葛亮《出师表》:"此诚危急存亡之秋也。"其中的"存亡"偏指"亡",由于"存"是"亡"的反义词,因此在说"亡"时而连带说及"存"。中学语文课本在给文言文中的某些词语作注释的时候,由于不明白或忽视了"连及"这种修辞方式,因而出现了一些错误,我们也从高中课本中列举几条注释来商榷。

《信陵君窃符救赵》:"侯生摄敝衣冠,直上载公子上坐,不让,欲以观公子。"高中语文第四册注:"摄,整顿。"

我们认为"摄"虽有"整顿"义,然而结合上下文来看则未必妥当,因为这里是极写侯生的高傲态度。如果侯生在上车之时还得先整顿一下衣服和帽子,那么他留给人的印象就不再是傲慢,而是彬彬有礼了。其实,这里的"摄"应取其本义。《说文》:"摄,引持也。"即"提起、撩起"。例如《史记·高祖本记》:"于是沛公起,摄衣谢之。"苏轼《后赤壁赋》:"予乃摄衣而上。"由于"衣"与"冠"相关联,因此《信陵君窃符救赵》在说"衣"的时候就连带说及"冠",这是运用了连及的修辞方式。这样,"摄敝衣冠"就"摄敝衣",即"撩起破旧的衣服"。

《孔雀东南飞》:"其日牛马嘶,新妇入新庐。"高中语文第五册注:"这一天牛马乱叫的时候。嘶,马叫。"

"嘶"释为"马叫"是正确的。《广韵·奇韵》:"嘶,马嘶。"唐代温庭筠《菩萨蛮》:"门外草萋萋,送君闻马嘶。"但将"牛马嘶"解释为"牛马乱叫"是不恰当的,这里只是"马嘶鸣",因"牛"与"马"相关,因此,在说"马"时连带说及"牛"。

14 新诗解读举隅①

当你从我的窗下走过
舒婷

当你从我的窗下走过,
祝福我吧,
因为灯还亮着。

灯亮着——
在晦重的夜色里,
它像一点漂流的渔火。
你可以设想我的小屋,
像被狂风推送的一叶小舟。
但我并没有沉沦,
因为灯还亮着。

灯亮着——
当窗帘上映出了影子,
说明我已是龙钟的老头,
没有奔放的手势,
背比从前还要驼。
但衰老的不是我的心,
因为灯还亮着。

---

① 本文于2003年在国家级刊物发表。

灯亮着——
它用这样火热的恋情，
回答四面八方的问候；
灯亮着——
它以这样轩昂的傲气，
睥睨明里暗里的压迫。
呵，灯何时有了鲜明的性格？
自从你开始理解我的时候。

因为灯还亮着，
祝福我吧，
当你从我的窗下走过……
1976年4月

【解读】

  这首诗，虽然写于1976年春天，但我们分明可以感受到诗中所传达出的寒冷的信息。诗内的意境与诗外的社会环境是相吻合的，与诗人坎坷的身世与复杂的心境是相吻合的。诗人父亲被错划为右派后忍痛割爱而与其母亲离异，母亲因伤心过度而早逝，诗人多年插队生活的无奈以及返城后多年待业的苦恼，这一切积淀在诗境的背景里，所以才有了这诗境里的些许险恶：诗人的小木屋"像被狂风推送的一叶小舟"；那小屋里的灯，是"晦重的夜色里"的"一点漂流的渔火"，还受着"明里暗里的压迫"。但这并不是诗的抒情基调，正像现实中的诗人，已经经历了迷惘、失望而走向了清醒一样，诗人是把自己精神经历的轨迹坦露诗中，迸发出的却是坚实的低吟："但我并没有沉沦"，"但衰老的不是我的心"！——这才是本诗的抒情主调。

  舒婷的诗（尤其早期的作品），常常是附在信笺后或写在随便一张纸片上，给她的朋友看的，所以她诗中的"你"都是具体有所指的。在这首诗中，诗人由衷地感谢那些曾经关心帮助过她、现在仍在关注惦记她的朋友,因此诗人倚着小窗,用诗与那些关心、关注她的友人倾心交谈,在诗的青草地上留下自己缓慢而坚定的脚印,以此来报答友人对她的关心。当然,从广义上说,这首诗也是写给所有阅读她诗作的朋友的,她为"你"铺设了一条走进她心灵深处的道路,让你从她心灵的窗下走过……

　　反复吟咏,首尾呼应是本诗突出的艺术特色。一盏亮着的灯以"因为灯还亮着"、"灯亮着——"的形式在诗中反复出现八次,加强了全诗的音乐感,将诗人内心的激情一浪一浪推向高潮。诗的开头一节与结尾一节只在诗句的排列顺序上稍作调整,形成一种回环复沓,首尾遥相呼应,使那盏由诗人的生命之火点燃的灯照彻全诗,读来一唱三叹,引人共鸣!

我遥望
曾卓

当我年轻的时候
在生活的海洋中,偶尔抬头
遥望六十岁,像遥望
一个远在异国的港口

经历了狂风暴雨,惊涛骇浪
而今我到达了,有时回头
遥望我年轻的时候,像遥望
迷失在烟雾中的故乡

【解读】

　　曾卓是七月派重要诗人。他成名于20世纪40年代,新中国成立后受"胡风反党集团案"牵连,失去了歌唱的权利。1970年,诗人从历史的创痛中走出来,他的作品《悬崖边的树》因其对苦难时代的深刻反思,引起了人们思想和情感的强烈共鸣。80年代以来,他出版的诗集有《悬崖边的树》、《老水手的歌》、《曾卓抒情诗选》等。他的诗语言朴实,感情真挚,擅长用独特的诗歌意象,抒写人生曲折中的复杂感受,以细腻丰富的艺术想象刻画抒情主人公丰盈而复杂的内心世界。说曾卓是一位感情丰富、长于抒情的"歌手",应该是恰如其分的。

本诗作于1981年,作者写作此诗时,已是将近六十岁的老人。回首往事,青春的激情,岁月的峥嵘,年少时的幻想,中年人生道路上的曲折,万千感受齐涌心头。在这种背景下,很容易形成作品"回忆"的视角。"当我年轻的时候/在生活的海洋中,偶尔抬头/遥望六十岁,像遥望/一个远在异国的港口。"短短四句诗,就"扫描"出诗人年轻时奋发、乐观、对生活与未来充满希望与幻想的心态:年轻的时候,在生活的惊涛骇浪中搏击、探求,一切都是那么美好,意味着年老的六十岁在他的眼中是那样的遥远,又那样的神秘而充满诱惑力,仿佛"一个远在异国的港口"!在诗歌的下半部,"回忆"的视角继续延伸,不过,它与上半部形成了一种"反复循环"的主题呈现和情绪变奏。如"偶尔抬头"在下半部变成了"有时回头","遥望"——"港口"变成了"遥望"——"故乡"。表面上看,只是为了避免措辞上的重复,其实,它们象征了这么两层意思:一是说人生经历了由幻想到挫折到冷静的过程,二是强调了人生意义的复杂和命运的难以把握。从两个关键词"港口"与"故乡"看,前者充满了幻想色彩,因为它在远方隐约可见,尽管不一定触手可及;后者则由幻想回到了现实,是作者幻想破灭后对生命意义的反思与体悟,流露出深沉的失落与感伤。

从整体风格上看,这首诗语言质朴,落笔简约,尽量避免了情绪的汪洋恣肆和夸张之态,这使它显得字近意远,含义深厚,耐人寻味。

帆

莱蒙托夫

蔚蓝的海面雾霭茫茫,
孤独的帆儿闪着白光!
它到遥远的异地寻找什么?
它把什么抛弃在故乡?

呼啸的海风翻卷着波浪,
桅杆弓着身在嘎吱作响!
唉!它不是要寻找幸运,
也不是逃离幸福的乐疆!

下面涌着清澈的碧流,
上面洒着金色的阳光。
不安分的帆儿却祈求风暴,
仿佛风暴里有不宁静蕴藏!

【解读】

莱蒙托夫少年早慧,十四岁便进入莫斯科大学学习。十六岁时因参加学潮被勒令退学,迫不得已到了彼得堡,进入禁卫军军官学校学习。诗人初到彼得堡时,心情孤独而压抑,有一天,他到波罗的海海边漫步,透过缭绕的轻雾,看到了一叶白帆,诗人郁闷的内心情感突然找到了宣泄口,灵感喷涌而出……

这首诗只有短短十二行,但底蕴丰富,内涵深刻。帆与海的关系,主体意象与抒情主人公的关系,都耐人寻味。三个诗节中,总是前两行写"海",后两行写"帆"。写"海"是为了衬托"帆",而写"帆"则意在展现抒情主人公的内心世界:"海"是变幻莫测的,忽而蓝雾飘忽,忽而风吼浪卷,忽而又风平浪静、阳光朗照;"帆"是骚动不安的,它不安于现状,搏风斗浪,呼唤风暴的洗礼。"帆"是诗人灵魂的真实写照,年轻的诗人对世俗的平静生活予以了否定,他渴望进取,渴望探索,渴望变革,渴望战斗,渴望轰轰烈烈地活一回!"帆"成了莱蒙托夫孤傲性格、叛逆精神的象征。

莱蒙托夫的诗笔特别擅长点染色彩:蔚蓝的大海,清澈的碧流,金灿灿的阳光,把孤帆衬托得越发洁白,越发鲜明!《帆》成了莱蒙托夫的代表作,它在俄罗斯的诗海中远航,乌云浓雾、惊涛骇浪全都遮掩不了它的光彩!

日 子

爱默生

时间的女儿啊,这些伪善的日子,
包裹着哑巴着像赤脚的苦修僧侣,
单独行走在无尽的行列,
用它们的手带来王冠和柴米。
按其愿望向每个人贡献厚礼,
面包,王国,星星,还有包罗万象的天际。
我,身置这修剪有致的花园,
观看园中的华丽,忘记了我早上的种种愿望,
匆匆急急,摘取几束青草和苹果,而这日子
却早转身并默默离去。我,很迟很迟,
在她肃穆的头带下看见了一脸的鄙夷。

【解读】

　　这首诗最初发表于1857年11月号《大西洋》杂志,历来被认为是爱默生最完美的抒情诗之一。诗人一下笔把日子比作"时间的女儿",新颖而贴切,是女儿终归要出嫁的,娘家想留也留不住,形象地点出了时间有去无回的流动的特点。后半句"这些伪善的日子"乍看比拟不当,但读下去就会明白作者是说时间永远不会是赤裸裸的、单一模式的,它们总是把自己包裹得严严实实,无声无息地流逝,同时也馈赠给人们不同的内容。"单独行走在无尽的行列"一句,形容日子一个接一个地过去,为下面的内容作了伏笔。"王冠"和"柴米"揭示日子慷慨地为世人奉送的既有精神的又有物质的财富。接下来两句是对前四句的回应与强调,进一步描述了日子的慷慨大方和巨大潜能;潜在的含义是指每个人在生活中的追求和付出不同,其收获也是截然不同的。

　　接下来五句具体到"我"。先写"我"一味享受日子里的花团锦簇与虚荣浮华,在诱人的世俗生活中流连忘返,将"早上"许下的种种愿望抛之脑后。等"我"明白自己应该干什么时,日子却早已在不知不觉中溜走了。诗到这里写出了"逝者如斯夫"的感

慨,写出了"时不我待"的紧迫感,也写出了"少壮不努力,老大徒伤悲"的痛悔之情!最后一句是全诗的重点。等"我"把多少光阴浪掷后,才猛然看见了日子"一脸的鄙夷"。诗写至此,才向读者亮出劝诫的谜底与初衷:日子是慷慨的,也是无情的,待到后悔时,"日子"已静静离去!日子人人有,全看你怎么把握!

全诗意象新颖,含蓄隽永,感情真切,耐人寻味,不愧为爱默生的典型代表诗作之一。

15 议例训练法例谈①

一、针对症结

俗话说:事实胜于雄辩。发表议论时用事实说话最具说服力。但许多事实论据,其含义往往是多角度的,如果仅停留在事例的罗列上,必然造成论点与论据的油水分离,论据起不到切中肯綮的论证作用。而多数同学写作议论文时,常常是一个简单的判明是非的观点加若干个事例的堆砌,缺少必要的、充分的、令人信服的分析,致使观点是观点,论据是论据。

二、训练目标

学会围绕论点展开对事实论据的分析,以揭示论点与论据之间的内在的本质的必然的联系,使事实论据能有力地证明论点,真正做到观点与材料的一致。

三、训练方式

采用片段训练为主。

---

① 本文于1999年在市级刊物发表。

四、训练特点

（1）具体示范性：由教师选取名篇佳作或学生习作中的典型片段，或教师自己亲自写作典型片段，供学生研习、模仿。

（2）具有可操作性：总结几种基本的、学生容易掌握的议例模式，组织学生运用这些模式进行议例训练。

（3）具有科学性：训练过程遵循循序渐进原则，由模仿到创造，由模仿单一模式到综合运用多种模式。

五、具体操作示例

1. 范例研习，模仿训练

（1）"假设反推"议例法。即在用例后提出与所举事例相反的种种假设，然后推断出与论点相悖的结论，从反面有力地论证论点的正确，实现论点与论据的和谐统一。

范例研习：通向成功的路，向来都不是平平稳稳、一帆风顺的，它曲折崎岖、荆棘丛生，甚至会出现山阻水隔、断崖绝壁，这时就需要信心作精神支柱。天津的苏阿芒在连续三年报考大学不第的情况下，仍相信"天生我材必有用"，选择了自学的道路，最终掌握了二十多国文字。他用世界语创作的作品在国际上享有很高的声誉，他被外国朋友誉为"年轻的天才的中国世界语诗人"。试想，如果他在高考落榜后就此认为自己天资不佳，陷入痛苦中不能自拔，那么他可能一生将默默无闻；如果他不坚信"天生我材必有用"，那他可能遇困难挺过去、逢失败昂起头，透过迷雾看到曙光，一步步迈向成功吗？可见，只有树立信心，才有可能迈向成功的康庄大道。

模仿练习：模仿上文，采用"假设反推议例法"，对以下事实论据展开分析。

居里夫人母女俩都是诺贝尔奖获得者，而伊伦·居里"诺贝尔奖获得者"的头衔绝不是从母亲那儿"世袭"得来的。伊伦·居里和她的丈夫得里奥，把实验室当成了公园，把崎岖的攀登之路当成了"林荫道"，把夜晚当成了白昼，把假日当成了工作日。他们使生活变成了幻想,再把幻想化成现实。他们的家常便饭是实验失败,他们的口头禅是"再来一次"。他们经历了上千次失败,终于在1934年发现了人工放射性元素,在科学上作出了重大贡献。【假设反推分析】

(2)"据果推因"议例法。即在用例后,用一两句话揭示形成或导致事例结果的原因,以揭示材料与观点间的内在联系,达到论证论点的目的。

范例研习:我想人人都该有执著的求知精神。纵观古今中外,没有一位杰出人物,是在等闲之中懒得去追求新知而白了少年头的。如凿壁偷光的匡衡,圆木为枕的司马光,程门立雪的杨时,<u>他们之所以能有所成就,很大程度上都取决于他们那种痴心不改、孜孜不倦的求知精神。</u>

模仿练习:模仿上文,采用"据果推因议例法",对以下事实论据展开分析。

著名科学家爱因斯坦曾经说过:"差异在于业余时间。"确实如此,从某种意义上讲,业余时间的利用程度决定了一个人成就的大小。大凡有所成就的人,都是特别善于利用业余时间的。著名数学家华罗庚,因家境贫困,职业学校未毕业,就被迫在父亲开的小杂货店干活,繁忙的劳动并没有使他放弃对知识的追求,只要有一点业余时间,他就挤出来钻研心爱的数学。【据果推因分析】

(3)"析质"议例法。即透过材料的表象挖掘其内在的东西,析本质,挖根源,从而强化论据与论点的联系。

范例研习:唯有坚持才能获取最后的胜利。纵观古今中外,大凡取得重大成就的人几乎都离不开百折不挠的坚持。爱迪生发明蓄电池,整整耗费了十年心血,经过五万次试验,才取得成功。<u>五万次,这个惊人的数字,它包含了多少困难,多少挫折,多少痛苦啊!但爱迪生不灰心不气馁,凭着顽强的毅力和对科学的追求,拼搏十载,历尽万险,终于赢得了科学的巨大胜利。</u>

模仿练习:模仿上文,采用"析质议例法",对以下事实论据展开分析。

爱因斯坦说过:"一个人的价值,应该看他贡献什么,而不应看他索取什么。"活着,仅仅是为了名利,是卑劣的;为了社会的进步,国家的富强,人民的幸福,科学的发展,是至高无上的。中国改革开放的总设计师邓小平同志生前为祖国为人民鞠躬尽瘁,到生命最后一刻,想到的还是给人民贡献些什么,于是他留下遗嘱,捐出角膜,将遗体供医院解剖研究。【析质分析】

(4)"综合分析"议例法。即采用上述两种或两种以上的方法多角度地揭示论据与论点的关系,从而使论据与论点保持一致。

范例研习:"事在人为!"古人很早就懂这个道理。古苏格兰有位国王曾经带领自己的部下反抗外族侵略,经六次失败后几乎绝望了,但当他看到一只蜘蛛在第六次结网失败后第七次终于结网成功时,得到了启发,振作起来,在第七次战斗中,赶跑了敌人,收复了家园。这虽是个传说,却给我们以深刻的启示。如果那位国王偏信天命,那么屡次失败后必定认定自己命中注定不能胜利;如果他一味埋怨士兵少条件差,那只会放弃战斗,哪会有收复家园的一天?正因为他没有丧失信心,坚信只有经过顽强战斗才会赶走侵略者,最终与胜利牵手。这不正告诉我们事在人为,只有自己才是命运的主宰的道理吗?

模仿练习:模仿上文,采用"综合分析议例法",对以下事实论据展开分析。

"人到无求品自高",无数事实证明了这一点。千古名将关羽身在曹营心在汉,金钱美女不能动其心;民族英雄文天祥面对敌人的高官厚禄不改初衷,威逼利诱不易其志。【综合分析】

2. 强化训练

围绕下面论点各写一小段论证文字。要求:至少用一个典型事例,按要求议例,不少于300字。

(1)勿以恶小而为之　　(假设反推法议例)
(2)千里之行,始于足下　　(据果推因法议例)

(3) 要全面看问题　　　　（析质分析法议例）
(4) 失败是成功之母　　　　（综合分析法议例）

3. 综合训练

以"强者需要挑战"为题,写一篇 800 字左右的议论文。要求:使用事实论证法,注意观点与事实论据的一致,至少使用两种议例法来分析事例。

16 《言之有理训练》教学设计[①]

针对症结:

学生写作议论文时,往往是观点与论据的简单相加,缺少必要的分析,不会从事理上论证,导致写出来的文章苍白无力,难以服人。

教学目标:

一、让学生学会多角度、多层次阐发事理,论证论点,提高学生议论文写作能力。

二、通过读、写、评相结合,片段模仿与独立表达相结合的方式,提高学生的表达能力,培养学生的创新思维品质,如思维的广度与深度、思维的灵活性与独创性、思维的批判性。

教学设想:

针对学生作文的症结,采用化整为零的片段训练,通过以读

[①] 本设计在 2000 年全国中语会与《语文教学通讯》联合举办的"全国语文教师素质教育知能大赛"中获二等奖。

促写,读、写、评相结合的方式,促成学生议论文写作能力的提高,同时达到训练学生创造思维、激活学生主动作文的目的。

教学流程:

一、感性训练——激趣

创设情境:一次我与朋友谈及现代中学生。我认为如今的中学生比我们那时强多了,特别善于抓住一切机会展示自己的才华与个性,课堂发言积极,敢于独立思考,敢于挑战老师,敢于质疑书本,参加活动主动积极……朋友却很不以为然,他认为这类人就是好出风头,狂妄自大,沉不住气,稍有能耐就自以为老子天下第一,生怕别人不知道,终难成大器。当时我觉得朋友的话太偏激,可又一时难以说出令朋友信服的理由。同学们,你们可以帮我这个忙吗?

设想:

(1)尽量让学生畅所欲言。

(2)教师视具体情况巧加点拨,目的在激活学生多角度多层次思考问题,有理有据地表达观点。

(3)教师鼓励评价:从刚才的讨论可以看出,同学们大多都很会说道理,而且有的同学还说得头头是道,令人心悦诚服。可见,讲道理对同学们而言决不是"挟泰山以超北海"的力不能及,关键还在同学们是否用心,是否重视。其实,我们写议论文时,也只要像刚才那样能说出其中的道理,就自然会令人信服。

那么,在写议论文时我们怎样才能将道理讲深、讲透、讲充分呢?

二、优秀片段欣赏,说理方法技巧指津

【片段一】爱因斯坦说:"千万记住,所有那些品质高尚、有大出息的人都是孤独和寂寞的——而且必然如此。"的确,一个人要想有所作为,要想拥有真正的辉煌,就必须能忍受孤独和寂寞。因为唯有孤独和寂寞,你才能避开世事的纷扰、琐碎和庸俗;唯有孤独和寂寞,你才能更沉静地思考自己的现状和未来;

唯有孤独和寂寞,你才会更执著地寻找一条充实自我、完善自我的新道路,开辟一方属于自己的新天地!

【片段二】我们的生活需要理解。理解是一种爱,"人们可以筑起围墙,更应该架起桥梁",这便是理解。理解别人和被别人理解,都是一种幸福。当你遇到困难受到挫折时,也许会伤心难过;当你被人误解时,也许会彷徨失落。但如果这时,你忽然发现有人体恤你的苦衷,理解你的心情,你就会不再感到孤独,不再感到寂寞,你就会发现周围的世界是如此的温馨,头上的天空是如此的高阔……

【片段三】自卑,就是自己认为自己能力低下,自己瞧不起自己。自卑的人,胸无大志,精神萎靡,怨天尤人,自暴自弃。他们在强者面前自叹弗如,在前进路上自甘落后,在困难面前自我退缩。自卑使人丧失竞争意识,失去竞争机会,是懦夫自我毁灭的温床,故而与成功无缘。

【片段四】我们的许多人却是相反,不去这样做。其中许多人是做研究工作的,但是他们对于研究今天的中国和昨天的中国一概无兴趣,只把兴趣放在脱离实际的空洞的"理论"研究上。许多人是做实际工作的,他们也不注意客观情况的研究,往往单凭热情,把感想当政策。这两种人都凭主观,忽视客观实际事物的存在。或作讲演,则甲乙丙丁、一二三四的一大串;或作文章,则夸夸其谈的一大篇。无实事求是之意,有哗众取宠之心。华而不实,脆而不坚。自以为是,老子天下第一,"钦差大臣"满天飞。这就是我们队伍中若干同志的作风。这种作风,拿了律己,则害了自己;拿了教人,则害了别人;拿了指导革命,则害了革命。总之,这种反科学的反马克思列宁主义的主观主义的方法,是共产党的大敌,是工人阶级的大敌,是人民的大敌,是民族的大敌,是党性不纯的一种表现。大敌当前,我们有打倒它的必要。只有打倒了主观主义,马克思列宁主义的真理才会抬头,党性才会巩固,革命才会胜利。我们应当说,没有科学的

态度,即没有马克思列宁主义的理论和实践统一的态度,就叫做没有党性,或叫做党性不完全。(选自《改造我们的学习》)

操作程序:

(1)学生在逐个片段诵读、评析的基础上,讨论:

A.每个片段的中心论点是什么?

B.作者分别从哪些角度或哪些层次论证论点的?运用了哪些修辞手法?

C.通观上述片段,你认为怎样才能将道理讲深、讲透、讲充分,收到令人信服的效果?

(2)师生一起归纳总结:

多角度剖析——析实质、挖根源、谈意义、讲危害

多层次剖析——表现→特点→实质

　　　　　　　个人→集体→社会

　　　　　　　过去→现状→将来

爱憎分明,巧用多种修辞手法

三、迁移训练,举一反三

围绕"要/不要表现自我"写两个片段,要求:

片段一:从上述四角度中任选一个角度论述论点,并使用排比的修辞手法。

片段二:多角度、多层次论述你的论点。

操作步骤:

(1)学生试笔。

(2)组织学生进行展示、交流、评价、修改。

(3)组织学生评析、修改教师的"下水"文。

教师"下水"片段:如果说当年诸葛亮卧居隆中,尚有刘备顶风冒雪三顾茅庐,那么,如今就算你有诸葛之才,如果你不会自我推销,那恐怕未必会有诸葛亮的幸运了。要知道,你南阳有"诸葛亮",我北京也有,他上海也有,"刘备"招聘广告一登,说不定美国、德国、日本的"诸葛亮"都来凑热闹了。到时你南阳

土生土长的"诸葛亮"若不主动出击,趁早送上自荐表,恐怕就得在南阳"卧"上一辈子了。可见,表现自我并不是所谓的自我卖弄、爱出风头,也不是浅薄与狂妄,而是一种行之有效的自我推销方式,是自信与实力的展示,是智慧加胆识的体现。唯有勇于表现自我,你才能让伯乐慧眼识英才,使自己在强手如林中迅速脱颖而出;唯有勇于表现自我,你才能为自己赢得机遇,争得适合自己纵横驰骋的大舞台;唯有勇于表现自我,你才有机会为自己的人生谱写辉煌而壮丽的诗篇!

17 《孔雀东南飞》教学设计[①]

一、教材地位

《孔雀东南飞》是人教版新教材第三册第二单元的一篇讲读课文,是我国流传下来的古代最早的一篇长篇叙事诗,也是汉乐府民歌的代表作,它与北朝的《木兰辞》并称"乐府双璧"。

二、教学目标

1. 通过赏析刘兰芝形象,引导学生初步掌握叙事诗中人物形象的鉴赏方法,初步树立健康、积极的爱情观。

2. 通过探究、讨论,培养学生的发散思维能力与创新思维品质。

三、教学重点与难点

1. 鉴赏刘兰芝的性格特点与爱情观为教学重点。

2. 探究刘兰芝被休的原因,欣赏兰芝的自尊、自爱与维护独立人格是难点。

[①] 本设计获省教科院举办的创新教育教学设计一等奖。

四、教学方法

1. 学情分析:本首诗篇幅虽长,但语言通俗易懂、故事性强,故学生乐学。

2. 教法选择:点拨法、探究法、讨论法。

3. 学法指导:重点点拨鉴赏人物性格的方法与多角度思考问题的方法。

五、教学流程

(一)导课

有人说:爱与死是文学永恒的主题。《孔雀东南飞》写的就是这样一个爱与死的故事。漫长的岁月并没有淹没刘兰芝的光辉,只要一打开这首诗,她就那样鲜活、灵动地出现在我们面前。那么是什么赋予了她这样强的生命力呢?这节课我们就重点来探究这个问题。

(二)整体感知课文,赏析刘兰芝这一艺术形象

1. 分角色朗读课文。

要求:读准字音,读出人物个性,读出感情。

2. 研读课文,鉴赏刘兰芝形象。

思考、讨论:在诗中作者满腔热情地塑造了兰芝这一动人的艺术形象,你觉得她的魅力在哪里?她最能打动你的个性或品质是什么?作者运用了哪些艺术手法来展示兰芝的美?

[说明]此处让学生自主探究,充分讨论,老师只在必要时点拨学习方法、思维方向。

[点拨一]许多大作家都认为让艺术形象活起来的最佳办法是"让形象自己说话",因此,赏析兰芝这一艺术形象的美时一定紧扣诗中对她的语言、行动、肖像所展开的描写。

[点拨二]古人云:"绿叶扶花花更红。"有时烘云托月的侧面描写更能有效地凸显主要人物的个性与品质。赏析兰芝形象美时请不要忽略了文中成功的侧面描写。

[点拨三]兰芝既然那么深爱着仲卿,那么,为了保全这份

爱情,她为什么不对婆婆俯首帖耳、委曲求全?

[点拨四]有人认为兰芝拒婚是"好女不嫁二夫"的封建礼教思想在作怪,你认同吗?为什么?

[拓展欣赏]品读舒婷的《致橡树》,思考:《致橡树》中表达了一种怎样的爱情观?这与刘兰芝的个性与选择有无相通或相近的地方?

板书:

(1)兰芝的魅力

> 天生丽质　心灵手巧
> 多才多艺　知书达理
> 忠于爱情　不慕富贵
> 自尊自爱　敢于反抗

(2)艺术手法

描写手法	1. 正面描写:语言、行动、肖像描写——让形象自己说话
	2. 侧面描写:说媒的多、婚事排场大——众星捧月月更明
写作技法	赋　比　兴

(三)探究阅读

兰芝是如此的优秀,让人怜爱不已,可她的婆婆为什么执意要休了她?这是一个千古疑团,历来见仁见智。请同学们结合当时的时代背景、课文的具体内容与你的阅读积累谈谈你对这个问题的思考与发现。

【说明】此处不求唯一标准答案,只要言之成理即行。有兴趣的同学可以课后做小课题研究。

[点拨]对这个问题的推断与探究不能脱离当时的时代背景,更不能脱离课文的具体内容,比如文中兰芝认为她被休的原因是什么?婆婆摆在桌面上的休兰芝的理由是什么?

[延伸拓展]《礼记》的"七出"、弗洛伊德《精神分析法》中的"恋子情结"、余光中的《我的四个假想敌》。

（四）总结

这节课我们主要就兰芝的艺术魅力进行了一些探究与赏析。一千多年过去了，我们仍觉得她光彩照人。这恐怕不仅因为她的外在美，也不仅因为她的忠于爱情以及敢于为爱献身的勇气；更因为她不因为爱而放弃自己的自尊与个性！这是何等的前卫与难能可贵！

（五）作业

1. 背诵《孔雀东南飞》与《致橡树》。

2. 结合课文，大胆想象，以《如兰芝活在今天》为话题写一篇小作文。

18 《警察与赞美诗》教学设计①

教学目标：

一、通过赏析苏比形象与文章的结尾艺术，提高学生的小说鉴赏能力。

二、通过对小说中的艺术空白进行推断与想象，培养学生的发散思维能力与创新的思维品质。

教学重点：

一、鉴赏苏比形象。

---

① 本设计获省教科院举办的创新教育教学设计竞赛二等奖。

二、领略小说结尾艺术的佳妙。

教学难点：

引导学生推断：苏比被捕后是否会进行强烈的辩解？

教学方法：

讨论法、探究法、点拨法。

教学流程：

一、由《麦琪的礼物》导入新课

1. 教师点出《麦琪的礼物》的篇名，引导由学生回忆作者、故事情节及写法上的突出特点，并介绍他的其他作品。

2. 出示本课时的学习目标与学习重点。

二、整体感知，把握故事情节

学生快速阅读课文，用100字左右概述小说的主要情节。

三、研读课文，鉴赏苏比形象

研读课文，思考、探究如下问题：

1. 苏比可以通过哪些途径度过寒冬？他为什么选择去岛上？

板书：

  去慈善机构 付出精神屈辱

  去"岛上"   不会干涉他的私事

  去拉车赚钱 太辛苦

2. 为达到去岛上过冬的目的，他作出了哪些努力？为什么都不能成功？

3. 苏比伫立教堂外，受赞美诗感化时，其内心发生了怎样的变化？

板书：

  唤起美好回忆

  进行深刻反省

  决定重新设计人生

4.苏比宁愿做"法律的客人",也不愿去慈善机构。有人认为他自尊、灵魂高傲,他的所作所为都是对现实的反抗;有人认为他心理畸形,他的所作所为体现出他好逸恶劳的无赖心理。综观全文,对此你如何评价?

说明:让学生充分讨论,不求唯一标准答案,但必须有理有据。

点拨:①紧扣课文内容,看他具体做了些什么?想起了些什么?②看人物所处的社会生活环境。

四、创造性阅读,鉴赏文章的结尾艺术

1.当苏比决定改过自新时,警察不由分说地逮捕了他,并判他三个月。这个结尾无疑是出人意料的,但细细想来,又符合情理,请你推断:警察凭什么抓他?

点拨:要使情节的发展符合情理,令人信服,在前文必须预设铺垫、暗埋伏笔。

板书:
时间:夜阑人静
地点:庄严肃穆的教堂外 } 令人疑心顿起
苏比:衣衫褴褛,神情专注

2.请你为小说另外设计一个结尾,并说明你设计的理由。

操作程序:①学生分组讨论(按座位4~6人一组);②每组派一名代表展示讨论结果,相同创意的不再细说。③组织同学展开互评,推选3~4个都比较认同的方案。

3.比较:拿同学们自己设计的结尾方案与小说的结尾进行比较,你觉得哪种更好?为什么?

说明:此处不求唯一标准答案,也可以不拘泥于教材。

点拨:①看构思的巧妙,如情节波澜起伏,出奇制胜;前后呼应,题文呼应;留有余地等。②看表现主题的深度、广度与力度。③看写作意图。

五、探究性阅读,突破难点

探究问题:当我们为苏比的觉醒而高兴时,作者却安排他落于法网,这引人深思,发人深省。请仔细研读课文,并充分调动你的阅读、生活积累,推断:苏比在被警察抓住、被法庭审判时,是否会进行强烈的辩护?为什么?

操作程序:独立研读文本,形成个人见解→小组讨论,交流意见→推荐展示,答辩互评。

点拨:①判案的进展情况;②人性的复杂;③苏比的现实处境;④辩证的眼光。

六、课堂小结

本堂课,我们通过鉴赏苏比形象、小说的结尾艺术以及对小说中的艺术空白展开推断想象,充分领略了欧亨利小说丰富的艺术内蕴与不朽的艺术魅力。他的作品被誉为"美国生活的幽默的百科全书"的确当之无愧!

七、布置作业

研读课文,就文章的语言特色写一篇短评。

19 《涉江》教学设计[①]

教学目标:

(1)引导学生正确而深入地理解、评析屈原的爱国主义情怀。

(2)通过评析屈原形象,引导学生掌握辩证评价历史人物的方法。

教学重点与难点:

(1)理解、体悟本诗中流淌着的屈原浓烈而执著的爱国主

[①] 本设计获省教科院举办的创新教育教学设计竞赛二等奖。

义情怀,学习诗人融情于事、融情于史、融情于景的抒情方法为教学重点。

(2)理解屈原在流放途中流露出的依恋、苦闷、彷徨的情感与其"董道不豫"的爱国情怀的关系为教学难点。

教学方法:

诵读法、谈论法、点拨法。

教学流程:

一、听读全诗,读准字音与句读,初步感知屈原的爱国主义情怀

1.学生自由朗读全诗

(1)读准字音与句读。

(2)用一句话说说,你读到了诗人怎样的内心情感?

2.教师示范朗读,进一步体会全诗的情感基调

二、品读诗歌,体悟、理解屈原丰富而执著的爱国主义情怀

重点研讨如下问题:

(1)诗人身处困厄而不改初衷,诗中哪些诗句直接抒写了这种心志?哪些诗句最能打动你的心?请找出来,读一读,评一评。

(2)诗人在写自己的处境与抉择时,提到了哪四位历史人物,他们的遭遇有何共同点?诗人写他们的用意何在?

(3)在惨遭厄运时,诗人选择了"董道不豫";但在流放途中,却表现出了无限的依恋、苦闷与彷徨。

①朗读2~4自然段,讨论:哪些词句充分表达了这种感情?诗人主要用了哪些抒情方法?

②你认为这种依恋、苦闷、彷徨的心绪与诗人"董道不豫"的坚守是否矛盾?为什么?

思维点拨:诗人难舍的是什么?苦闷的是什么?坚守的是什么?

延伸拓展:诗人在《离骚》中写自己内心的痛苦时,直言"岂余身之惮殃兮,恐皇舆之败绩";范仲淹在《岳阳楼记》中写"古仁人之心"是"居庙堂之高,则忧其民;处江湖之远,则忧其君"。

(4)小结:从以上讨论可以看出,诗人运用直接抒情与融情于景、融情于物、融情于史的方法,尽情地抒写了自己身处困厄仍不改初衷、自身难保仍眷念故国、心系人民的爱国主义情怀,其拳拳之心、切切之意,一唱三叹,真切动人。

(5)有感情地诵读全诗,读出诗人复杂而又执著的情感。

三、评读诗歌,认识屈原爱国主义情怀的现实意义

畅所欲言:请根据诗歌内容以及你的课外知识谈谈你对屈原的理解与评价。

操作设想:

(1)尽量让学生畅所欲言,教师起引导与点拨作用。

根据学生发言走势,教师可从如下方面进行引导与点拨:

①评价历史人物不能脱离当时的历史条件;

②评价历史人物不能只重结果如何,更要看其人生过程、精神境界;

③不能脱离具体的国家与民族来泛谈爱国精神。

(2)教师参与讨论,亮出个人观点。

为坚守自己的远大理想与高洁品行,宁愿身处"僻远"、日日"愁苦"、终生"重昏",也绝不随波逐流,更不同流合污。这种执著与高洁正是屈原对自己人生高度负责的表现,也正是这种执著与高洁成全了他的"深思高誉洁白清忠",使得他不仅"辞赋悬千古",而且其精神、其人格亦能"与天地兮比寿,与日月兮齐光",成为中华民族爱国主义精神的典范,成为中国历史上一座需仰视才见的精神丰碑!

(3)教师提供学习资源的支持,组织学生进行拓展阅读。

品读余光中的《淡水河边吊屈原》、《漂给屈原》,以加深对屈原不朽的爱国情怀的理解。

淡水河边吊屈原

余光中

青史上你留下一片洁白,
朝朝暮暮你行吟楚泽。
江鱼吞食了二千多年,
吞不下你的一根傲骨!

太史公为你的投水太息,
怪你为什么不游宦他国?
他岂知你若是做了张仪,
你不过流为先秦一说客!

但丁荷马和魏吉尔的史诗,
怎撼动你那悲壮的楚辞?
你的死就是你的不死,
你一直活到千秋万世!

悲苦时高歌一节离骚,
千古的志士泪涌如潮。
那浅浅的一湾汨罗江水,
灌溉着天下诗人的骄傲!

子兰的衣冠已化作尘土,
郑袖的舞袖在何处飘舞?
听!
急鼓!可爱的三闾大夫!
滩滩的龙船在为你竞渡!

我遥立在春晚的淡水河上，
我仿佛嗅到湘草的芬芳。
我怅然俯吻那悠悠的碧水，
它依稀流着楚泽的寒凉。

漂给屈原
余光中

有水的地方就有龙舟
有龙舟竞渡就有人击鼓
你恒在鼓声的地方引路
哀丽的水鬼啊你的漂魂
从上游追你到下游那鼓声
从上个端午到下个端午

湘水悠悠无数的水鬼
冤缠荇藻怎洗涤得清
千年的水鬼唯你成江神
非江水净你，是你净江水
你奋身一跃，所有的波涛
汀芷浦兰流芳到现今

亦何须招魂招亡魂归去
你流浪的诗族诗裔
涉沅济江，渡更远的海峡
有水的地方就有人想家
有岸的地方楚歌就四起
你就在歌里，风里，水里

四、课后作业

背诵《涉江》与《淡水河边吊屈原》。

第三辑
语文教师成长修炼

语文教师的专业成长不仅包括专业素养的提升和文化视野的拓宽,更包括教育信仰、职业心理的修炼。它们共同决定着一个教师能走多远与站多高。本辑主要收录笔者关于语文教师成长修炼方面的文章,包括自身的成长叙事、教师的职业心态修炼、师德修炼、班主任角色修炼、自我教育修炼以及教育理论著作的阅读修炼等,以期引领语文教师实现由普通教师向骨干教师的成长,进而实现向卓越型教师的二次飞跃,最终构筑属于自己的教育高地。

➤ 是他们,我生命中的恩师、挚友、同伴,用爱心、激情、智慧、博学、严谨、分享、欣赏,点亮一盏盏灯笼,高悬于我教育人生必经的每一个驿站,让我在通往教育高地的途中行走得如此从容执著、心无旁骛而一往情深;是他们,我生命中的恩师、挚友、同伴,用名优教师对教育的精彩演绎,引领我向教育的高地飞翔,并让我静静地享受着"鱼戏浅底,鸟翔蓝天"的诗意与自由!

➤ 快乐地做教师,做快乐的教师,既是教师个体生命的需要,更是教育事业的必需。

➤ 语文教师不读书就意味着非专业状态。教师的阅读,要关照"教育",关照"学生",关照"教育现场";要读出教育的知识,读出教育的思想,读出教育人生的感悟,读出一个个大写的"人",点燃心灵的灯盏,照亮自己,更照亮学生的前行!

1 他们，引我向高地飞翔[①]

打小内向、自卑而拙于表达的我，从未想过要当老师、能当老师，直到遇到我的恩师——高中班主任李树全老师。当时年近半百的李老师一肩挑着校长的重任，一肩挑着我们这个由84人组成的文科班的地理教学与班主任工作，还经常带我们种菜（当时学校有田有土）、郊游，却似乎从不曾见他脸上有过疲乏与倦意。他行色匆匆地奔走于校园与课堂，却总是和颜悦色地面对每一个学生，舒展自如地演绎着地理教学的精彩与魅力。最让我刻骨铭心的是，那记录他与每一个学生每一次谈话的笔记本，那里面流淌着他多少师爱、期待与智慧。84人的班级，李老师每两个月要找每一位学生谈一次话，两年如一日，从未间断，从未落下任何一个学生，无论你的家庭如何成绩啥样。从家庭生活、学习情况、理想目标到人生困惑、人际交往，无所不及，看似不经意，实则很用心，他是在用源于自我灵魂深处的刻骨铭心的真诚引领我们在一种"心中有航向，脚下有路径，身旁有扶持"的自信、澄明、温暖与平和中走过"黑色高三"，走进人生征程。每次谈话，李老师都会将一起商讨约定的优势分析、努力目标、方法路径、行动策略一一记录下来，下次谈话时，再逐项比较。于是，每次谈话都是带着期待去，然后带着信心回，谈话便成了我们师生之间的心灵牵手与精神相约。就这样，在沐浴着

[①] 本文于2011年在省级刊物发表。

李老师春风化雨般的无边师爱中乐观、进取的学习着、生活着,高中生活便成了镌刻于心灵画卷首页永远也读不完的经典。学友相聚,说起李老师,总不禁泪光盈盈,很多时候我们都会不约而同地说:"是李老师改写我的人生。"

那时,素质教育的口号似乎还不曾唱响,然而,"面向全体"、"不抛弃,不放弃"、"为学生的终身发展与未来幸福奠定精神底子"的全人教育理念和"教育的本质在激励与唤醒"的成功教育理念早已深深地根植于李老师的灵魂深处,并外化为他自觉、朴实、虔诚而执著的教育行为,播撒无边师爱,唤醒我们的混沌潜能。从那时起,便开始觉得当好老师是一项多么有意义有价值的事业;并在心中暗暗盟誓,如果有一天命运让我走上三尺讲台,我一定承传李老师的爱心教育、全人教育思想,坚持"育人先育心",引领学生"精神发育"与"心灵成长"。

也许是天佑善良,让没有教师潜质的我歪打正着地做了教师,而且是语文教师。从小学到高中,一直不喜欢语文,一直害怕语文,不爱阅读,不善表达,不喜交流。直到遇上高三的语文老师——罗灿阶老师,这种状况才得以改变。罗老师身材矮小,长相平平,却多才多艺,说拉弹唱琴棋书画样样拿手。至今犹记得她给我们上《小二黑结婚》,讲演"三仙姑"相亲前梳妆打扮时的滑稽生动与绘形绘色,想起那"仿佛驴粪上的一层霜"的比喻时常常忍俊不禁;至今犹记得她吟诵杜甫《茅屋为秋风所破歌》时的入情入境,那呼啸的风声,那压顶的乌云,那飘散的茅草,那内心的惶恐煎熬以及推己及人的无边忧思,在她那起伏跌宕的语调、缓急错落的语速、饱含深情的吟诵中顷刻间鲜活起来,顿生如临其境之感;至今犹记得她板书毛泽东的词《沁园春雪》时的龙飞凤舞,那笔走龙蛇似的狂草惟妙惟肖地展现着"山舞银蛇,原驰蜡象,欲与天公试比高"的恢弘与壮观;至今犹记得……太多的精彩俯拾即是。在罗老师的语文课堂,我惊讶地发现,原来语文并不仅仅是冷冰冰的字词句篇、语修逻文,语文课堂的主旋律并不仅是千篇一律的时代背景、注音释义、段落大意、中心思想、写作特色。语文是美的精灵,是生活的浓缩,是情感的迸发,是精神的晤对,是灵魂的相通,是交往的和谐,是表达的自由;语文课可以如此的灵动鲜活、神韵毕现!从此便爱上了语文,爱上了阅读。这也许是一份迟来的爱,然而就是这份爱让我走进了师范院校的中文系,并因此终身与语文同呼吸、共成长。

走进大学后,我有幸遇上古汉语老师黎千驹教授。开课之前,望着三本厚厚的散发着浓重油墨气味的《古代汉语》教材,真不知从何学起,也真不敢相信能把它学好,于是老在心里猜想教这门课的会是一个怎样的迂腐学究?第一次上古汉语课,推开门走上讲台的竟是一个风度翩翩的年轻教师,这颇有几分出人意料。然而,更出乎意料的还在后头,没有教材,没有讲义,只有粉笔与嘴,每堂课都那样纵横捭阖却自成体系,训诂、修辞、音韵在他的课堂变得那样的浅易形象,脱口而出的每一个例子都能准确地说清在教材或《说文解字》的哪一页、第几行。

从两位老师的课堂,我深切地体味到什么是教师的博学与厚重,什么是课堂的游刃有余与出神入化。古人有云:"亲其师,信其道。"是啊,兴趣只能靠兴趣激活,情感只能靠情感点燃,能力只能靠能力培养,智慧只能靠智慧点化。教师要想构筑自己的教育高地,首先必须修炼自己的人格魅力与学术品位,那是教师教育力、教学力的内核所在。

我在庆幸自己能师从名师大家的同时,又常常陷入难以自拔的焦虑与惶恐之中。对照生命中遇到的优秀教师,中文底子捉襟见肘的我,离一个合格(且不说优秀)老师的距离是何等的遥远。我想努力弥补,却总有一种不得其门而入的迷惘。庆幸的是我遇上了令我感念一生的学长,是他引我走入文学的殿堂。从开出阅读清单、制定学习与发展规划,到指导积累阅读、研究与写作素材；从破解学习疑难到点化成长困惑；从互通学习资源到分享学习成果，一步一步牵引我亲近文学、亲近语文、亲近教育，让我慢慢地厚实起来，丰盈起来。这种帮助一直延续到我工作后，第一次上讲台，第一次教高三，第一次尝试教改实验，第一次调动工作，第一次变换岗位，无处不有他无私的引领、点化、鼓励与扶助。至今仍留存着他寄送给我的凝聚着他诸多探索与创新的专题教案、教学心得与专题复习资料；耳畔常回响着他的鞭策之语："我确信你的能力，深知你自强的性格，也深信你一定会有所成就的。""别放弃，我真不希望你平庸而沉寂。"每每想起这些，便倍觉温暖，让我常怀感恩之心、进取之态地笑对生活与工作。从他身上我看到了一个优秀教师的特质，那便是走出了狭隘、保守与居高，走向了合作、分享与欣赏，唯有这样，方有可能终身成长与双赢发展。

1999年，在十年的中学教学实践后，我重返大学校园，师从湖南师大周庆元教授攻读教育硕士。导师给予我的指导与启发是全方位的，最让我终身受益的是他率真坦荡、乐观进取的人生态度与严谨务实、精益求精的治学精神。那时，他担任湖南师大教科院院长，行政事务、研究生培养任务、科研任务都很繁重。做学位论文时，我想他最多指导指导选题与论文框架，从宏观上说说研究思路与方法，谁知到论文一稿、二稿直至三稿时，我惊喜地发现导师的指导与修改是那样细致入微，大到观点框架，中到修辞润色，小至数字标点、字体格式、引文出处，尽览眼底。显目的红色勾画，或商榷，或质疑，或直接修改，会聚着导师多少心血与智慧！在导师身边，不仅收获着学识与科研成果，更收获着敬业乐业的职业境界、严谨务实的治学精神和科学求真的科研态度。

还有太多的名字，不容我一一赘述，深藏于心，永生感念。

无论回眸，还是前瞻，总是欣喜地发现一路灯火阑珊。是他们，我生命中的恩师、挚友、同伴，用爱心、激情、智慧、博学、严谨、分享、欣赏,点亮一盏盏灯笼,高悬于我教育人生必经的每一个驿站,让我在通往教育高地的途中行走得如此从容执著、心无旁骛而一往情深;是他们,我生命中的恩师、挚友、同伴,用名优教师对教育的精彩演绎,引领我向教育的高地飞翔,并让我静静地享受着"鱼戏浅底,鸟翔蓝天"的诗意与自由!

无论回眸,还是前瞻,心中满是感恩,感恩于生命中的恩师、挚友、同伴所给我的启迪、滋养、泽惠、激励与助推。内心深处流淌着的对教育的虔诚执著与自信微笑是我对他们最坚定的追随与最诚挚的回报!

2 快乐地做教师 做快乐的教师[①]

教育是心灵的事业,更应是幸福的行业。真正的教育是发自教育者内心的、充满激情的,是享受着工作乐趣和幸福感的。学校是学生全面发展的快乐场所,也是教师精神发育的幸福家园。教师职业使命的真谛乃是精神成人,即引导未成年个体精神世界的生长生成,启迪他们对于人生和世界的美好情怀,诸如爱、希望、信心、善良、诚实、正直、幸福感等,给他们的幸福人生奠定良好的精神底子。正如肖川在论及教育的方向时所说:"教育应该为学生的幸福人生奠基,为自由社会培养人,为民主社会培养好公民。"教师幸福是教育幸福的前提,没有教师精神的解放,就很难有学生个性的飞扬。学生人生最美好的年华都

---

① 本文于2009年在教育核心期刊上发表。

是在学校与教师一起度过的,教师在学生生命成长、精神生长中发挥着重要作用,教师以什么样的精神状态面对学生,直接影响并决定着学生成长的快乐和幸福。一个整日身心疲惫、心力交瘁的教师,一个整天忙忙碌碌、无所思索的教师,一个思维偏执、牢骚满腹的教师,何来快乐可言?一个不快乐的教师又能拿什么来让学生获取人生的幸福呢?从这个意义上说,快乐地做教师,做快乐的教师,是教师个体生命的需要,更是教育事业的必需。

一、哲学思辨,乐观面对——享受工作平凡的快乐

教师工作平凡而具体,清贫而低微,既不可能有轰轰烈烈的宏图伟业,也不可能有衣锦还乡的荣华富贵,而且压力大、任务重、时间长、不确定性多、待遇偏低。正如有人慨叹:"起得比公鸡早,睡得比小姐晚,干的比驴还累,混的比猪还惨,管的比警察还宽。"但一个乐观豁达的教师总是能敏锐地发现其平凡工作后面的非凡,清贫待遇背后的丰盈,繁重任务背后的恬淡。诚如陶行知先生所说,教师最大的快乐就是创造出值得自己崇拜的学生。这对教师而言,虽然他可能一辈子默默无闻,无从成名成家,也可能终生得不到什么值得炫耀的荣誉或奖章,但他有引以为骄傲的已成为作家、科学家、工程师、军事家、经济学家的学生,有功勋卓著、成绩斐然的弟子,有他曾经为之付出心血和青春的年青一代的人生。能够意识到教师对学生的未来有所影响,是教师职业信念的重要支撑。教师职业是精神享受大于物质回报的职业,教师是拥有"雅福"的群体。学生的学业进步、道德成长、心灵发育,进而对社会做出的贡献,都是教师生命意义的确认;师生之间在学业授受和道德人生上的精神交流、情感融通都是别的职业所难以得到的精神"滋补品"。学生,尤其是儿童的心灵,是天下最纯洁、最澄净、最灿烂的心灵,童心、童趣、童真随时都在洗涤着教师的灵魂,和成长中的孩子们生活、学习在一起,欣赏他们人性中最纯美的一面,教师的心理永远年轻,

精力总是充沛。全国优秀班主任窦桂梅老师曾说："我常常庆幸自己这辈子当了老师,庆幸遇上了这些孩子。因为他们,我的生活和生命才更加充实。"一个快乐的教师,一定能看到我们这个职业特有的"快乐财富"——每天都被学生的青春气息滋养着,这是从事其他职业的人们所享受不到的。

热爱也许不足以使我们快乐,但它是我们快乐的一个不可或缺的前提。一般说来,一个人对自己职业认同度越高,他的工作热情、积极性、主动性、创造性便会更强,对自己职业的期待也会越高,自主学习、自我发展的动力与欲望也会越强烈,便越容易促成自己的专业成长与自我实现,便越容易体验并享受到职业带给他的内在尊严与快乐。诗人埃兹拉·庞德曾说："当我倦于赞美落日与晨曦,请不要把我列入不朽者的行列。"作为一个教育人,最高的职业智慧就是要悦纳自己的职业以及与职业紧密相关的工作环境、工作对象、工作性质与工作待遇,敏锐地发现并不断丰富教育工作的意义与价值,并将自己的生命意义与之联系起来,保持对教育工作的"欢喜心",唯有这样才能发现萦绕自己的人生诗意。

二、科学规划,勤业创业——享受事业成功的快乐

教师职业生涯的内在快乐源于对教育理想和人生价值的追求,体现在富有创造性和建设性的教育教学实践中。一个被动的、懒惰的、事务型的教师肯定毫无快乐可言。有的教师终日忙忙碌碌,浑浑噩噩,却始终弄不明白"我是谁",弄不清楚自己的目标是什么,或只是从基本觉悟出发,认为应该勤勤恳恳工作;或是听从学校的安排,要我干啥就干啥;因"盲目"而"忙碌",最后滑入"迷茫"之中难以自拔。没有目标的人很容易丧失工作的原动力与内驱力,消磨工作的锐气与激情,从而滑入"职业倦怠"。因此,教师要能理性认识自我,科学规划职业生涯。在审视自己的优势、专长、个性、爱好与现实起点的基础上,找到自己

恰当的位置和符合自己条件的发展方向,做好短、中、长期发展规划。怀揣对自己事业、人生美好愿景的执著追求,每天的备课、上课、辅导、谈心、作业批改与反思总结都将变成一个个跳动的音符,一起汇成我们职业生涯的美妙乐章。全国知名教育专家李镇西老师便是这方面的楷模,无论外界怎样的浮躁与功利,他始终清楚自己是谁,适合做什么,做得成什么。为了他的"中国的苏霍姆林斯基式的教师"的梦想,他始终扎根课堂,扎根学校这块沃土,就算博士毕业,依然不离不弃,从未来班的探索到爱心教育、民主教育实践,再到"新教育实验",每迈出一步,都在构筑他的教育梦想;无论时间怎样紧张,工作怎样繁忙,职务怎样变化,他每天坚持着他的"五个一"工程,即每天上好一堂语文课,至少找一位学生谈心或书面交流,至少思考一个教育问题或社会问题,至少读不少于一万字的书或文章,写一篇教育日记。李老师是辛苦的,但他更是快乐与幸福的,他在他的规划与行动中,实现了他专业成长的自主、自立、自觉与自由!

　　马克思曾说:给人以尊严的职业应当是这样的一种职业,当我们在从事这种职业的时候,不是作为奴隶般的工具,而是我们在自己的领域内可以独立地进行创造。教育虽然不是从无到有、推陈出新的发明创造,但也给教师留下了极大的自由发挥与再创造的空间,尤其是在新课程背景下。快乐的教师勇于打破常规,大胆尝试,积极探索,勇于创新,在实践与探索中掌握教育规律,探索教育方法,形成自己的教育理念,提升自己的教育智慧。相反,一个因为自身业务能力欠缺而在自己的工作岗位上无法感受人的伟大、无法进行创造性劳动并无实际收获的教师肯定是无从体味到教育劳动的乐趣的,当然也就不会具有幸福的能力。因此,教师在"创造学生"的同时,也要努力创造自我新形象。教师要不断寻找工作的突破口与动情点,努力形成自己独特的教学风格,探索归纳出独特的教育教学模式,这样就会大大增强我们事业的成就感与魅力感。

三、知彼解己,合作分享——享受和谐交往的快乐

信息社会是高交往社会。任何人都不可能孤立于社会而存在,时时刻刻都在与社会中的其他成员发生着关系,进行各种各样的人际交往。社会学家丁远志先生说:"一个人的成功,75%取决于他成功交际的能力。"教师也不例外,也必须走出传统单打独斗的封闭的职业生涯状态,走向协同,走向合作,走向共赢。

首先,要学会倾听。倾听是理解,是尊重,是接纳,是心与心的靠拢,是情与情的对流,是思维与思维的交锋;倾听是一个人心理素养、交际智慧与语言功力的综合外显。所谓"风流不在谈锋健,袖手无言味正长",一个真正擅长交际的人首先必定是一个睿智的听众。其次,要学会尊重与服从。近年来,研究西点军校的书越来越多。据美国商业年鉴统计,"二战"后,在世界500强企业中,西点军校培养出了1531名CEO,2012名总裁,5000多名副总裁一级的高管,任何商学院都没有培养出过这么多优秀的经营管理人才。有一本叫《没有任何借口》的书,揭示了西点学员所具有的两大品格:第一是诚实;第二是服从。服从并不是唯唯诺诺,而是规规矩矩、不折不扣地履行职责,积极承担责任并有所作为,是一种求同存异、顾全大局的合作智慧,更是个人人格的一种升华。再次,乐于合作,双赢发展。人们经常强调"有竞争才有活力"。我们设想的成功总是意味着另一方的失败,大部分人更多的时候强调的是竞争与争夺,生怕别人得了好处,生怕别人抢在我们面前,进而不择手段。于是,导致人与人之间越来越隔膜,越来越冷漠,越来越封闭。事实上,无论在生活还是工作领域,高效能基本上都是通过两人或多人合作努力达成的。双赢思维正是一种基于伙伴互敬、需求互惠的思考框架,基于"我们"而不是"我"的思维方向;双赢思维把社会、生活看做是一个合作的舞台,而不是竞争的剧场。善于合作,优

势互补,双赢发展,才能获得"鱼与熊掌兼得"的最大利益。一个快乐的教师一定是善于合作、乐于分享的。

四、教学相长,反思提升——享受自我发展的快乐

教师的内在快乐来自于专业成长与自我实现。传统观念中,教师工作得到认可和表扬,就是成功了;而在教师专业化发展的背景下,教师除了完成工作任务外,还要能写作文章,开展课题研究,参加公开课教学,形成自己的教学风格、教学特色,并在一定范围内产生影响等。这就要求我们要顺应时代潮流,自觉走向终身学习,自我教育,自主发展。其一,教师要敞开胸怀,善于学习,不断地向书籍报刊学习,向同行学习,向专家学习,向学生学习,向生活学习,向自己学习。通过学习,赢得竞争的砝码与发展的主动权。其二,要勤于反思。教学反思是教师激活自己隐性的教育思想与理念、提升教育智慧、进行教育创新的必要环节和有效途径,是教师专业发展和自我成长的"助推器"。思广则能活,思活则能深,思深则能透,思透则能明。成功的有效率的教师总是倾向于主动地、创造性地反思他们事业中的重要事件,包括他们的教育目的、课堂环境以及他们的职业能力。一个教师如果仅仅满足于现有经验,而不进行深入思考,那么,即使有20年的教学经验,也许只是一年工作的20次重复,永远只能停留在新手型教师的水准上。教师的反思不是闭门苦思瞑想,而是"在行动中体验,在调控中感悟,在写作中反思"(李镇西语)。其三,要精于研究。教师不应该是"教书匠"、"教育工人",而应是推进教育教学改革乃至发展教育理论的重要力量。教师的舞台不仅在课堂、实验室,还在教育的"思想空间"。教育研究是教师劳动的魅力所在,是促成教师自主专业发展的快车道。教师的研究应以校本行动研究为主,其研究的问题来源于教学,研究的过程贯穿于教学中,研究的目的是为了改进教学,教师的研究应注意"教、学、研"的同步。

五、修养心性,科学调适——享受心灵自由的快乐

教育是心灵的事业,也是良心的事业,教师需要有一点"佛心"与"定力"。精神世界是人的核心,代表着价值体系,极为隐私但又极端重要。面对千姿百态、错综复杂的现实世界,面对车水马龙、灯红酒绿的尘埃浊世,我们不可能像得道高僧那样修炼到"菩提本无树,明镜亦非台。本来无一物,何处惹尘埃"的境界。但在工作生活之余,我们不妨读一点儒、道、佛家的书,以修养心性、净化灵魂;不妨停一停匆匆的脚步,给自己一点时间,给自己一个空间,与自己的灵魂真诚晤对,于沉静中反思梳理,聆听来自心灵深处的声音,给自己的灵魂找一个可以靠靠岸、歇歇脚的港湾。保持心性的平和与澄明,有所为而有所不为,有所求而有所不求,有所坚守而有所舍弃,便能赢得心灵的高贵与自由!

现实生活总有这样或那样的不如意,社会发展总要历经种种波折后螺旋前进,教育的发展和学生的成长更不可能一蹴而就,我们无力扭转乾坤,无法改变教育的大环境,但我们可以改变自己的心态。英国诗人弥尔顿说:"每个人都是自己心灵的主宰,在那片辖地中——你可使地狱中有天国;也可在天国中筑一座地狱。"能让教师过上幸福、快乐生活的法宝,最主要的还是有个好心态。教师要努力修炼自己的阳光心态,以一颗平常之心,活在当下,享受过程,学会宽容,学会移情换位,学会放下,学会感恩,学会自我释放。拥有阳光心态,我们的心每天都会开出一朵小花,芬芳着自己也芬芳着学生,从现在开始,快乐便已与我们结缘!

唯愿每位教师都能在自己的教育生涯中体验青春,投入激情,奉献微笑,彰显个性,积淀智慧,拥抱未来,尽享教育人生的尊严与快乐!

3 强化自我教育
促进教师自主专业发展①

所谓教师自主专业发展是指"教师个体自觉、主动地追求作为教师职业人的人生意义与价值的自我超越方式"。它具有发展需求和愿望的内在性、发展内容的个体性、发展个体的自觉主动性等鲜明特点,强调教师在专业发展过程中的自主、自律与自觉。教师自主专业发展受教师自我发展的动机、意识与能力以及发展的自我评价与自我发展模式的建构等方面的影响。

那么,作为教师主体应该从哪些方面努力来优化自我专业发展的动机,强化自我专业发展的意识,建构自我专业发展的模式,提升自我专业的能力,最终实现自我超越和自我专业发展的目的呢?

一、笃于专业承诺——教师自主专业发展的"原动力"

专业承诺要比一般意义上心理学界定的愿意、喜欢、向往的态度具有更深的意义和更高的境界,它是在教师对自己从事职业的意义与价值的深刻认识与理解的基础上,所形成的携手教育不离不弃的态度、献身教育无怨无悔的决心,并为此而奋斗不息、追求不止的精神。它包括教师的专业认同、专业理想、专业情意、专业性向和自我发展的需要与意识,它是教师专业活动和行为的动力系统,是直接关系到教师去留的重要因素。

长期以来,教师的教育理想、信念、情意、境界与追求往往是

---

① 本文于2007年在教育核心期刊上发表。

在被动条件下形成的,教师的主体精神没能在观念改革上得到同步的提升与发展。在市场经济条件下,在急功近利、浮躁媚俗、物欲横流、一切都速成速腐的世态中,教师往往容易背离专业承诺,迷失专业理想,丧失专业追求,让教育沦为一种普通的谋生手段,从而严重延缓并阻碍了教师的自我专业发展。

那么,教师应该怎样坚定自己的专业承诺呢?

1. 强化职业认同,克服职业倦怠

当一个人对所从事的工作缺乏正确认识时,是不会去想干好它,也不知道怎样去干好它的。一个教师对自己所从事职业的意义与价值认识越深透,对自己的职业认同度越高,便越容易排除外界干扰,克服职业倦怠;便越容易激情投入,工作的积极性、主动性、创新性也越容易得到激活与发挥,自我效能感就越强,自我实现的价值体验也就越丰富。我们感到职业平庸,是因为我们没有丰富它的价值。一般说来,丰富职业的价值,可以采取价值添加法,对教师职业,除了谋生的手段外,还可以加上教学中的游戏价值、情感价值、回归价值(在与学生的交往过程中,使自己回归童年,回归学生时代,永葆童心),等等;也可以采取价值提升法,将职业提升为事业,甚至科学,当职业成为一个人研究的对象时,他就会产生无穷的兴趣,其职业价值和自我人生价值也就大大提高。钱理群教授即使学霸一方,仍然痴情于他的教师梦,是因为在他的心目中始终认为"教学的本质是一种自我发现";魏书生老师始终执著于他的"三尺讲台",不让他上课、不让他当班主任,就等于破灭他对教师职业向往的梦境,是因为他始终认为教育是一项充满创造性的工作,教师的劳动可以收获各类人才、收获真挚的感情、收获创造性的劳动成果!

2. 树立崇高的专业理想

教育是为未来社会培养人才的事业,带有鲜明的理想色彩。

一个人能成就多大的事业,与他的职业理想与抱负密不可分。只有怀揣专业理想的教师,才会对教学工作产生强烈的认同感和投入感,才会主动去提升教育责任感与自我发展的使命感;只有怀揣专业理想的教师,才会对教学工作抱有坚定的承诺,才会致力于改善自身的教育素养以满足社会对教育专业的期望,才会努力提高自己的专业才能和专业服务水准,努力维护教育的信誉与形象。作为一个新世纪的教师,首先,应该树立坚定的教育事业心,认清教师劳动的特点,自觉严格要求自己,淡薄名利,安心从教,开拓进取;其次,要树立促进学生终身发展的职业理想,确立以人为本的教育理念;再次,要树立做创新型教师的职业理想,做课程改革的排头兵和教育创新的主体。

3. 确立正确的自我价值实现尺度

在我们的社会中,人的价值体现在两方面:社会对个人的尊重和满足;个人对社会的责任与贡献。教师对自我价值的衡量也应该从这两方面考虑。作为教师,如果只追求社会对教师的尊重和满足,忽视自身对社会的责任和贡献,不仅难以实现真正的人生价值,还会背离教师职业道德的基本原则,甚至脱离教师岗位;相反,如果更加重视自身对社会的责任与贡献,则容易在此基础上形成坚定执著的教育信念,自觉地将自己的心血与智慧融入到教育工作中,在追求社会价值的过程中体验到自我价值实现的幸福与快乐。

4. 优化专业情意

信念是知与情的合金。热爱是一种主动的推动力,对教育事业的忠诚很大程度上源于教师发自内心深处的对教育的热爱。教师的最高境界是把教育当做幸福的活动,而幸福是行为主体的主观感受与体验,只有与人的内在情感相联系的活动才具有坚实的基础和永恒的活力。能够把教育工作当做一种幸福去追求的人,是不会在奉献中去斤斤计较个人的荣辱得失的,实际上,他甚至不会意识到自己在奉献,而是在教育工作中体验到一种工作的乐趣、生命的充实与精神的愉悦。

5. 努力创造自我新形象

失去自我的工作很容易让人产生厌倦感。有些教师在长期的教育工作中,一心一意为学生,常常在教书育人的过程中迷失了自我。工作的结果,除了学生什么也没有。传统上关于教师是"蜡烛"、"春蚕"的隐喻,就是典型的强调教师的"奉献精神"却忽视教师的自我生命价值。其实,教师在努力"创造学生"的同时,也应努力创造新的自我,真正做到"教学相长"、"与学生共同成长",从而实现自我价值。唯有如此,教师才能体会到教育工作的美丽和自我实现的喜悦;也唯有如此,才能大大增强我们事业的成就感与魅力感。因此,教师在"创造学生"的同时,必须意识到自己也是一个不断发展着的专业人员,要有明晰的自我发展意识和强烈的自我发展使命感,科学规划职业生涯,努力创造自我新形象。

二、善于学习——教师自主专业发展的不竭"能源"

按教师专业发展理论,一个高质量的教师不仅是高起点的人,而且是走向终身学习、不断自我更新的人。教师是有知识的人,知识是其从业的资本,是其开展教育教学工作、设计自我发展的"能源系统"。汽车没有燃油、发动机就不能启动,汽车也就无法奔驰。同样,一个教育工作者,如果没有知识资本,单凭热爱、理想、激情、兴趣,也是难以成就教育大业的。对教师来说,知识资本越雄厚,工作能力就越强,工作绩效也越高,自我专业发展的后劲也越足。持续有效的学习是教师获取厚实的知识资本和不竭的能源动力的最为有效的途径。教师的职业特点和工作性质决定了学习应该成为教师的一种生活方式与生命状态。有学者指出:"教师是天生的职业读书人、职业学习者。活到老学到老,方可为师……不读书,就意味着非专业状态。"学习,不仅能丰富教师自身的文化底蕴,使其更具文化眼光;更为重要的是能使教师内心变得开放、鲜活、细腻和丰满,使其具有不断增长的分享的内在需要,从而克服职业倦怠,使教学永远充满活力和内在的感染力。学习是教师走进学习化社会并赢得竞争主动权的最佳砝码,教师的专业成长与成熟更离不开学习,正如《学会学习——未来人的生存方式》一书中所说,"在未来,你拥有的唯一持久的竞争优势,就是有能力比你的竞争对手学习得更快"。

1. 教师学习的特点

作为教师,不仅要勤于学习,更要善于学习。为此,我们首先要了解教师学习的特点。教师的学习不同于学生的学习。著名学者迈克·富兰曾说:"当教师在学校里坐在一起研究学生学习情况的时候,当他们把学生的学业状况和如何教学联系起来的时候,当他们从同事和其他外部优秀经验中获得认识,进一步改进自己的教学实践的时候,他们实际上就是处在一个绝对必要的知识创新过程中。"这种知识创新的过程就是教师的学习过程,它体现出教师学习的鲜明职业特征和时代特征:教师的学习应该是以问题为驱动的行动学习,以案例为支撑的情境学习,是在实践经验之上的反思性学习,是以主体建构为追求的研究性学习,是以群体为基础的合作学习。教师的学习常常与自己的工作、与工作中的问题、与自身的专业发展紧密相连,教师应该努力使学习工作化,工作学习化。

2. 教师学习的内容

教师学习的视野要尽可能宽阔一点,以适应不断发展着的教育教学的需要。

(1)学习本专业和学科教育方面的系统知识与前沿成果,夯实专业基础,努力使自己的专业知识向纵、横两个维度延伸拓展。

(2)学习教育学、心理学方面的系统知识和最新教育理论、课程改革的核心理论与前沿动态。理论修养是一个教师最重要的素养,教师必须抱着"领先一步就是领先一个时代"的信念,从更新理念入手,系统地掌握教育学和心理学的基本原理和原则,了解学生身心变化和发展规律;领会现代教育理念和国内、国际教育改革的最新动态与前沿信息。

(3)掌握一些跨学科、跨行业的知识,不断完善自身的知识结构和能力结构。任何一门学科教育的外延都是广阔的。新课程强调课程综合化,强调各科之间的沟通与融合,大量新内容的出现对教师的知识结构提出了巨大的挑战。这就要求教师全面拓展个人的各方面修养,不断完善知识结构和能力结构。理科老师应读一点文科方面的书,文科老师应读一点理科方面的书,此外,还可以有选择地读一些企业管理、人际交往方面的书籍,将先进的企业管理理念与和谐的人际交往技巧渗透到教育教学管理与实践中。实践证明,一个期望享受职业和事业的教师应该朝"教育专家+杂家"的方向发展。

(4)熟练掌握现代教育技术和手段,努力提升自己的信息素养。

(5)多读一些经典名著,多读一些滋养心灵、温暖生命的书。除精深的专业知识外,广博的文化视野、前瞻的交叉学科知识、一定水平的文学素养、一定层次的思辨能力等都是构成学科教师"厚积"的非专业人文素养的基础。"教师的自由阅读是根,它滋养着教育艺术的枝和叶。"我们倡导教师在一天的工作之余,在寂静的夜晚,能平静从容地遨游于书籍之中,如鱼之在水一般逍遥,如鸟之在林一般自在,追求一份自得其乐的闲情,营造一种充足舒适的逸致。

3. 教师学习的方式

教师学习的领域和方式灵活多样。教师可以向书本学习,向同行学习,向专家学习,向学生学习,向生活学习,向自己学习;教师可以通过阅读、写作、观摩教学、参与课题研究、承担专题讲学、参加各种学术会议、外出参观考察等多种形式展开学习。

当然,教师最经典的学习方式还是阅读。阅读是我们获得思想资源最为重要的途径,也是我们眷注内心的最诗意的方式。高尔基说:"读书,这个我们习以为常的过程,实际上是人的心灵和上下古今一切民族的伟大智慧相结合的过程。""我读书越多,书籍就使我和世界越接近,生活对我也变得越加光明和有意义。"读书是教师的看家本领。读书之于教师,就像练声之于歌手、打靶之于枪手,必须融入到教师的日常生活中去。惟其如此,教师才能以自己的书卷之气,去熏陶感染学生,使之热爱读书,与书为伴,成为未来书香社会的读书人口。

此外,作为现代教师,尤其应建构"基于网络"的自主学习模式,学会在网上探究、交流、分享,并利用现代网络技术进行资源管理。

三、勇于实践——教师自主专业发展的"源头活水"

教育教学实践是教师在职场中的主要实践活动,是问题产生的"场",也是问题解决的"场"。尽管教师自我教育、专业发展的途径很多,但任何一个途径都离不开教师的岗位实践。教师专业发展最重要、最有效的途径是坚持不懈地在本职工作岗位上、在教育教学实践时、在教研教改探索中不断地迎接挑战、超越自我。学校的教育教学活动是一种极其复杂的社会性实践活动,任何教育教学事件都是多种因素交汇作用的过程和结果,每个教育教学活动发生的现实情境都是不尽相同的,教育的主客体及其相互关系也是在不断变化着的。"教师正是在这种不确定的、疑惑的、困顿的、多种可能的、多种选择的教学生活中亲自'寻找'和亲自'谋划',进而获得真实的教育体验,形成属于自己的'个人实践性知识',教师的专业水平也因此获得相应的提升。"教师对教育教学情境的敏锐观察与判断、对教育教学问题的清晰认识与透彻分析、对学生状态和心态的准确把握、对突发事件的恰当处理等教育智慧均来自于教师的教育教学实践活动。教师是在教育实践中学会教育技能,形成教育机智,体验教育幸福的。许多享有声誉、卓有成就的教育专家都是在自己平凡、创新而又富有智慧的教育教学实践中成长、成名的。苏霍姆林斯基、陶行知、叶圣陶等教育大家,始终都将自己事业的根基稳稳地深植于教育、教改实验这一沃土中;被誉为"中国式的苏霍姆林斯基"的李镇西老师即使博士毕业,仍然执著于他的"充满精神历险"的中学语文课堂和洒满阳光馨香的班主任工作,为此他毅然放弃了令人眼馋的教科院的工作,欣然回到他的"三尺讲台"。从《爱心与教育》《走进心灵》《教育是心灵的艺术》《从批判走向建设》到《民主与教育》《怦然心动》《教有所思》《听李镇西老师讲课》,鲜活、丰富、充满激情与智慧的教育教学实践成了他行动研究和灵性生长的源头活水。

教师在自己的教育教学实践中,要积极探索,勇于创新,而不是因循守旧,机械重复。教师应大胆地参与教育实验,革新教育教学方法,建构个性化的教育教学模式,积极探寻先进理念转化成教育教学行为的实施策略与方法。

四、勤于反思——教师自主专业发展的"助推器"

1. 教学反思的内涵与意义

教学反思是指教师以自己的教学活动为思考对象,对自己的教学决策、教学行为以及由此产生的结果进行审视和分析的过程。教学反思是教师激活自己隐性的教育思想与理念、提升教育智慧、进行教育创新的必要环节和有效途径,是教师专业发展和自我成长的"助推器"。思广则能活,思活则能深,思深则能透,思透则能明。美国心理学家波斯纳提出教师专业成长的公式:成长 = 经验 + 反思。成功的有效率的教师总是倾向于主动地创造性地反思他们事业中的重要事件,包括他们的教育目的、课堂环境以及他们的职业能力;相反,如果一个教师仅仅满足于现有经验,而不对经验进行深入思考,那么,即使有"20年的教学经验,也许只是一年工作的20次重复,永远只能停留在新手型教师的水准上"。

2. 教学反思的内容

依据教师工作的对象、性质和特点,反思的内容结构一般都可以从三个方面去把握,我们把它们归纳为:两个思考层面,三个内容要素,四个基本问题。

(1)两个思考层面:教师的反思通常应当在理念与行动两个层面展开:①通过反思发现自己已有理念(理论)同先进理念(理论)的差距,以先进理念(理论)纠正对问题(现象)认识上的偏差,使自己行动目标和行动策略的选择符合先进理念(理论)的要求,以增强行动的合理性;②通过反思发现自己的行动效果同行动目标之间的差距,调整与优化自己的行动方式,以提高行动有效性和目标达成度。

(2)三个内容要素:对既往教育实践过程及情境的回顾;对既往教育实践过程中自身认识活动(包括对问题、情境和信息的理解,行动动机与策略选择,效果判断以及情感体验等)的回顾;对既往教育实践活动以及伴随该实践过程的认识活动,从不同的角度重新思考与认识,这是反思的主要部分。在实际的反思中以上三者是交织在一起的。

(3)四个基本问题:我为什么做我所做的?我为什么这样做我所做的?我这样做的效果怎么样?我应当怎样进一步做好我所做的?

3. 教学反思的方法

教学反思的方法丰富多样。根据反思手段的不同,反思可分为录像反思法、录音反思法、日记反思法;根据反思主体的不同,反思可以分为集体反思法、对话反思法和个人反思法;根据反思内容的不同,可以分为专题反思法和综合反思法;根据反思指向的不同,可以分为理性分析法和实践修正法。

我们应该让反思渗透到教育生活的每一个环节,并使之成为一种职业习惯,以有效地推动自身的专业发展。

五、精于研究——教师自主专业发展的"快车道"

苏霍姆林斯基说:"如果你想让教师的劳动能够给教师带来乐趣,使天天上课不至于变成一种单调乏味的义务,那你就应当引导每一位教师走上从事研究的这条幸福的道路上来。"教师不应该是"教书匠"、"教育工人",而应是推进教育教学改革乃至发展教育理论的重要力量。教师的舞台不仅在课堂、实验室,还在教育的"思想空间"。教育研究是教师劳动的魅力所在,是促成教师自主专业发展的快车道,是专家型教师与普通教师的根本区别之所在。一个教师只有走教学与研究相结合的道路,才能将教育教学工作提升到一个新的境界。一名优秀教师,应该既是教学能手,更是科研先锋。

1. 中小学教师教育科研的价值取向

中小学教师搞研究,是有别于专职教育科研工作者的研究的,它是一种实践性的研究。在教师开展研究的价值取向上,需要强调以下几点:(1)教师的研究,要以"解决实际问题,改进实际工作,优化教学效果,提升教学水平"为直接目的;以"转变教育观念,强化理性意识,端正研究态度,提高研究能力"为间接目的;以"促进学生、教师和学校共同发展"为终极目的,不能为"研究"而"研究"。(2)问题始终是研究的起点。研究从自己工作中产生的问题开始,这是教师研究的一个基本的准则。(3)教师的研究,不是纯粹的理论研究,而是基于学校、在实践中的研究,也就是说,边实践边研究,边研究边实践。

(二)中小学教师教育科研的主要方法

基于教师专业发展的教师研究的类型,主要有如下三种。

(1)行动研究。这种研究的问题来自教育实践,目的是为了改善教育实践,并在教育实践中实施研究。

(2)叙事研究。它是以讲故事或类似讲故事的方式,陈述自己在教育活动或教育经历中已经过去或正在发生的事件,逐步展开剖析、反思,揭示内隐于这些事件背后的意义和观念,并提出改进措施,寻求教育规律。其特征是通过故事叙事来描述人们在自然状况下的教育经验、教育行为、个体化的实践性知识,促进人们对教育的理解和解释。

(3)案例或课例研究。它主要以"问题或任务比较典型、教育过程曲折多样、取得显著效果或经验教训、发人深省的课堂教学实例或学生教育实例或管理实例"作为"案例",展开分析、讨论、研究。

六、乐于交流与分享——教师自主专业发展的"立交桥"

随着教师专业发展理论研究领域的重心从群体被动专业化转向教师个体的主动专业发展,教师专业发展被归纳为三类取向,即:"理论取向"——提高教师专业水准的重点是"使教师拥有更坚实的理论基础,重视理论知识的获得";"实践—反思取向"——关注教师的实践,促发教师的反思,依赖于教师个人或合作的"发现";"生态取向"——强调教师在学校的文化背景中,依赖群体合作,在教师的相互作用中获得发展。显然,"生态取向"的教师专业发展选择了一条"基于教师经验交流与分享"的合作学习的途径。

乐于交流与分享是教师不断自我超越和自主专业发展的"立交桥",它引领教师跳出自己对某些问题的思维定式或滞塞,多视角、多维度地思考问题,全方位、多途径地寻找解决问题的出路。教师之间在知识结构、智慧水平、思维方式、认知风格等方面存在着明显差异,即使执教同一课题,不同的教师在教学内容的处理、教学方法的选择、教学整体设计方面也会存在明显的差异。这种差异本身就是一种宝贵的教学资源。通过互动研讨、交流分享,教师们可以相互启发、相互补充,尤其是在思维、教研、智慧上的相互碰撞,进而产生"1+1>2"的效果。所以,教师的自我提高要善于从集体思想的源泉中吸取营养,而教师本人也要乐于把自己思考的结果、问题疑难提交给集体来研究。通过集体备课、案例分析、专题研讨、主题论坛、教学沙龙等方式来解决实施教学活动中所遇到的问题,实现知识和经验的互补,实现信息与资源的共享,实现教师专业水平的共同提高。

尤其值得一提的是,随着社会的进步,电子时代的迅速发展,互联网向教师敞开了一个更为广阔的世界,提供了一个更为便捷的交流与分享的渠道。网络交流与分享缩短了信息传输和人际交往的时间和距离,使教师能够与来自不同文化和不同共同体的成员相互交流,让教师得到更加多元化的知识,更加注意到自身和他人的新视点,同时使教师的思维和推理过程更加可视化。教师在网上的交流可以利用 E-mail、聊天室、留言板、视频会议系统、QQ、BLOG、MUD、CSCL 等方式进行。另外,教师可以在网上采取"问题探究"、"微型案例交流分享"、"科研沙龙"、"成果总结展示"等栏目形式展开交流。

叶澜教授曾说:"教师,是一种使人类和人类的一份子的自己都变得更加美好的职业,是一种使每个从事并愿尽力做好这份工作的人不断去学习、充实和发展自身的职业,是一种不仅具有越来越重要的社会价值,而且具有内在尊严与欢乐的职业。"愿我们每位教师在自己的教育生涯中,都能笃于专业承诺,善于学习,勇于实践,勤于反思,精于研究,乐于交流与分享,以此最大限度地充实自我,提升自我,发展自我,超越自我,实现自主专业发展,并充分体验作为一个教育人的尊严与欢乐!

4 新课程背景下班主任角色新构与专业成长[①]

当今社会,知识经济扑面而来,网络技术飞速发展,西方文化和中华文化激烈碰撞,传统教育和现代教育新旧交替,尤其是新一轮基础教育课程改革顺应世界范围内"以学生发展为本"的教育改革潮流,提出了使学生"在普遍达到基本要求的前提下实现有个性的发展"的目标和"一切为了每一位学生的发展"的崭新理念。新的时代,新的挑战,作为育人主角的班主任必须充分认识新时代赋予班主任角色的新内涵,不断反思,更新观念,注重角色新构,走向专业成长。

一、由规范限制型走向引导促进型

毋庸讳言,传统教育意义上的班主任在班级管理工作中重点关注的是学生的学业成绩与智力发展,学生只要成绩好,便能"一俊遮百丑";过于强调班集体与学生的共性,突出采用各种纪律与行为规范限制学生,经常要求学生"只能这样""不能那样"。这样的管理对于学生形成良好行为、矫正不良习惯、提高学业成绩固然能起一定的积极作用,然而新课程背景下的班主任不能仅满足于此。新课程强调"教育是对生命发展的一种达成","教育应回归生活,教育应尊重生命","教育是为学生的终生发展作准备"等崭新理念;知识经济时代对人的素质提出了更高的要求,诸如独立、进取、创新、热情、合作、负责、自信、勇

[①] 本文于2008年在教育核心期刊上发表。

敢、刚毅、效率……新时代的学生眼界开阔,见多识广,社会上形形色色的事物以及开放多元的生活方式、道德观念和思想意识等通过各种渠道展现在天真烂漫的学生面前,他们并非一张白纸,对许多问题都有自己的想法与看法。新的形势向班主任提出了新的研究课题与新的挑战,班主任必须主动转变角色,由传统的规范限制型转向引导促进型,积极承担起学生生命成长与个性发展的导师的责任。在教育工作中做到高瞻远瞩,着眼于社会未来以及个体发展的要求,重视教育功效的未来性;大力加强素质教育,不断提高学生的思想道德素质、意志行为素质、审美情感素质;加强学生终身学习能力和创新精神的培养,使他们具有可持续发展性。

1. 班主任应成为学生情感态度价值观发育的引领者

情感态度价值观是学生全面发展的重要内容,对学生进行情感态度价值观教育是班主任工作的重中之重。班主任有责任帮助学生在寻求社会需要与满足自身愿望之间保持有益的张力,应特别注重引导学生树立正确的人生观、价值观、道德观与审美观,培养他们珍惜时间、讲求效益、遵守信誉、善于合作、勇于竞争的现代意识,引导他们走自我激励、自我教育、自我完善与自我超越的道路。当然,儿童少年的思想觉悟是内隐且不定型的,班主任的教育要想达到最佳内化的效果,一方面要使教育能拨动学生的心弦,触动学生的心灵,做到春风化雨,润物无声;另一方面,要以自身的角色完善为保证,注重以身示范,人格感召。

2. 班主任应成为学生学习能力提高的促进者

班主任的班级管理能对学生产生全面的影响作用。北京师范大学刘红云博士认为,班主任班级管理效能越高的班级,更容易使学生养成良好的学习习惯,对待学习形成积极有效的策略与态度。班主任应经常组织学生围绕"如何科学有效地学习"这一主题展开交流与研讨,结合具体案例谈方法与见解,提出提高学习效率的策略与要求,同时将自己多年来的学习方法、独特的学习感受及学科学习的特长坦诚地与学生交流。不断激发学生的学习兴趣,刺激他们的思维兴奋点,鼓励学生自主学习、自觉学习,努力促成学生由"学会"到"会学"、由"会学"到"会用"、由"会用"到"会创"的转变。

3. 班主任应成为学生个性化发展的扶持者

新课程强调现代教育不再是"选择适合教育的学生",而应该是"创造适合学生的教育",关注学生的个性发展,班主任是关注学生个性化发展的"重要他人"。朱小蔓教授认为,班主任管理的最大效益是一个个活生生的人性的展开……班主任的水准越高,班上学生的个性就会得到越丰富的展现和越充分的发展。可见,张扬学生的个性是班主任工作的重要部分,班主任应秉承"教育更多的是一种发现、唤醒、激励、感召"的理念,在教育管理中尽量避免过多强调"统一规格、统一模式",应着眼学生的个体差异,发掘学生的个体潜能,让每位学生的个性都能得到自由充分的发展,进而让每位学生都能获得个性化的成长。

4. 班主任应成为学生生命成长的精神关怀者

对学生的"精神关怀"是由"以人为本"的教育的本质决定的,是教育人性化的表现,它准确地反映了班主任劳动的性质:班主任所从事的是以心育心、以德育德、以人格育人格的精神劳动;班主任对学生应充满关怀、爱护的感情,以精神关怀去培育学生的关怀精神。作为"精神关怀者"的班主任,对学生应从"知识本位"的教育转向"人本位"的教育,不仅关心学生的学习成绩,更重要的是关心他们的内心世界,关心他们的情感、情绪,关心他们的精神生活;不仅关心他们当前的精神生活与心灵自由,更关心他们选择什么样的发展方向,关心什么样的生活道路更适合他们的发展、更能让他们的心理潜能得到充分的发挥。

二、由权威压服型走向民主对话型

师生关系在深层意义上说是师生间思想交流、情感沟通、人格碰撞的社会互动关系。艺术地把握这种关系,需要教师加强与学生之间的相互理解、相互沟通、相互协商、相互宽容。苏霍姆林斯基说过,"不理解孩子的内心世界便没有教育文明"。中学阶段是学生世界观、人生观、价值观正在形成而尚未定型的时期,他们在这一阶段有着丰富、复杂、易变的精神世界,特别需要他人尤其是班主任老师的了解与帮助。可反观我们的传统教育,班主任在班级管理中拥有绝对权威,学生对老师的话只能听而不问,信而不疑。权威型班主任培养出来的学生,学会了"绝对服从"和"看班主任眼色行事",他们固然守纪、顺从(可能只是表面),但常常亦步亦趋,依赖性强,独立性差,缺乏主动性,更谈不上具有时代所要的创新精神。另一方面,新时期的学生知识面广、视野开阔、思维活跃,具有更强的自我独立意识、公平竞争意识、民主开放意识;他们"崇尚自我,张扬个性","追求平等,勇于竞争"。这就要求我们的班主任放下所谓"师道尊严"的架子,抛弃"绝对权威"的角色形象,代之以"对话者"、"交流者"、"参与者",以至爱的情感、平等的视角、交友的心态去对待学生;在班级工作中充分发扬民主,讲求"参与效应",让学生在班集体中自由表达、积极参与,充分意识到自己的存在和价值。

1. 班主任应成为智慧的"爱心大使"

谈及班主任工作,人们首先想到"爱",认为"爱"是做好班主任工作的前提,"爱"要贯穿班主任工作的全过程。这诚然是对的。但我们认为,对班主任而言,单有爱是远远不够的,"爱"是手段,而非目的,还必须用智慧来为爱编码,"让爱智慧",班主任应做一个智慧的"爱心大使"。班主任的智慧之爱包含着丰富的内涵:①"爱生如人",即把学生当"人"看,而不是"盛装知识的容器",更不是"自己晋职升迁的台阶",学生就是他自己,有自身独特的生命内涵和成长过程,是一个值得敬畏的独特生命个体。在教育中遵循学生的自然成长秩序,尊重他们的人格与差异,真正做到因材施教。②"爱生如生",即把学生当"未成年人"看,不"凌节而施",不"埋怨学生的无知",不"抱怨学生的犯错",正确理解"犯错也是学生成长的一种方式"。③"爱生如友",即把学生当"朋友"看,不居高临下,不熟视无睹。在教育中通过民主协商的方式来管理班级,和学生建立深厚的友谊。④"爱生如子",即把学生当自己的孩子看,细心呵护,辛勤养育,严慈相济。⑤"爱生如己",即像爱自己一样爱学生,在工作中尝试换位思考,设身处地地为学生着想,相信学生成长过程中的偶然性与随机性,激发学生自身的成长需要。

2. 班主任应成为理智的"宽恕者"

"想弟子贤,凡事要留余地;虽情理正,为人不可十分。"班主任的宽恕,是学生跋涉于书山学海途中的温暖阳光与无边蔚蓝。宽恕学生一时的过失与冲撞,宽恕学生不同的价值取向和张扬的个性。当然,这种宽恕不是放任自流,更不是放纵。如果教师一味面慈心软,对学生疏于管理,致使学生纪律松散,无所顾忌,这是软弱无能的表现。作为教师,在拥有宽容的同时,还应该做到:原则问题不让步,是非面前不糊涂。宽容是智慧的善良,是悟透人间之难的觉醒,是对人类的爱和信心,是睿智,是勇敢,是寂寞冬夜里飘然而来的春风!依我之体会,宽容更是一种实事求是的教育精神,教师的宽恕是与教师对学生的真爱紧密相连的。

3. 班主任应成为班级活动的设计者和参谋长

新课程理念下的班级管理提倡自主化。"自主化的班级管理"是指在创新教育理论的指导下的教师自主管理班级、学生自我管理自主发展、以培养创新型人才为价值取向的教育管理实践。因此,班主任要把班级管理的立足点从以树立绝对权威为目的的直接管理转移到以促进发展、展示个性为价值取向的设计管理上来。作为设计师的班主任,首先应有先进的教育理念和政策水平,能将新课程的整体培养目标化解为班级目标,并具体化为每个学生成长的个体目标;应具有运筹帷幄的设计谋略,从新课程的结构框架和实施途径入手全面设计班级的管理运行模式和组织机构;应具有平等民主的设计理念和方式,将所有学生都集合到兵团作战的行列中来;应具有兼收并蓄的气度和胸怀,善于从现代化、国际化的视角来审视和反思班级设计的全过程,全力打造一流班集体。班集体设计的过程也是学生自我完善、不断成长的过程,成长中的学生常常会面临人生的困境与迷茫,这就需要班主任成为学生成长过程中忠诚的参谋长,能及时疏导学生的烦恼,激励他们的斗志,张扬他们的个性,让学生体验到的不仅仅是智者的风范,更是一种携手同行、共同面对的美好人生历程。

4. 班主任应成为学生的"特别朋友"

既为"朋友",便不离善意的相处;所谓"特别",便是比与学生同龄的朋友更具成熟之意。一个朋友,容易让学生亲近;一个特别的朋友,才能让学生受益终生。班主任工作中不乏与学生的个别谈心与交流。这时,除了正面直接开展工作,班主任更应该是一个良好的倾诉对象。现代的学生以独生子女为主,他们更习惯于张扬自我而不是被动接受,所以给他们说话的机会并重视他们的发言,再进行对症的教育,显得尤为重要。因此,班主任在与学生的交往中,应扮演好一个智慧的倾听者的角色,给学生营造一个畅所欲言的空间,同时给予他们必要的、智慧的引导。

三、由经验事务型走向反思研究型

传统意义上的班主任,往往过于囿于具体、琐碎的事务而将自己弄得狼狈不堪、精疲力竭,其工作往往以经验为主,凡事从做中学,在摸索中前进,处理班级事务皆以经验为准,更以向老教师讨教经验为荣,没有时间"抬头看路",没有空闲深入反思。"脚踏实地"有余,"仰望星空"不足。其实,班主任工作应是科学性与艺术性的高度统一,是教育原理与教育机智的有机融合。

新课程背景下要优化班级管理与教育工作,班主任必须善于学习,勤于反思,精于科研,做"研究型"班主任。

1. 班主任应是一个善于学习者

面对班级工作中的种种挑战与班主任工作的诸多不适应,班主任只有通过持续不断的学习来提高自己的理论修养与实践智慧,才能收到事半功倍的效果,否则就可能成为忙碌不堪的"救火队长"。当然,班主任的学习不全同于学生的学习。班主任的学习应该是以问题为驱动的行动学习,以案例为支撑的情境学习,是在实践经验之上的反思性学习,是以主体建构为追求的研究性学习,是以群体为基础的合作学习。班主任的学习常常与自己的工作、与工作中的问题、与自身的专业发展紧密相联。班主任应该努力使学习工作化,工作学习化。班主任学习的领域和方式灵活多样。班主任可以向书本学习,向同行学习,向专家学习,向学生学习,向生活学习;可以通过阅读、写作、观摩、参与课题研究、参加各种学术研讨会议、外出参观考察等多种形式展开学习。当然,班主任最经典的学习方式还是阅读。在班主任读书的问题上,我们认为怎样读比读什么更为重要。班主任的阅读,不能仅停留在浏览、消遣上,更要关照"教育",关照"学生",关照"教育现场";班主任的阅读,一定要读出教育的知识,读出教育的思想,读出教育人生的感悟!

2. 班主任应是一个积极反思者

反思是现代教育关于教师专业化成长的一个重要概念,反思能力也是现代教师素质的必要组成部分。美国的教育心理学家波斯纳认为,没有反思的经验是狭隘的经验,至多只能是肤浅的知识。反思来自自我意识的觉醒,成功的有效率的班主任总是倾向于主动地创造性地反思他们事业中的重要事件,包括他们的教育目的,课堂环境以及他们的职业能力;相反,如果一个班主任仅仅满足于现有经验,而不对经验进行深入思考,那么,即使有"20年的教育经验,也许只是一年工作的20次重复"。班主任反思的最好形式是写教育日记。著名教育家苏霍姆林斯基说:"我建议每位教师都来写教育日记……那种连续记了10年、20年甚至30年的教育日记,是一笔巨大的财富。"通过反思去树立先进的教育理念,激发炽热的职业情感,改进教育行为,改善师生关系,提升教育智慧和生命境界,创造新的教育文明,进而享受教育的无限幸福。

3. 班主任应是一个行动研究者

随着基础教育课程改革的深入,"教师即研究者","研究是教师自主专业发展的载体"已经成为共识。面对新课程实施提出的挑战,班主任不能被动地等待别人把研究成果送上门来,而应该紧密结合教育教学实际,立足班级管理与课堂教学,以研究者的眼光审视和分析教育实践中的各种问题,积极进行探究。班主任只有走教育与研究相结合的道路,才能将教育教学工作提升到一个新的境界。也许有老师会说,我们到哪里搞研究?其实我们的班集体,既是应用教育科学的"良田",也是培育和生长教育科学的"沃土",是教育科学的实验室、研究室。班主任以自己的智慧和艰辛研究自己的劳动是一件很惬意的事。中学班主任搞研究的最大特点是教育科研和教育实践的一体化,其研究是以解决教育实践中的重要问题、提高教育质量和效益为目标取向,具有很强的探究性、体验性和针对性;其研究成果的形成和转化过程就是班主任教师自我反思、自我发展、自我超越的过程,就是教师转变教育观念、生成教育智慧的过程。

总之,新课程在班主任行为中生成,班主任在新课程中走向成长。要使每一个受教育者会生存、会生活、会学习、会创造、会合作、肯负责、乐进取,成为身心健康的现代人,这期待着广大班主任的共同努力与自身的专业成长!愿我们每位班主任都能切实更新教育理念,注重自身角色新构,积极承担起时代赋予的神圣使命!

5 用爱心托起明天的太阳①

作为一名教师,我曾千百次登上讲台,但从未像今天这样激动过,望着横幅上的一行大字,我心潮翻滚,思绪万千,耳畔不断地回响着教育大师们关于教育的精辟论述:"真教育是心心相印的活动","教师的事业是爱的事业,只有真心实意爱学生,才能收到春风化雨,昭苏万物的实效"。

确实,对学生有没有爱心,是满腔热情满腔爱,还是半心半意敷衍了事,教育效果是迥然不同的。把心贴在学生身上,才能慧眼独具,发现学生潜在的优势,点燃他们智慧的火花,唤醒他们向上的激情;把心贴在学生身上,才能体会他们学习的难处,理解他们内心的追求,从而找到培养他们的有效途径;把心贴在学生身上,才能意识到自己学识不够丰厚,水平不够高妙,才会不断地给自己加油、充电。

我很欣慰地看到,在我们的队伍中涌现了许许多多"捧着一颗心来,不带半根草去"的名优教师。他们对孩子抱有一颗奉献之心、理解之心、平等之心、责任之心,他们是我们事业的中坚,民族的脊梁!

但假如我们把目光从优秀教师身上移开,移到极少数表现较差的教师身上,便会惊讶地发现,在我们的教育中,爱心还何等的缺失!

---

① 本文为师德演讲材料。

据报载,某中学的一次心理咨询课上,老师要一位同学说出自己的三个优点,那位同学搜肠刮肚,总算找了两个,其中一个竟是"爸妈常表扬我吃饭不挑食,所以长得高高大大",但他马上怀疑地问:"这算优点吗?"老师们,不知您听了这报道将作何感想。一个人看不到自己的优点与长处,不相信自己也不爱自己,他怎能坦然自如地面对他人?怎能感受到生活的充实与快乐?怎能勇敢地面对挑战与机遇?又怎能充分地挖掘生命的价值与潜能?而一个不容忽视的情形是:我们的某些教师似乎特别善于制造心理自卑的学生。不少教师至今仍固执地认为"孩子的优点,不夸跑不了;孩子的缺点,不批改不了"。于是批评、训斥、惩罚充斥着校园,而肯定、鼓励、表扬则被挤到墙头一隅。即使有表扬,也往往流于例行公事、轻描淡写,流于笼统含糊、千篇一律,缺少应有的真诚与爱心,缺少对孩子独到的关注与慧眼的发现。殊不知,正是这学校生活中太多的挑剔、指责与否定,而将学生的自尊、自信与自我形象一点一点地击碎,成批成批地制造心理自卑的学生、思想僵化的学生、循规蹈矩的学生、胆小怕事的学生!

还有些教师骨子里面并没有什么全心全意、精益求精的敬业精神。所以教学中仍然是照本宣科,仍然是我讲你听,仍然是题山题海,仅靠师道尊严来维护自己的威信,仅靠"磨洋工"来提高考试的分数;教育方法则简单、粗糙,只要方便易行,什么招好使就用什么。于是谩骂侮辱学生的现象还很普遍,变相体罚学生的事例也屡见不鲜,甚至动手打人的情况还时有发生。老师们,在这个需要热心、爱心、细心与公心的崇高岗位上,这些求简便、图省事、怕麻烦、把学生看成草木的教师又怎能担负起托起明天太阳的重任呢?

为人师表是对广大教师的高度评价,也是对咱们教师的基本要求。但如今社会,商风一吹,黄沙乱飞,什么丑恶行为都冒出来了,连人们最放心的"堤段",也出现了"管涌"。有极个别教师为学生做一丁点职责之内的事都要家长请客送礼,有位家长为了让老师给近视的孩子换一个座位,竟三次登门送礼才如愿以偿。有位小学生,品学兼优,仅因家长没去老师那儿"表示"过而一直与"三好"无缘,这种爱心缺失、利欲熏心的行为,对教师形象是多么卑劣的玷污,对教师职业是多么严重的亵渎呀!

老师们,千万千万别忘了教师的事业是爱的事业。而师爱是超越了亲子之爱,友人之爱的,因为它包蕴了崇高的使命感与责任感。爱学生,就要真诚地欣赏每一个学生。要做到这一点,就需要我们从传统的师道尊严中走出来,从陈腐的应试教育理念中走出来,用一种全新的眼光看待我们的每一个学生,用心一点一滴地去寻找、发掘甚至放大他们的闪光点,并真诚地给予肯定、鼓励和赞扬,让他们看到自己的优点和长处,让他们获取进步的信心和力量。爱学生,就要拥有一颗奉献之心。甘为蜡烛,燃烧自己,照亮别人;甘为艄公,把学生送到彼岸,把寂寞留给自己;甘为大树,在断路的溪边,弯下挺直的脊梁,让跋涉者从自己身上大踏步地走过;甘为纤夫,在险湍的河谷,俯下高贵的身躯,拉起社会进步、民族繁荣的巨纤!爱学生,就要不断地提高自己的知识水平、业务能力。一个教师只有不断地充实自己、完善自我,让自己学得广博、深透、厚实,才能让学生学得生动、活泼、高效。一个出色的教师一定能成功地扮演好两种角色:学生面前,是带领他们在知识的迷宫中探险的"快乐天使";学生背后,是在书山上艰难跋涉的"苦行僧"——这里,他的生命在默默燃烧,静静涅槃。我以为,这才是爱心的升华!这才是师德的更高境界!从孔子、孟子到蔡元培、陶行知,以至当代的许多特级教师和优秀教师,无一不是这样做的!

长路奉献给远方,星光奉献给长夜。老师们,让我们将青春和智慧奉献给教育,用我们的爱心托起明天火红的太阳!

6 充盈睿智的行动研究
发人深省的杏坛论语[①]
——《静悄悄的革命》导读

一、佐藤学教授简介

佐藤学,教育学博士,日本东京大学研究生院教育学研究科教授,日本教育学会会长,2002年被美国教育科学院授予外国院士称号。他的主要著作有:《开始于教室的改革——看日美教育现状》、《美国课程改造史研究——创造单元学习》、《学习的死与再生》、《神坛上的教师——反思的实践》、《学习的身体技法》、《教育方法学》、《教育时评(1997—1999)》、《设计教育改革》、《静悄悄的革命》、《学习的快乐——走向对话》。其中《课程与教师》、《静悄悄的革命》、《学习的快乐——走向对话》的中译本已在国内出版,并引起广泛关注。

作为"付诸行动"的研究者,佐藤学教授认为"从书中学到的东西固然很重要,但作为一个教育研究者和实践者,更重要的,还是从教学中学习,像能够读懂书本一样读懂课堂里的现实"。近二十年来,佐藤学教授走遍了全日本各地的幼儿园、小学、初中、高中与养护学校,与教师们共同尝试从内部对各类学校进行改革。在学习班中,他推进实现"活动的、合作的、反思的学习";在学校里,他推进构建教师之间互相培养的"合作性

[①] 本文收入海南出版社出版的《新世纪教师必读书目导读》。

同事"的关系;在学校和地域内的联系方面,他推进由监护人参与授课的"参与式学习"实践;他还提出了未来学校的形象——"学习的共同体",在学校里,不仅学生们相互学习、成长,作为教育专家的教师也相互学习、提高,家长和市民也参与学习、共同发展。在东西文化的碰撞、理论与实践的交融中,佐藤学教授探索出了一条适合日本教育改革的道路,对日本的教育改革起到了重要的推进作用。

二、《静悄悄的革命》导读

佐藤学教授的《静悄悄的革命》由华东师范大学李季湄教授翻译、2003年由长春出版社出版。该书在教育界引起了强烈反响,出版后很快又加印了两次,目前销售已逾万册。

和我国的教育大改革一样,日本的学校也正处于一个大"转型"期。学校内外社会和文化的急剧变化正引发一场教室里的"静悄悄的革命"。《静悄悄的革命》正是佐藤学教授以教育家特有的洞察力和探索精神,通过实地考察与亲身实践,融合大量活生生的教学改革实例写成的。该书旨在描述作者曾经访问过、观察过、合作过的日本各地的学校里、教室里正在发生的这场"静悄悄的革命"的状况;通过解读教室里发生的小事情的大意义,引导教师们重新审视每天的教学活动,并以此为切入点向改革教室迈出新的一步。全书共由四个部分组成,前三章是作者近几年来执笔写成的三次连载文章的内容:教室的风景——向创造性学习迈进(全七篇)、改变教学——学校改变(全六篇)、设计课程(全十八篇);涉及学校改革实例的文章汇集成第四章:学校改革的挑战——中小学的实践(全五篇)。

佐藤学教授所说的"静悄悄的革命"指的是"创建学习共同体"的教育实践活动。他认为这种学习活动是创造以相互倾听为基础的教室里的交流,是那些力图实现创造性的、合作性学习的教师间的相互学习,也是让家长参与学校改革、使相互合作得以具体化的联系载体。在书中,他鞭辟入里地指出:"静悄悄的革命是从一个个教室里萌生出来的,是根植于下层的民主主义的、以学校和社区为基地而进行的革命,是以促进教师的自主性和创造性的革命。""这场革命要求根本性的结构性的变化。仅此而言,它决非一场一蹴而就的革命。因为教育实践是一种文化,而文化的变革越是缓慢,才越能得到确实的成果。"这就是静悄悄的革命的本质所在。

在这场变革中,日本的教师也"正在边体验改革过程中的各种混乱状况,边摸索新的学习方式"。乐观的佐藤学教授认为"这种混乱局面决不是坏的征兆",他坚信"改变教学、改变学校的条件决不是遥不可及的","使其实现的条件乃存在于所有的教室中"。于是他融入了学校、融入了教室。他说:"我看过数不清的教室,可以说没有哪一个教室和其他教室飘溢着完全相同的气息,有着完全相同的问题。""忽略教室的多样性和在其中发生的事情的固有性,仅一般性地议论教学是非常空洞而没有意义的。"在本书的第一部分"教室里的风景——向创造性学习迈进",佐藤学教授重在揭示教室里发生的小事情的深刻内涵,引导教师反思,并以此为切入点,深化教室里的改革。

首先,他反对教学中的形式主义。他认为在教学改革中有将学生的主体性绝对化的倾向,他称这一倾向为"主体性神话",即将学生与教师的互动、与教材以及学习环境等割裂开来,让教育仅仅成为针对学生的需要、愿望、态度等学生自身的性格取向来进行的神话,成为把学习理想化为只由学生内部的主体性来实现的神话。这种主体性便成了"我行我素"。他说:"在笼罩着'主体性神话'的教学中,尽管学生不断地回答'是的!''是的!',表面看起来非常活跃,而实际上学生学习的内容杂乱,学习的质量低下,教育被表面化了,陷入了浅薄与贫乏。"真可谓一针见血!

进而,他分析了产生虚假主体性的温床——教学中的形式主义。首先是"手势"教学,他说:"让学生表现虚假主体性的教室很多,其中最常见的是利用手势进行教学。"他认为手势教学把"教室里的相互对话与日常的相互对话割裂开来,使其成为人为的游戏",其后果是割舍了学生思考与情感的多义性、复合性。而佐藤学教授认为在教学中"价值最高的也许恰恰就是这种模糊的、多义的意见"。手势教学更大的问题是应用此法的教师似乎有一个牢固的信念——认为思考或意见都应该清晰地发表出来。而实际上,在学习中,"不确定的思考和表现往往在创造性的思维与活动中更能发挥威力"。除"手势"外,他认为追求虚假主体性的教师的意识和由此产生的教学形式主义几乎渗透了教室的每个角落。他犀利地指出,其原因在于"教师意识深处的与学习活动或内容无关的、想轻松方便地控制教室维持秩序的欲望";他温和地劝诫教师:"允许进度慢一点,允许学生发言模糊一点",因为"自己站在教室里是在和学生一起共度一段愉快的时光"。

佐藤学教授一直梦想着师生共度愉快时光的课堂,他把这种课堂称为"润泽的教室"。接着,他便描述了"润泽的教室"的特点,并探讨了实现"润泽的教室"的方法与途径。

他是这样解释"润泽的教室"的:"教师和学生不受主体性神话的束缚,大家安心地、轻松自如地构筑着人与人之间的关系,构筑一种基本信赖的关系。"他认为"润泽的教室"应以"被动的能动性的对应"为基础而开展起来。教也好,学也好,都应该是以"对应"的应答性活动为中心来组织。他强调,在教室的交流中,倾听远比发言更加重要;只有当倾听能力培养起来后,课堂的言语表达才会变得丰富起来,各种思考和情感才能实现真正意义上的相互交流。因此,我们应当努力追求相互用心倾听的教室,而不仅仅是发言积极热闹的课堂。他始终倡导"活动的、合作的、反思的学习",将"学"置于教学的中心,并千方百计地促进交往。为此,他提出"交响乐式"的教学主张。他说:"对教师来说,每个学生的想法和头脑中的表象都相互碰撞、呼应起来的'交响乐'本身,乃是教学的最大乐趣所在。"在交响乐式的教学中,每个学生之间富有内涵的相互学习能否开展起来,是与教师能否尊重学生微妙的个别差异、能否洞察其差异间相互学习的可能性分不开的。因此,他强调教师要耐心并善于倾听"异向交往"的话语。

　　佐藤学教授认为学校的改革是一个系统工程,包括学习的改革、教学的改革、课程的改革、教研制度的改革、经营管理的改革以及与地方的合作等课题;但是,为了让学校从内部开始变化,最为重要并且是中心的课题,是围绕创造性教学和教研制度形成作为专家的教师们之间互相培养的"合作性同事"(Collegiaty)之间的关系。在本书的第二章,佐藤学教授围绕如何形成"合作性同事"关系重点探讨了校本教研与校本培训的意义与实施。他说,"要改变一所学校,需要不断开展校内教研活动,让教师们敞开教室的大门,进行相互评论,除此以外,别无他法"。首先,要在校内建立起所有教师一年一次的、在同事面前上公开课的体制。其次,要不断充实教研活动。他认为过去的教研活动,只是追求"做过了""做完了"的充实感,大多是事前花几个小时来讨论与准备,事后却只用短短几十分钟议论一下就结束。"这种防御性姿态,以及观摩者对授课教师评头论足的研讨方式必须改变",代之而起的应是开展事后对教学过程的反思,针对教学实例进行相互研讨;研究的目的并不在评价课上得是好还是坏,而是让大家一同分享授课中的困难和乐趣所在。授课过程中的突发事件是极其复杂的,教育研究者必须读懂看起来单纯的事件背后所隐藏的复杂性。进而,他提出了开展校内教研活动应遵循的三个原则:对应学生的教学,围绕学生的学习实况和教师的应对展开研讨；创设以听为中心的教室，建立起相互倾听的关系；开展教师持有自己明确的课题的教学研究。为了能让教研活动成为核心，让学校最终成为"以创造性教学为中心、教师之间相互学习共同成长"的地方，佐藤学教授还提出应简化学校的组织机构，学校应向社区开放，让家长与市民参与到授课和学习活动中来。

　　本书第三章"设计课程"，主要阐述了佐藤学教授全新的课程观，剖析了综合学习实践中存在的问题与实施策略。他认为，一个要求学校具有独立性、教室具有个性的时代已经到来，而表现这种独立性和个性的，就是课程。21世纪的教师应具备创造学习型课程的才能，这是教师专业能力的核心所在。然而，在日本的现实中，课程的概念被误解了，将之等同于教育目标的展示图或教学大纲的一览表。佐藤学教授认为"课程"是"学习的轨迹"，也是"学习的履历"。"创造课程"并不是制订"目标"或"计划"一览表，而是要实际创造学习的经验；课程并不是在办公室里或教研室里创造出来的，而是在教室里慢慢创造出来的。"创造课程"可以通过三种活动来进行：一是学习经验的"设计"，二是创造学习经验的"教室实践"，三是对这种学习经验进行"反思和评价"。他倡导教师在"创造课程"时，应以"学的课程"为中心来进行设计，而不是像传统的教育课程那样以"教的课程"为中心来进行。具体地说，就是要把和物象的接触与对话、和学生的接触与对话、和自我的接触与对话作为单元的单位，放在"主题·探究·表现"的模式中加以设计，以实现"活动的、合作的、反思的学习"。

　　接着，佐藤学教授对正在成为"静悄悄的革命"的舞台的综合学习活动进行理性的剖析与深刻的反思。佐藤学教授认为，在日本，围绕"综合学习"的议论与实践之所以出现浮躁的现象、陷入极度的混乱局面，与教育宣传媒体、教育评论家以及教育学者的言行有极大的关系,但更为深刻和本质的是对"综合学习"理解混乱的教师根本没有想亲自与学生一起研究现实中的主题和内容。佐藤学教授认为,综合学习有别于学科学习,它是一种从现实出发的,强调学生的自主、合作、探究的,没有正确答案的学习。设置综合学习课程的意义,主要在于进行公民教育和学习"学习"方法。综合学习能否成功,取决于教师自己能否和学生一起共同愉快地学习,以及作为设计师的教师是否具有"能基于事实进行探究"的素质。

佐藤学教授将涉及学校改革实例的文章汇集而成书的第四章——"学校改革的挑战——中小学的实践"。主要介绍了郡山市金透小学"培育相互学习、共同成长的关系"的实践;小千谷市小千谷小学勇敢地开放教室、开放学校,让校外人士参与学习,向学校的未来挑战的实践;福井大学附中一步一步艰难而坚定地迈向"相互探究、创造、表现的共同体"的实践;长冈市南中学在教改中如何由沉默走向对话、由对话创造出新的学校文化的实践以及茅崎市浜之乡小学走向"学习共同体"的实验摸索。

三、简要评价

上海市北郊中学郑杰校长称《静悄悄的革命》"是一本没有大理论大叙事的小书",全书"用最平实的语言讲述着教育的真理"。本书的译者在序言中对作者、对本书给予了高度的评价:"我被佐藤学先生的研究态度所感动,被日本同行所碰到的与我们共同的实际困难及他们认真、朴实、讲究实效的教研活动和教学实践所吸引,被书中深入浅出地阐述的课程观、教学观、教师观、师生互动观所启迪,被作者对教学中的形式主义的鞭辟入里的批判所震动。"笔者认为这本小集子凝聚着作者20多年行动研究的睿智结晶,不愧是一部发人深省的杏坛论语!书中对诸多教育实例的剖析和评述对我国现行的教育改革、对教育理论研究者、对基础教育一线的教师来说都是颇有启示的。教育的魅力何在？怎样把学校建成"学习共同体"？怎样有效地开展教研活动？怎样实际而有效地帮助教师成长……本书关于这些问题的论述都让人耳目一新，发人深省。愿越来越多的教育工作者能走近佐藤学教授，学习他，研究他，从他的教改实验和教育思想中汲取源头活水！

7 教育的智慧 智慧的教育[①]

——《教育的智慧——写给中小学教师》导读

一、林崇德教授简介

林崇德，1941年生，1965年7月毕业于北京师范大学教育系心理专业，1984年3月获博士学位，1986年6月晋升为教授，现任中国心理学会副会长，北京师范大学博士生导师。其专长为发展心理学，发表学术论文与研究报告120余篇，学术专著15部，主编近4000万字的工具书和学术丛书，主持近10项国家级和省部级的自然科学与人文社会科学重点研究项目。他时时牢记于心的是——"创造出值得自己崇拜的学生"。他培养了51位博士，24位博导；他亲自送走16名学生出国留学，其中15名又都学成归来，报效祖国；他在全国主持青少年学生思维品质实验班，试点学校3000多所，受惠学生30万人。他的"严在该严处，爱在细微中"被学术界所赞扬。美国的《肯特日报》把他与美国当代大教育家斯波克（B. Spock）相媲美，我国核心期刊《中小学管理》誉他为"中国基础教育的播火者"。

---

① 本文收入海南出版社出版的《新世纪教师必读书目导读》

二、《教育的智慧——写给中小学教师》导读

1999年由开明出版社出版的《教育的智慧——写给中小学教师》,是林教授近20年研究的一个缩影。该书从"世界教育向基础教育倾斜"和"中国教育向素质教育转轨"的研究背景出发,旨在与中小学教师共同探讨教育教学的规律,探索教育对象——学生以及教师自身,以促成教师向"专家型"教师转变。全书共十二章和一个引子,从"教育与发展"的高度、从基础研究与应用研究相结合的视角,全面关照基础教育所涉及的教育价值、教育观念、教育方法、师生关系等方面。每个问题都是先宏观阐述,再作深入分析,最后提出自己的思考,极富前瞻性、实践性和创新性。

该书第一章主要论及教育的价值。林崇德教授先从国际教育发展的总趋势和素质教育的高度进行阐述,指出"教育是一种以促进人的发展、社会的发展为目的,以传授知识、经验和文化为手段的培养人的社会活动";进而强调从教育功能出发,全面而正确地认识素质教育是从"应试教育"向素质教育转变的基础。通过对教育的文化、经济、政治、社会及个体发展功能的分析,提出素质教育要以德育为灵魂,以创新精神为核心,以课堂教学为主渠道,落实"三全"教育,坚持人才分流,提倡社会实践教育,抓好各级学校的分类建设的思考;在教育中应树立"不求人人上大学,但求人人能成才"的质量观和"全面发展,学有特色"的培养目标。

该书第二、第三章主要讨论教师的素质问题。他认为教师的素质是教师在教育教学活动中表现出来的、决定其教育教学效果的、对学生身心发展有着直接而显著影响的思想和心理品质的总和。它包括教师的职业理想、知识水平、教育观点、教学监控能力及教师的教学行为与策略等要素。他将教师的职业理想概括为三个方面、四种意识,即事业心、责任感和积极性,敬业

意识、乐业意识、职业规范意识和勤业意识。他强调师爱是师德之魂,这种爱在性质上是一种只讲付出不求回报的无私的爱,在原则上是一种严慈相济的爱。它不仅能提高教育的质量,也会促成学生的成人与成才,影响学生的身心发展、人格形成、职业选择甚至其毕生发展。教师的知识结构包含本体性知识(特定的学科知识)、文化知识、实践知识与条件知识(教育学、心理学知识)四种成分。教师的学科知识不同于科学家的学科知识,教师必须把学科知识"心理学化",以便学生理解。教师的教育观念是其从事教育工作的心理学基础。在教师的教育观念中,一个重要的问题是教师的教育效能感。一位优秀的教师肯定认为:"我一定能教好学生"、"我的学生一定会进步、会成才"。教师的教育监控能力是21世纪教师能力中最重要的组成部分,是教师才华的顶点与核心。这种能力主要包括:课前的计划与准备,课堂的反馈与评价,课堂的控制与调节,课后的反思。林教授特别强调课后的反思,他认为:优秀教师=教育过程+反省。教师的教学行为是教师素质的外化形式,它既是一种技术,更是一门艺术,集中地体现在课堂教学的基本功上。因此,他主张狠抓"备课"、"讲课"与处理好课堂教学中讲和练、尖子学生与一般学生、留作业与批改作业、课内与课外、校内与校外、教与学等几种关系。

该书的第四章重点探讨教育的对象——学生。林教授借台湾高震东先生的话给"学生"下了一个全新的定义:"学生活的知识,学生存的技能,学生命的意义。"其灵魂是"学生命的意义",这是学生学习生活知识与生存本领的动力。教育的最终目的还是教会学生做人。教育工作必须以学生的心理发展规律为出发点,妥善处理好先天与后天、内因与外因、教育与发展、年龄特点与个性特点的关系,突破学校的围墙,使学校、家庭、社会教育三教一体化,全面考察学生的发展。

林教授教育思想的核心是重视学生智力的发展与能力的培

养。他认为教育的主要目的,在于在传授知识的同时,灵活地发展学生的智力,培养他们的能力。在该书的第五、第六章重点论述了智育与智能的关系以及各种学科能力的建构。他指出,"教学是一个智育的过程而不是'知育'的过程"。能否形成智能目标正是区分教师水平高下的标志。正如德国教育家第斯多惠所说:"一个坏的教师奉送真理,一个好的教师教人发现真理。"不管是智力还是能力,其核心是思维。在林教授的教改实验中,自始至终将思维的训练放在首位,在教学中狠抓概括能力的培养,结合学科教学狠抓思维品质的训练,注重训练学生的逻辑思维能力。同时,他指出,各学科教学是否有成效,关键在于是否形成了学生的各种学科能力。学科能力是学科教育与学生智能发展的结晶,通常包括:一是学生掌握某学科的特殊能力;二是学生学习某学科的智力活动及其有关的智力与能力的成分;三是学生学习某学科的学习能力、学习策略与学习方法。

该书第七章探讨德育中品德形成的机制。首先,他从心理学的角度提出品德具有六个方面的特点:品德内容的社会性,品德结构内部的统一性,道德品质的稳定倾向性,品德抉择的自觉性,品德层次的区别性,品德功能的调节性。进而指出品德结构是一个多层次、多侧面、多序列的动态开放性的整体与系统,在实施德育时,应以中小学生品德发展的年龄特点为出发点,注重"养成"教育,通过多种途径培养学生良好的道德习惯。

该书第八章集中论述班主任工作。林教授认为,一名中小学教师不做班主任,就尝不到当教师的真正乐趣。班主任是在用自己的人格塑造学生的人格,用自己的心灵铸造学生的心灵。因而他强调班主任在实施班级管理时,应做到以身作则,一视同仁,严慈相济,树立威信,平等待人,用发展的眼光看学生。班主任的工作方法主要有三种:研究学生,一切从学生出发;培养良好的集体;组织各种教育活动。

与世界许多知名教育家一样,林教授高度重视非智力因素和健康的心理品质在学生成长、发展中所起的重要作用。在该书的第九、第十章对此进行了具体的阐述。他认为非智力因素是指与智力、能力活动有关的一切非智力、非能力的心理因素,它包括情感过程、意志过程、个性意识倾向、气质性格等因素。在学习活动乃至整个发展中起到动力、定型和维持的作用。创造性人才是创造性思维与创造性人格的统一。我们应努力实施创造教育,培养学生的创造性人格与个性,促使学生一丝不苟地、独立地、自信地用严峻的眼光审视周围环境,勤奋好学、孜孜不倦、锲而不舍地探索未知世界;不断强化学生创造性学习的行为特征,如好奇、灵活思维、喜欢提问、善于探索;激活他们的除旧布新。林教授提出教师要"做学生的心理医生",把学生培养成为身心健康的人。他认为一个心理健康的学生,应是敬业的、乐群的、自我修养高的。具体而言,在学习上,时时处处表现出是学习活动的主人和积极的探索者,能通过学习获得满足感,并从中增强对自己的自信,能摆脱消极情绪的困扰,形成良好的学习习惯;在处理人际关系时,能了解彼此的权利与义务,能关心他人的需要,能诚心地赞美、善意地批评、积极地与人沟通;在对待自我时,能了解自己,悦纳自己,根据自己的实际情况确立抱负水平,具有较强的自制力。教师在实施心理健康教育时,应遵循如下原则:坚持心理健康教育的科学性;尊重与理解学生;预防、治疗与发展相结合;全体与个别相结合;助人自助,引导学生学习独立解决问题。重点是心理预防与心理卫生、心理咨询、诊断评价、行为矫正、学习指导、职业指导等工作。

　　该书第十一章主要论述其培养目标——全面发展,学有特色。林教授在剖析了应试教育的含义、根源与弊端后,指出素质教育的最大收获就是教育界重视起"两全"问题的重要性。而要提高全体学生的全面素质,首先要树立正确的人才观,重视培养学生的现代意识,培养学生的创新精神和创造才能以及独立获取知识并运用知识解决实际问题的能力,重视发展学生的个性与特长;其次,要改革教学内容;再次,要改进教学方法。全面发展是打基础,学有特色是培养目标。他强调"天生其人必有材,天生其材必有用",教学中要突出因材施教,让每个学生都获得最佳发展。

林教授在研究学生的实践中深切地认识到育人环境的改善、德育工作的加强、教育内容与教学方法的改进,其关键在教师队伍的建设。在本书的最后一章,他热切地呼唤教师们"投入到教育科学研究中去"。他从分析新教育发展的特点中得出教师参加教育科研是促进教师队伍建设、促进教师由经验型向专家型和学者型转变的有效途径。中小学教师开展教育科研时应做到:面向实际,站在前沿,重在应用,加强合作。在研究中,不能滋长攀比情绪,更不能摆花架子,应把参加教育科研同革新教育观念、教学内容、教学方法,同提高教学质量紧紧联系在一起。

三、简要评价

国家教育部前领导人柳斌同志在评价《教育的智慧——写给中小学教师》时说,该书"以创新的意识,严密的逻辑,缘于教改实践的科学性,以及生动流畅的文笔,从理论与实际相结合、基础研究与应用研究相结合的高度对素质教育进行了详细的讨论,回答了基础教育改革中的许多重要问题"。《光明日报》2004年12月发表题为《新世纪怎样当老师》的评论文章,认为该书"为我们勾勒了一幅新世纪优秀教师的图画",林教授书中有关教师的论述可以和赞可夫、苏霍姆林斯基等相媲美而绝不逊色。林教授的教育思想博大精深而富有创见,其教育改革实验卓有成效。《中国教育报》曾打破常规,分7期连续介绍"林崇德的'学习与发展'观";《光明日报》三次追踪报道他的教改实验及成果。"中国基础教育的播火者"的美誉,林教授当之无愧!

8 由冲突走向和谐

让德育绽放活力[①]

——《重建学校精神家园》导读

一、易连云教授简介

《重建学校精神家园》(教育科学出版社，2003年版)是叶澜教授主编的"世纪之交基础教育改革研究丛书"中的一本。作者易连云，教育学博士，西南师范大学教育学院教授、博士生导师，中国教育学会德育论专业委员会副主任，中国教育学会教育学分会理事。其主要著作有：《重建学生精神家园》、《教育学概论》(主编)、《现代德育论》(参编)、《师论——多维视角下的教师透视》(参编)。

二、《重建学校精神家园》导读

世纪更迭，人类社会特别是人类精神世界正发生着深刻的嬗变。人们在享受现代化物质文明的同时，日益感到一种道德上的失落以及建立在原先和谐道德基础上的精神家园的迷失。而且我们还不得不注意到这样一个严峻的事实：成人社会所爆发的这种精神与思想危机正以种种形式影响到相对封闭的校园，影响着尚未成熟的青少年，并日益演变为严重的社会问题。因此，革新学校德育观念、改进学校德育手段与方法、创新学校德育模式、唤起学校德育的生命活力、重建学校精神家园，理所

[①] 本文收入海南出版社出版的《新世纪教师必读书目导读》。

当然地成为了学校德育的世纪重任。在此背景下,易连云教授的《重建学校精神家园》应运而生。作者试图用"生命"的钥匙开启"生活世界"的大门,在洋溢着生命气息的生活世界中寻找那久已失去的道德的根基,在充满"冲突的和谐"中重建学校的精神家园。

全书分为上篇"遭遇困惑"、中篇"世纪之思"、下篇"走出困境"三大部分共8章和一个结语。该书对现代青少年的道德现状进行了描述与省思,从中国传统道德、哲学以及生活世界等方面对青少年的道德困惑与危机进行了理性的剖析,最后提出了一些走出困境的构想。

上篇"遭遇困惑"由第一至第三章组成。第一章"我是谁?——当代青少年学生的道德困惑与冲突",主要以大量生动鲜活的案例描述了当今社会我国青少年价值观中的变化与冲突以及行为上的失范。易教授指出,我国青少年学生道德价值观的冲突主要表现为:①淡漠信仰,对既有道德价值观念产生极大的怀疑;②唯我独尊,自我中心主义的抬头。这种冲突带来了如下三方面的道德观念上的变化与行为上的失范:第一,逃避崇高,榜样力量消解;第二,稚嫩的自我,校园内出现道德危机;第三,人性丧失,出现发人深省的青少年犯罪。这种道德迷失与行为失范,不仅折射出学校德育存在的缺陷,也折射出整个社会生活已经和正在发生的某些变化。

第二章"迷失的乐园——当代中小学道德教育现状透视",主要从当代青少年学生面临的生存困境与危机和学校道德教育的自身缺陷两方面对当代中小学道德教育进行了理性透视。易教授指出,当代青少年学生所面对的生存背景十分复杂,一方面来自学校的学业上的过大压力使得他们过早地背上了一种巨大的心理负担,以至于心灵扭曲,悲观厌世,惨案连发;另一方面是来自社会的形形色色的诱惑,使得他们眼花缭乱。当代道德教育自身又存在着严重的缺陷,一是学校道德教育的"非道德化"倾向,即在学校道德教育中,存在教育内容"泛化"、教育对象"物化"、教育方法"反心理倾向"的问题。易教授借科尔伯格的话评价说:"这既不算道德的教育,也不符合教育的道德。"二是学校道德教育中的"单一化倾向",即无视学生自身道德意识发展的特点与规律,过分突出意识形态的宣教,割裂德育内部的相互联系。这种缺陷主要表现为:①道德即政治,学校道德教育内容层次单一化;②"所讲"非"所信",使得学校道德教育戴上"假面具";③学校道德教育中的方法论迷失。易教授睿智地指出,我们的学校道德教育较少关注青少年学生的生命体验与内在精神的发展,更多地受制于外在的功利制约,使得原本极具生命力的道德活动蜕变为对规范与守则的盲目遵从与机械的行为操练,丧失了其应有的活力。

第三章"遭遇'现代化'——转型时期学校道德教育面临的特殊问题",主要剖析了市场经济时代、近代、现代、后现代社会中学校道德教育面临的冲击与挑战。在回答"现代化对学校德育的追问"时,易教授认为,在人的现代化中,观念的变化是首要的,教育的现代化实际上就是要培养出能够适应社会变化并乐于参与变革的年青一代。在市场经济条件下,我国青少年学生对道德权威的怀疑与批判主要是缘于过去的学校道德教育与学生的生活脱节,以及由社会变革而带来的价值观念的混乱。进而,易教授着力指出,由科学技术发展所带来的社会变革必然地要求与之相适应的新的道德;而基于基础教育的特殊性,体现发展了的社会的"新"的道德取向不可能完全、直接与不加分析地进入到学校的道德教育中,同时,为着整个社会的道德进步与发展,我们也不可能放弃学校道德教育所具有的对超越精神的追求。这样,就要求我们一方面在学校德育中对新的道德意识与观念进行甄别和吸收,另一方面在实践中指导学生对社会现象进行再认识与评价,使学生对自己的行为能作出道德的选择。在"近代、现代、后现代:学校道德教育面临的奇特文化背景"这一部分,易教授主要从"世纪之交的多种文化交融"、"现代化进程中学校道德教育变革的曲折与艰难"、"后现代主义思潮对现代教育的诘难"三方面进行透视与分析。作者在审视现代化进程中传统文化与道德的现代接轨时,指出了现代学校德育对传统道德的种种误读和德育中存在的时空错位问题。"分数至上:'千军万马'争过独木桥"、"产业化的诱惑:教育独特性的渐次丧失与道德教育超越性的遮蔽"致使现代化进程中学校德育变革曲折而艰难。后现代主义思潮又严重地挑战着学校道德教育的目的、教师的职业道德。特定的时代、奇特的文化背景使得学校德育面临更多困惑与更大的困难。

中篇"世纪之思"由第四至第六章组成。在这一部分,易教授用系统的学科理论,深入浅出而有针对性地对上篇提出的问题进行分析论述,使读者能冷静、积极、乐观地看待当前的种种困惑与危机。

第四章"寻找精神家园——对'生活世界'的哲学反思",先从哲学的视角对"生活世界"进行界说,进而指出学校德育的失误在于"对现实生活根基以及道德基础的遗忘",即对教育的"生活世界"的疏离。易教授在对中西方道德哲学传统的演进过程的比较与分析中指出:无论是西方道德哲学传统演进中的自然主义倾向与"神圣化"倾向对生命意义的消解,还是中国传统道德对个体生命的压抑以及由此而带来的"生活世界"的异化,中西方都面临着青少年在道德上的困惑与危机,这困惑与危机的产生都与其生存的"生活世界"的瓦解有关,尽管因不同的生活文化背景而表现出不同的路径与特征。

第五章"'道可道,非常道'——追问'道德'之源",主要探寻了中国传统道德的源头,考察了"道""德"的意义和两者的关系,以及中国传统德育的特征与缺陷。易教授指出,"道"有四个层面的含义:①本体论的"道",即万物之奥;②秩序、规律之"道",如阴阳、柔刚、仁义;③政治主张与思想体系意义上的"道",所谓"朝闻道,夕死可矣";④规范意义的"道",所谓"志于道,据于德,依于仁"。而且,"道"与"德"密切相连。首先,德与道具有内在的一致性;其次,德与道相通,可以动态转化;再次,道德发生的主体依据是"外得于人,内得于己"。就基本意义而言,传统的"道""德"是丰富的,多层次的;然而,在其发展过程中却逐步走向了僵化,主要表现为仅止于纲常人伦和为政以德。进而,易教授阐述了中国传统德育的三大特征:"修德"与"修身"并举;"明道"与"践行"统一;强调教师的模范作用。同时,指出中国传统德育的三大缺陷:"天人合一观"带来的认识论局限,看不到人的个体生命的基础地位;个人具体性的消解与人文意义的遮蔽;对道德认识的局限导致德育内容的片面性。

第六章"走近生命——'生活世界'中生命意义的重建",从"生活世界"中的世纪追问和学校道德教育中的"人"的思考论述了该怎样回归生活世界,重建有魅力的学校德育。易教授认为,西方社会对生活世界的呼唤主要源自于对技术理性的否定性认知,我们所谓的"生活世界"的瓦解主要"不是因物质与技术的压抑而导致的人的精神虚幻,而实际上是对生命本身的忽视和压制"。其中,既有因物质贫乏而导致的生存危机,也有因现实中精神贫乏而衍生的思想贫困。因而,回归生活世界对我们来说主要还是要关注生命本身,就是要探索人的生命涌动与理性超越在生命活动中的有效结合。于是,易教授在从哲学的视域考察"人"的本质时,指出"人是一种未确定的存在"。这种"未确定性"表现为:生命的两重性,无限的包容力,永远开放与不断生成,自身的矛盾性。这种"不确定性"在学校的德育活动中包含了以下三种内涵：①人的发展潜力的无限性；②人的发展方向的多维性；③人的发展可能性实现的有限性。在阐述学校德育中"人"的思考时，易教授先阐述了"人"受教的可能性，进而论述了人的种种"可能性"和学校德育的理想。在回答了"道德可教吗"、"道德为人"还是"人为道德"、"个人的独立"与"社会中的自我"的关系等问题后，易教授找到了重建学校精神家园之路，即用"生命"的钥匙开启生活世界的大门。他满怀激情地指出，学校德育应坚持从人的现实生活世界出发去追问人的价值与意义基础，学校的德育改革应同青少年的生命活动联系起来，使其在生活中接受具体的丰富的道德训练，并在这种训练中发展出自己的道德智慧。

下篇"走出困境"包括第七、第八两章。第七章"新时期学校道德教育改革构想"，主要是谈作者对多元道德价值观念冲击中的学校德育变革的一些思考，介绍并评析东西方20世纪主要的道德教育模式。在论及学校的德育变革时，易教授指出：应坚持从我国民族传统道德出发，不断更新德育观念；应从传统与现实关系出发，构建多层次的德育目标；应打破封闭的学校德育体系，建构开发式的学校道德教育。在本章中，易教授还介绍了五种较有影响的20世纪西方德育新模式和十二种探索中的我国德育新模式。通过对这些模式的分析总结出20世纪学校德育理论发展的五大趋势：①反对传统的道德灌输；②强调道德认知力的培养；③道德相对主义开始盛行；④追求普遍的道德标准；⑤学校德育研究趋向的综合性。

第八章"走出困境之'思'"，从建构良好的学校道德教育环境、重塑师德、新道德主体的诞生三方面对如何建构理想的学校道德教育作出了创造性的回答。在论及建构良好的学校道德教育生态环境时，易教授认为道德教育的生态环境大致包括物理、生物、社会和个体环境，它们彼此有机结合，不可分离，共同构成一个多维度的德育生态环境,共同影响着青少年学生的道德形成与发展。新时期的师德建设应从以下四方面入手:①唤醒教师"爱"的情感;②强化教师的教育责任感;③再现教师的奉献与牺牲精神;④树立教师踏实的治学态度与科学精神。最后,易教授强调,应转变"确定性"思维模式,树立整体性学生观,将学生视作新道德主体,使对道德的接受过程变成学生主动探究、认识自己、社会、人与人之间、个人与社会之间的有关关系的过程,促成学生道德的主动发展。

结语"创造新的'精神家园':充满冲突的'和谐'",对全书内容进行了画龙点睛的总结与提升,在书的最后易教授情真意切地呼吁:"为重建新的道德精神,恢复学校道德教育的生命活力,我们更要尊重生命,珍惜生命中所蕴藏的心灵的自由。因为只有它才能引导我们去发现消失在'混沌'社会现实中的林中路……"

三、简要评价

教育科学出版社罗永华先生在评价本书时说:"该书经过条分缕析、环环相扣的阐述,使读者感到思路清晰,问题明确,方法得当,观点阐述深入浅出。"郑豪杰先生在《中国教育报》(2003.4.10)撰文评价该书时,称"作者对学校道德教育的洞察力与省思,对道德教育理论的梳理和研究,以及对未来学校道德教育所作的建设性的论说,对今天我们理解与改善学校道德教育的状况助益良多"。笔者以为,易教授对青少年学生身上出现的道德困惑与危机的思考以及对重建学校精神家园之路的探寻,贴近学生的生活世界,贴近时代的脉搏,理性而不乏激情,辩证而不失深刻,沉重而不失理想,前卫而不失厚实;书中大量鲜活生动的案例,作者情文并茂的文笔,更是增加了该书的可读性。

9 质的研究:一种适合教育领域的研究方式①

——《教师如何作质的研究》导读

一、陈向明教授简介

陈向明,女,北京大学教育学院教育与人类发展系主任,教授,博导。湖南华容县人,1977年考入湖南师范大学外语系,毕业后留校任教;1984年入北京大学外语系攻读英语文体学硕士,毕业后留校任教。1988年赴美国哈佛大学学习,1989年和1994年先后获得教育学硕士和博士学位。主要研究方向为教育学研究方法、课程与教学、跨文化人际交往和比较教育学。曾主持或参与国际国内各类教育研究和发展项目十余项,同时受聘于世界银行、联合国发展计划署、英国国际发展部等国际组织。

陈向明教授自1995年回国至今,一直在教育领域身体力行地推广"质的研究"。她的关于"质的研究"的系列成果有:《质的研究方法与社会科学研究》、《教师如何作质的研究》、《在行动中作质的研究》、《如何成为质的研究者》等。

二、《教师如何作质的研究》导读

随着世界进入后工业时代,教师职业的专门化已成为当今国际教师教育的一个重要发展方向。越来越多的教师意识到,自己的职责不仅仅是"传道、授业、解惑",自己的角色不只是

---

① 本文收入海南出版社出版的《新世纪教师必读书目导读》

"人类灵魂的工程师"、"园丁"和"蜡烛",教师自己也有生命,自身也有不断成长与发展的需要。教师们希望自己能从"教书匠"转变成具有反思能力的研究型教师。而教师专门化的最佳途径就是教师参与研究,对自己的日常教学行为和学生的学习进行系统、规范、严谨的探究。但教师对"研究"似乎有一种复杂的、爱恨参半的矛盾心理:一方面对研究怀有一种神秘感,认为研究是十分高深的事情,自己无法涉猎;另一方面,对目前教育研究脱离实际的做法深感不满,认为这些研究对自己的工作没有什么实际帮助。2001年由教育科学出版社出版的《教师如何作质的研究》,是陈向明教授献给"从事阳光下最崇高的事业的人——教师"的一份厚礼。该书旨在帮助教师们重新反思自己已经或正在做的工作,将其理论化、系统化、严谨化,为他们提供更多的思考角度和操作技法,使他们能够更加有效地提升自己的经验,进而从事更加切合自己教学实际的研究工作。

《教师如何作质的研究》全书共十三章,作者在交代写作缘起、理论界定"质的研究"后,用了整整十一个章节的篇幅结合教育研究领域的有关问题和具体案例,系统介绍了质的研究的基本思路、实施方法和操作技巧。

在写作缘起部分,陈向明教授认为"质的研究是一种非常适合教育领域的研究方法"。首先,质的研究的平民性和互动性使教师作为研究者成为可能。其次,质的研究非常符合教育这一学科的基本特点。教育是一个介于人文科学与社会科学之间的学科,既涉及社会组织的建构,又关注个体的成长;而质的研究正好可以同时关照这两个方面。再次,质的研究对价值的明确的、直言不讳的认可也使之特别适合教育研究。质的研究重在揭示貌似自然的事实背后的利益关系、价值选择和价值冲突,这种立场与教育"通过培养人来创设一个更加健全、完美的社会,使学校成为感召社会良心、建构新文化的中心"的目标相吻合。最后,质的研究的过程性和情境性也使其特别适合教育研究。教育是一个自然发生的并不断发展变化的过程。而质的研究要求研究者深入实地,做跟踪调查,通过亲身体验达到与对方的"共情"和理解。正如陈教授所说:"如果我们同意'教育是一种有组织的持续进行的并以引发学习为目的的交流',那么,质的研究方法可以说为这种交流提供了一个宝贵的契机。"

什么是"质的研究"?陈教授认为,"质的研究"是一种"以研究者本人为研究工具,在自然情境下采取多种资料收集方法对社会现象进行整体性探究,使用归纳法分析资料形成理论,通过与研究对象的互动对其行为和意义建构获得解释性理解的活动"。它是一种"情境中"的研究。它具有如下特点:①自然主义的探究传统。②对意义的"解释性理解"。③研究是一个不断演化的过程。④自下而上分析资料。⑤重视研究关系。

为了让读者准确把握"质的研究",陈教授进而将它与"量的研究"和"定性研究"进行了对比。她认为"量的研究"是一种对事物可以量化的部分进行测量与分析,以检验研究者自己的有关研究假设的研究方法,它具有一套完备的操作技术,包括抽样方法、资料收集方法、数字统计方法等,正是通过这种测量、计算和分析,以求达到对事物的"本质"的把握;而"质的研究"则是通过研究者与被研究者之间的互动,对研究对象进行长期深入细致的体验,然后对事物的"质"有一个比较整体性的、解释性的理解。与"定性研究"相比,虽然两者都强调对意义的理解和解释,但"定性研究"比较倾向于研究的结论性、抽象性和概括性,而"质的研究"更强调研究的过程性、情境性和具体性。

怎样作质的研究的设计?陈教授认为,质的研究设计主要包括这样几个组成部分:研究的现象与问题,研究的目的与意义,研究的背景知识,研究方法的选择与运用,研究的评估与检测手段等。陈教授认为,质的研究问题应该是学术界或理论界尚有疑惑、我们自己确实希望探讨的"有意义的问题"。找到了有意义的研究问题后,需要选择适合质的研究的问题类型。一般说来,过程性问题、描述性问题、解释性问题比较适合做质的研究。在对问题进行界定和表述后,还要对其中的重要概念进行定义,使其在研究中具有可操作性;然后列出该问题的核心问题以及其下属子问题。研究的目的和意义一般从个人、实用、科学研究三方面进行阐述;对研究的现状调查至少要了解:前人有关的研究成果、自己与研究有关的经验、自己对本研究的设计思路。

在选择研究对象时,陈教授认为,"质的研究"因其特殊性,使用的是"非概率抽样"中的"目的性抽样",即抽取那些能够为本研究问题提供最大信息的样本。在确定样本时,根据样本的特性灵活运用抽样策略:强度抽样、同质抽样、最大差异抽样、关键个案抽样、理论抽样、证实和证伪个案抽样、可能性抽样。在确定研究对象后,还要考虑研究关系对研究可能产生的影响,尽量使研究规范与有效。

如何进入研究现场?陈教授认为,首先要征得被研究者的同意,如果可能,应设法在进入现场之前了解当地的权力机构、人员关系以及一般认可的行为规范,特别是那些有权决定被研究者是否参加研究的人是谁。在向被研究者介绍自己和自己的研究项目时,应遵循"提供足够的信息,但又适可而止"的原则。同时,根据实际情况,选择进入现场的最佳方式,或隐蔽进入,或逐步暴露进入,或实地自然进入。当进入失败时,首先应当根据当时的情况反省自己在哪些方面做得不合适,同时理性分析被研究者的具体情况,了解他们拒绝的理由是否真实,并做好记录,及时调整自己的研究方案。

在质的研究中,访谈与其他研究手段相比,具有独特而又十分重要的功能。与观察相比,访谈可以了解到受访者的所思所想和情绪反应,了解他们过去的生活经历及其行为所隐含的意义;与问卷调查相比,访谈具有更大的灵活性与对意义进行解释的空间;与实物分析相比,访谈更具有及时性和意义解释功能。访谈是"质的研究"中一个十分有用的收集资料的方法。一次成功的访谈,往往需要精心的准备,包括设计访谈方案,与受访者商定访谈的相关事宜,如时间、地点的选择,访谈的次数、长度,是否录音,等等。在访谈中,尤其要把握追问的技巧。追问可以帮助我们进一步了解受访者的思想,深挖事情发生的根源以及发展的过程。追问时一个最基本的原则是:使用受访者的语言来询问他们曾经表达过的看法和行为。同时,还要做到适时、适度;做到积极而共情地倾听。在倾听时,要能不轻易打断对方和能够容忍对方的沉默,并适当做出回应,将自己的态度、意向和想法及时传递给对方。有效的回应方式有:认可,重复、重组和总结,自我暴露。在访谈中应力戒论说式回应与评价型回应。

观察是科学研究中一个常用而重要的手段。在实地观察前,应根据研究问题和目的制订观察计划、设计观察提纲;在具体观察时,注意开放观察与集中观察相结合,能选准观察内容,作出回应式反应,并能认真做好观察笔记。陈教授认为,质的观察笔记的格式不像量的观察笔记那样统一固定,其基本原则是:清楚,有条理,便于查找。其记录一般分三个部分:时间、地点,观察到的事件,观察者个人的感受、疑惑与解疑。记录的语言力求具体、清楚、实在。

实物作为一种物品文化,常用来作特定文化中特定人群所持的观念进行分析。质的研究比较重视实物资料的收集。陈教授认为,实物资料通常分为两大类:正式官方记录和非正式的个人文件。无论收集哪种资料,都必须征得当事人的同意,同时,考虑到实物主人对实物的打算。

整理和分析资料是对所收集到的资料进行加工,使其逐步趋于系统化和条理化的过程。陈教授认为,"质的研究"中对资料的整理通常要求将资料内容一字不漏地记录下来,尽量保持其"原汁原味"。资料分析包括阅读原始资料、登录、寻找本土概念和资料的系统化等步骤。在阅读原始资料时,应采取向资料和阅读资料过程中产生的感悟、体验主动"投降"的态度,尽量让资料说话;寻找意义的工作主要通过"登录"(即将有意义的词、短语、句子或段落标识出来)来完成。"登录"要求我们具有敏锐的洞察力、判断力和想象力,不仅能抓住资料的要害,而且在不同的事物和概念间建立起联系。寻找本土概念是资料抽样的一个办法,即寻找那些能够表达被研究者自己观点和情感感受的语言,将它作为登录的码号。资料分析的系统化包括建立编码系统和归类系统。

建立理论是研究的内在要求,也是研究结果的必然归宿。陈教授认为,"质的研究"中的理论不一定是系统的观念体系和逻辑结构,大多属于"实质理论",即在原始资料基础上建立起来的适用于在特定情境中解释特定社会现象和社会实践的理论。其目的是对特定现象本身及其内在联系进行探究,注重人的实践理性和实践知识。她认为,质的研究中的理论至少应包括下面三方面的内容:前人的理论,研究者自己的理论,资料中呈现的理论。在"质的研究"中,一个著名的建构理论的方法是"扎根理论",其主要宗旨是在资料的基础上建立理论,它强调从资料入手进行归纳分析,自下而上不断将资料浓缩,逐步形成理论;其主要分析思路是比较;主要程序包括三级编码:一级编码(开放式登录),二级编码(关联式登录),三级编码(核心式登录)。

每一项研究都需要将结果呈现给公众,以接受检验。质的研究报告与量的研究报告相似,通常包括:问题的提出,研究的目的和意义,背景知识,研究方法的选择和应用,对研究结果的检验等内容。陈教授认为,质的研究报告可以分为类属型和情境型两种。不论哪一种,都特别强调对研究现象进行整体性的、情境化的、动态的"深描"。其行文的突出的特点是描述详尽、细密,力图使读者产生"身临其境"的感觉。

研究结果出来后,还要对其质量进行检验。陈教授认为,这种检验涉及三方面的内容:研究结果的可靠性(效度问题)、代表性(推论问题)与合理性(伦理道德问题)。陈教授认为,"质的研究"结果的效度不同于"量的研究"中的效度,它主要指的是一种"关系",研究者与研究其他部分之间的一种"一致性",它包括描述效度、解释效度、理论效度、评价效度。"质的研究"常用如下手段对效度进行检验:侦探法,证伪法,相关检验法,反馈法,成员检验法,提供丰富原始资料法,比较法,阐释的循环法等。"质的研究"中的推论不像"量的研究"的推论那样富有代表性,它是一个"自然"产生的过程,而且总是发生在研究结果出来以后,通过读者与研究结果在某种程度、某种形式上的共鸣、共振或对话来完成对研究结果的"推论"任务。由于质的研究关注研究者与被研究者之间的关系对研究的影响,所以,研究工作的伦理道德与研究者本人的道德品质在质的研究中是一个不可回避的问题。在质的研究中,研究者应遵循自愿公开原则、保密原则、公正合理原则、公平回报原则。

三、简要评价

《教师如何作质的研究》通俗易懂,操作性强,在介绍方法的同时提供了大量的研究案例。与专门讨论方法论的著作相比,它重点介绍操作方法和实践过程,将对方法论的讨论坐落在具体的、情境化的研究实践中;与专门介绍操作方法的著作相比,本书提供了作者自己的思考和有关学者的评论,不仅介绍了"做什么"和"如何做",而且还适当讨论了"为什么而做"的问题,充分体现了本书"旨在提高教师作为研究者的反思能力"的意旨。在"教师成为研究者"已逐渐成为共识的今天,陈教授的《教师如何作质的研究》无疑能给人以方法上的指引。

10 点燃心灵的灯盏[1]

导语:只要精神之树不倒,每个人都可以撑起一片蔚蓝的天空;只要心灵之灯不灭,每个人都可以成为笑傲命运的富翁!

一

点击:人们喜欢鸟语花香的明媚春天,渴望人生处处莺歌燕舞,时时掌声鲜花。可上苍的赐予总是喜忧参半,幸与不幸全靠我们自己去诠释。请点亮——

人生三盏灯
武瑞峥

大学毕业以后,我被分配到农行一家最偏僻的基层营业所,相恋多年的女友也因此与我分手,而自己因为心情不好与人家时常发生口角。单位里的同事都是转业军人,他们聚集在一起就像一群梁山好汉。每天吃过晚饭,我就把自己严严实实地关在单身宿舍里,冲一个凉水澡,然后就赤条条地躺在床上发呆,等月光在我凹凸的肋骨上画出黑白相间的条纹时,我就会对着月光发出狼一样的哀嚎。

我与所里同事唯一的接触机会就是每周一天的守库值班。金库因为密封而且有卫生间,浓烈的腥臊气味让人无法呼吸,所以每次值班我都早早地蒙头大睡,天一亮我就迫不及待地离开库房。

---

[1] 本文为高三主题阅读、读写一体训练指导稿。

那一晚和我一起值班的是同事老周。老周是个残疾人,他的左腿微跛,但所里的十几个同事中老周给我的印象最好。他不但相貌英俊、仪表堂堂,而且写得一手好字,看他的草书总能让我这个不懂书法的人想起"枯藤老树昏鸦,小桥流水人家"这样的诗句,这让我对老周有一种同病相怜的感觉。尽管如此,几个月来我和老周的谈话也仅限于问候而已。

当我蒙上被子刚想入睡时,老周却在对面床上叫醒了我,我掀开被子,看见老周递过来一支烟。老周说:"我给你讲个故事吧?"出于礼貌我接过烟点点头。

老周说:"我小时候胆子很小,每次走夜路总觉得身后有踢踢踏踏的声音,好像有什么东西跟在后面,可回头看时,又什么都没有。越是这样我就越觉得害怕,我想那一定是如影随形的鬼怪。"

我笑笑说:"我小时候也是这样。"

"后来,奶奶给我讲了一个故事。她说,每一个夜行的人身上都有三盏灯,一盏在头顶,另外两盏分别在两肩头,这就是人的'三昧真火'。夜行人走在夜路上时,无论你听到什么声音,只要不回头,你的灯盏就不会熄灭,妖魔鬼怪害怕你的'三昧真火'就不能靠近你。而如果你抵御不住它们的蛊惑回头看时,每回一次头,你身上的灯就会被鬼怪们吹灭一盏,当三盏灯全部被吹灭时,他们就可以肆意胡为了。奶奶说,不管你心里有多害怕,只要你不回头,一直向前走,什么妖魔鬼怪都伤害不了你。我依照奶奶的话做了,果然不再害怕。"

老周又问:"你猜我在部队是干什么的?"

我说:"你白白净净的,字又写得好,大概是文书吧。"

老周说:"再猜十次你也猜不着。我在部队是文艺兵,跳舞的。"

老周说得没错,我再猜十次也猜不到他是跳舞的文艺兵。

"后来老山前线打仗,我们到前线慰问演出。一次演出时,一发炮弹就落在离我们几米远的地方,我的三个战友都成了烈士。

我虽然幸免于难,但腿上落了残疾,出院后再也不能跳舞了。"

我曾经听人说过舞蹈是一门很残酷的艺术,而腿对于舞蹈演员来说无疑比他的生命更重要。但老周说话的时候一点也看不出悲伤。

老周接着说:"后来我转业分配到农行,字写得很难看,开票记账常惹人笑话,有好开玩笑的就说:'小周,你到死也写不好字!'我想自己就真的写不好字吗?我不信。中学里有一位老师写得相当好,我找他请教,他说就是王羲之再世也不会教我。我就自己找来字帖自己临摹。那时候我们清儿刚出世,单位里还没有宿舍,经济比较困难,我们就租住在农民废弃的两间土坯房里。你嫂子也劝我,都三十来岁的人了,拖家带口的,还练什么字!"

当他说到清儿这个名字时,我感到很奇怪,因为我只知道他的儿子刚满周岁,从来没有听说过他还有一个叫清儿的孩子。

"孩子小,家里事多,我每天都要等到清儿和你嫂子睡着后才能开始练字,一提笔就是四五个小时,在单位里更是一有时间就练,不到一星期就得换一杆新笔。你知道唐朝的公孙大娘和张旭吗?"

我说知道。公孙大娘会舞剑,张旭写狂草。

老周说:"对,其实书法与舞蹈是相通的,张旭看了公孙大娘的舞剑后草书大进,我写字的时候就好像又在跳舞。三年后,我在一次全国性书法大赛中获了一等奖,又被省书协吸收为会员。"

"我们搬进新房子那年,清儿刚上小学一年级,别人都说清儿长得和我一模一样,可清儿比我们俩都聪明,五岁的时候就会背好几十首唐诗,买东西算账比我还快。可他注定和我们没有缘分,得了急性肝炎,从发现到去世还不到一个月。"

我虽然没有做过父亲,但我知道老周这时候是需要安慰的,那么聪明漂亮的一个孩子突然间遭遇了不幸,即使是陌生人也会心痛不已的,可我不知道该说什么。

"处理完清儿的后事,我和你嫂子就上班了,老主任让我休息一段时间,我说不用,和大家在一起混一混就过去了。你看现在我不是什么都好了么?"

老周好像很轻松地看着我:"你一定以为我缺乏感情少心没肺,其实无论是在我断腿的时候,还是清儿去世的时候,以及练字的那些夜晚,我也常常感到绝望,但只要想起奶奶讲的那个故事,我就又会鼓起勇气向前走。你知道那三盏灯的名字叫什么吗?那就是自信、勇敢与坚毅。"

从那一夜起,我感到自己的生命忽然亮了起来,因为从那一夜起就有三盏灯的光芒无时无刻不在照耀我前进。

——原载《百花园》

【品读】不幸与烦忧的人,总习惯于用泪水浸泡歌声,悲戚地放逐岁月;进取而乐观的人,常常会用歌声裹住泪水,坚忍地寻觅希望。

点一盏心灯给自己,无论黑暗如何无边,无论夜色如何迷茫,我们的眼睛始终注视的应是心所向往的方向,那是被心灯照得透亮的地方。

点一盏心灯给自己,世界便会亮在眼前!

二

点击:"这个世界上没有什么能使你倒下,如果你的信仰还站立着的话。"信仰的力量是神奇的。请读——

我的信念
玛丽·居里

生活对于任何一个男女都非易事,我们必须有坚韧不拔的精神;最要紧的还是我们自己要有信心。我们必须相信,我们对一件事情具有天赋的才能,并且,无论付出任何代价,都要把这件事情完成。当事情结束的时候,你要能够问心无愧地说:"我已经尽我所能了。"

有一年的春天里,我因病被迫在家里休息数周,我注视着我的女儿们所养的蚕结着茧子。这使我极感兴趣,望着这些蚕固执地、勤奋地工作着,我感到我和它们非常的相似,像它们一样,我总是耐心地集中在一个目标上。之所以如此,或许是因为有某种力量在鞭策着我——正如蚕被鞭策着去结它的茧子一般。

近五十年来,我致力于科学的研究,而研究基本上是对真理的探讨。我有许多美好快乐的回忆。少女时期我在巴黎大学,孤独地过着求学的岁月;在那整个时期中,我丈夫和我专心致志地,像在梦幻中一般,艰辛地在简陋的书房里研究,后来我们就在那儿发现了镭。

我在生活中,永远是追求安静的工作和简单的家庭生活。为了实现这个理想,所以后来我要竭力保护宁静的环境,以免受人事的侵扰和盛名的渲染。

我深信,在科学方面我们是有对事而不是对人的兴趣。当皮埃尔·居里和我决定应否在我们的发现上取得经济上的利益时,我们都认为这是违反我们的纯粹研究观念的。因而我们没有申请镭的专利,也抛弃了一笔财富。我坚信我们是对的。诚然,人类需要寻求现实的人,他们在工作中,获得最大的报酬。但是人类也需要梦想家——他们对于一件忘我的事业的进展,受了强烈的吸引,这使他们没有闲暇,也无热诚去谋求物质上的利益。我的唯一奢望,是在一个自由国家中,以一个自由学者的身份从事研究工作,我从没有视这种权益为理所当然的,因为在二十四岁以前,我一直居住在被占领和蹂躏的波兰。我估量过法国自由的代价。

我并非生来就是一个性情温和的人。我很早就知道,许多像我一样敏感的人,甚至受了一言半语的呵斥,便会过分懊恼,他们尽量隐藏自己的敏感。从我丈夫的温和沉静的性格中,我获益匪浅。当他猝然长逝以后,我便学会了逆来顺受。我年纪渐老了,我愈会欣赏生活中的种种琐事,如栽花、植树、建筑,对诵诗与眺望星辰,也有一点兴趣。

我一直沉醉于世界的优美之中,我所热爱的科学,有不断增加的崭新的远景。我认定科学本身就具有巨大的美。(一位从事研究工作的科学家,不仅是一个技术人员,并且还是一个小孩,在大自然的景色中,好像迷醉于神话故事一般。)这种魅力,就是使我终身能够在实验室里埋头工作的主要因素。(剑捷译)

——选自《时文选粹》(第三辑)

【品读】信仰是事业的大门。没有正确而坚定的信仰,注定做不出伟大的事业。电影大师卓别林曾经说过:"我相信信仰是我们一切思想的先行官。"它能唤醒我们对美好未来的情感,并鞭策我们百折不挠地去探索去进击。正是因为有了对科学事业执著而坚定的信仰,玛丽·居里才能不避简陋、不畏孤独、不耽名利,甚至不惜以自己的身体、青春乃至生命去冒险,终身都在实验室里埋头工作着;也正是因为有了"深信科学本身具有巨大的美"的信仰,玛丽·居里才能在一生之中赢得了两次诺贝尔奖、103项奖金、16种奖章、107个名誉头衔之后,仍能不被盛名宠坏,实现一次又一次的生命超越。

信仰是一盏灯,有了它,便能咬住目标,力排干扰,不畏凶险,执著以求,让你直达理想的顶峰!

三

点击:人生的路上,你可能会撞上没有舟的渡口、没有桥的河岸,这时,千万别逃避,别绝望,别放弃,为自己折一只船,勇敢地——

摆渡自己

吴苾雯

生命的日子里,有晴天,也会有阴天雨天。

人生的路上,有平川坦途,也会撞上没有舟的渡口、没有桥的河岸。

烦恼、苦闷常常像夏日里的雷雨,突然漂过来,将心淋湿。挫折、苦难常常猝不及防地扑过来,你甚至来不及发出一声叹息就轰然地被击倒。

倒在挫折的岸边、苦难的岸边,四周是无边的黑暗,没有灯火,没有星星,甚至没有人的气息。恐怖和绝望从黑暗中伸出手紧紧地钳住可怜的生命。有的人倒在岸边再也没有爬起来,有的人在黑暗里给自己折了一只船,将自己摆渡到对岸。

20岁忽然残废了双腿的史铁生,为自己折了一只船。这是一只名为"写作号"的船。他是在看穿了"死是一件无须着急的事,是一件无论怎样耽搁也不会错过的事",才在轮椅中给自己折了这只船,将自己从死亡的诱惑里摆渡出来,"决定活下去试试"。

正在攻读博士学位却患了运动神经细胞病,不能说、不能动的史蒂芬·霍金,做了一场自己被处死的梦。梦醒后,万念俱灰的他突然意识到,如果他被赦免的话,他还能做许多有价值的事情。于是他给自己折了一只"思想"的船,驶进了神秘的宇宙,去探索星系、黑洞、夸克、"带味"的粒子、"自旋"的粒子、"时间"的箭头……

在困难岸边匆匆折成的船,成了不幸命运的救赎之路。

也许一生中我们不会遭遇这样的大灾大难,然而我们何曾摆脱过阴天雨天雪天,何曾摆脱过觉悟的纠缠!折磨人生的,一是生存,一是爱情,它们常常突然间就浊浪翻滚地横亘在面前,你愁肠百结地找不到过去的桥,痛不欲生地找不到可以渡过去的船。这种无路可走的绝望,一生中谁不碰上几回!

当我们知道困难是生命的常态,烦恼痛苦总是相伴人生时,我们何必要自怨自艾,早早地放弃,早早地绝望?

有的人将求生的本能折成一条船,将自己摆渡出绝望的深渊。有的人将新的欲望折成一只船,渡过了挫折后的痛苦与沮丧。有的人将希望折成一只船,驶过了重重叠叠的黑暗。实在无船可渡的人,哪怕用幻想折只小船,也要奋力将自己摆渡到对岸。

也许我们不曾经历感情的剧痛,不曾经历失败的打击,不曾经历无路可走的绝望,可是晴朗的日子里也会常有阴风晦雨袭来。它像一只黑乌鸦扇着翅膀在你周围鼓噪着,足以将一份好心情踩躏得乱七八糟。这种时候,我们同样需要一只船来摆渡自己。这种船也许是去听一场音乐会,也许是捧起一本书,也许是去给互联网上从来未谋面的网友发封电子邮件,也许是背上旅行袋悄悄出门。

所以,无论命运多么晦暗,无论人生有多少次颠簸,都会有摆渡的船,这只船常常就在自己的手里。

——原载《中国青年报》

【品读】世上没有爬不上的山,没有蹚不过的河,没有跨不过的坎,一切全看你自己。面对挫折与困厄,逃避不是办法,自怨自艾于事无补,唯一的出路就是勇敢面对,坚韧地寻找新的希望!

"苦寒香梅花,极境出冰凌。"平静的湖面锻炼不出强悍的水手,安逸的环境创造不了时代的英才。唯有在大风大浪、大起大落、大悲大痛中仍然不言放弃、迎难而上的人,方能奏响人生的绝唱!著名寓言作家克雷洛夫曾说:"现实是此岸,理想是彼岸,中间有湍急的河流,行动则是架在川上的桥。"如果你一生都能朝着彼岸奋力摇桨,即使不成为一代天骄、人中豪杰,也一定会有自己的幸福感与成就感!

四

点击:其实,许多时候,困难、挫折、敌人往往都是自己预设的,无聊、痛苦、忌恨常常是自己圈定的。明明没有监狱却把自己关在心造的监狱中,拒绝窗外煦暖的阳光,拂面的清风以及多姿多彩的世界。何不舒一舒眉——

为自己减刑
余秋雨

一位朋友几年前进了监狱,有一次我应邀到监狱为犯人们演讲,就请监狱长带给他一张纸条,上面写了一句话:"平日都忙,你现在终于获得了学好一门外语的好机会。"

几年后我接到了一个兴高采烈的电话:"嘿,我出来了!"我一听是他,便问:"外语学好了吗?"他说:"我带出了一部60万字的译稿,准备出版。"

他是刑满释放的,但我相信他是为自己大大地减了刑。茨威格在《象棋的故事》里写了一个被囚禁的人无所事事度日如年,而获得一本棋谱后日子过得飞快。外语就是我这位朋友的棋谱,轻松地几乎把他的牢狱之灾全然赦免。

真正进监狱的人毕竟不多,但我由此想到,很多人恰与我的这位朋友相反,明明没进监狱却把自己关在心造的监狱里,不肯自我减刑、自我赦免。我见到过一位年轻的公共汽车售票员,一眼就可以看出他非常不喜欢这个职业,懒洋洋地招呼,爱理不理地售票,不时抬手看看手表,然后满目无聊地看着窗外。我想,那辆公共汽车就是这位售票员的监狱;他却不知刑期多久。其实,他何不转身把售票当做棋谱和外语,满心欢喜地把自己释放出来呢!

对有的人来说,一个仇人也是一座监狱,那人的一举一动都成了层层铁窗,天天为之郁闷仇恨、担惊受怕。有人干脆扩而大之,把自己的嫉妒对象也当做了监狱,人家的每项成果都成了自己无法忍受的刑罚,白天黑夜独自煎熬。

听说过去英国人在印度农村抓窃贼时方法十分简单,抓到一个窃贼便在地上画一个圈让他待在里边,抓够了数字便把他们一个个从圈里拉出来排队才押走。这真对上"画地为牢"这个中国词语了,而我确实相信,世界上最恐怖的监狱并没有铁窗和围墙。

人类的智慧可以在不自由中寻找自由,也可以在自由中设置不自由。环顾四周,多少匆忙的行人,眉眼带着一座座监狱在奔走。老友长谈,苦叹一声,依稀有银铛之声在叹息中盘旋。

舒一舒眉,为自己减刑吧!除了自己,还有谁能让你恢复自由呢?

——选自《霜冷长河》

【品读】这世上没有谁可以打倒你,除非你自己!困境、敌人都不足惧,最可怕的是自己营垒里的蛀虫,心灵的封闭、偏执与阴暗。面对人生的种种境遇,我们应该调整心态,选择拥抱与品味,浸泡在痛苦中能体味出甘甜,面对致命的打击仍能乐观笑对……这样才能让生活多姿多彩,让人生丰满蕴藉!

五

点击:欲望是人前进的动力;但贪婪,则是一片风光旖旎的沼泽地,它往往将人引入一条不归之路。因此,在人生旅途——

要知道"往回跑"

安鹏翔

俄罗斯著名作家托尔斯泰写过这样一个故事:

有一个农夫,每天早出晚归,耕种着一小片贫瘠的土地,累死累活,收获甚微。一位天使可怜农夫的遭遇,就对农夫说,只要他跑一圈,圈内的土地就全归其所有。

于是,农夫兴奋地朝前跑。跑累了,他本该停下来休息一会儿,然而,一想到家里的妻子儿女们需要更多的土地,又拼命地往前跑。

他跑得上气不接下气,但仍不愿停下来休息。农夫又想到将来自己年纪大了,可能无人照顾,还需要钱。于是,他不顾精疲力竭,又朝前跑。

有人告诉他,你该往回跑了。

可农夫根本听不进去,他只想得到更多的土地,更多的金钱,更多的享受。

最后,他终于心衰力竭,倒地而亡。生命没有了,土地没有了,一切都没有了,膨胀的贪欲使他失去了一切。

故事发人深省,正如《伊索寓言》里说的:"那些因贪图更大的利益而把手中的东西抛弃的人,是愚蠢的。"

欲望是人前进的动力。人活着,当然要努力奋斗往前走,但在前行的路上却不能盲目,应当知道"往回跑"。不然,就会陷于迷茫,步入绝境。

知道"往回跑",不是通常讲的"捞一把就走",也不是乖巧的"投机",而是说任何人的所作所为都不得超出事物的极限。能做到这一步,便或曰是智慧,或曰是境界。

——原载《三湘风纪》2003 年 3 期

【品读】记得一位哲学家曾经说过:"在人类所犯的愚蠢的错误中,最常见的一个就是他们常常忘记应当适可而止。"膨胀的贪欲,往往会使人变得盲目和愚蠢;而贪婪的结果,往往会使你失去更多的宝贵的东西,直至生命。

一个人物欲的贪求愈小,生命的爆发力才会愈强;名势的追求欲越小,灵魂可抵达的境地才会越高。因此,在人生旅途中,我们应放弃无止境的追逐,学会"往回跑"。

六

点击:你想像一个凡人那样生活,像一个诗人那样体验,像一个哲学家那样思考吗?那么,请拥有一颗——

平常心
殷志峰

三伏天,禅院的草地枯了一大片。

"快撒些草籽吧,好难看啊。"徒弟说。

"等天凉了",师傅挥挥手,"随时。"

中秋师傅买了一大包草籽,叫徒弟去播种。

秋风突起,草籽飘舞,"不好,好多草籽被吹飞了。"小和尚喊。"没关系,吹去者多半中空,撒下去也不会发芽的",师傅说,"随性。"

撒完草籽,几只小鸟即来啄食,小和尚又急。

"没关系,草籽本就多准备了,吃不完",师傅继续翻着经书,"随遇。"

半夜一阵大雨,弟子冲出禅房:"这下完了,草籽被冲走了。"

"冲到哪儿就在哪儿发芽",师傅正在打坐,眼皮都没抬,"随缘。"

半个多月过去了,光秃秃的禅院长出青苗,一些未播种的院角也泛出绿意,弟子高兴得直拍手。

师傅负手站在禅房前,点点头:"随喜。"

在这个世界上,人面临的根本威胁,不是自身能力或机遇上的不足,而是因无法抵御各种刺激(特别是诱惑)而导致的情绪失控(out of control),以至于他(它)不顾自然之道,采取了非理性的行为。

禅师的这份平常心,看似随意,其实是洞察了世间玄机后的豁然开朗。为什么我们在心境上,会反复振荡于浮躁、得意、狂喜、傲慢、迷茫、不安、沮丧、焦虑、恐惧甚至绝望之间?恐怕是因为当我们还是一张白纸时,被灌输了过于狭隘的价值观和急功近利的成就导向。

怀有雄心壮志,固然能好做事;但平常心,有时能把事做得更多更好,因为心无滞碍,自然能发挥出全部潜力。综观古今中外,真正的高手,都是那些能以平常心之缰牢牢驾驭雄心壮志这匹烈马的人。所谓"像一个凡人那样活着,像一个诗人那样体验,像一个哲人那样思考"。

　　如果一个人真正能放下急功近利的浮躁,顺应自然之道,以关心服务他人为己任,认认真真地做好力所能及的事,抱着互惠互利的原则,与周边环境协调发展;而不是片面地急于从别人那里索取利益与关注,他还会在快速多变的竞争环境中,动辄患得患失,以致如秋雨中瑟缩的叶子般,宠辱皆惊,阵脚纷乱吗?

——原载《青年文摘》2000年11期

　　【品读】禅师的这份平常心,看似随意,实则是参透了世间玄机后的大彻大悟;看似消极,实则是超越了荣辱得失后的练达坦荡。

　　走出过于狭隘的价值观,放下急功近利的浮躁,顺其自然,乘兴而为,双赢发展,这该是一种人生的极致!

　　在情商作用日益受重视、日渐被发掘的今天,你我是否都该练就一颗禅师般的平常心?

　　结束语:旅途遥遥,长夜漫漫,点燃心灵的灯盏,照亮你我前行的无尽路程;人生短暂,光阴荏苒,唯有让自己的心灵灯火闪耀,才能使苦乐同在的人生化成一曲快乐的歌,一幅壮美的画,一首蕴藉的诗!我们耕耘,我们收获,在自己的精神世界里,你我都可以成为一个富有的人,一个高贵的人,一个让人肃然起敬的人!

感谢有你（代后记）

本书最后定稿之时，耳畔突然响起十多年前闺中密友半开玩笑半带真的质问："真不懂你这样整天埋头于读书、备课、改作业、写文章，图的是啥？我看你一不是图名之人，二不是图利之徒。你到底在图啥呢？"当时我真的无言以对，我也不清楚自己这样投入与坚守的目的何在，便也就开玩笑地答道："我真没想过要图啥，也许就是为了图一种感觉吧。"今天我猛然明白，对，就是为了一种感觉，一种让自己充实、进取、鲜活、感恩的感觉！正是这种感觉，让我于喧嚣浊世、滚滚红尘中仍能保持心性的平和与自由，守住对语文教育的真诚与执著。

在语文教育方面，我属于"先天不足"者，借用知名特级教师赵谦翔老师的话来说，那就是"元气不足，才气不佳"。我的幸运除了我的勤奋外，更在于在我人生每一个关键阶段都遇到了生命中的贵人，或至亲，或恩师，或挚友，或同伴，是他们共同托起了我的今天。

深深地感念我的母亲。她虽然不曾读过多少书，却与生俱来兼有农村劳动妇女的勤劳坚忍与大家闺秀的聪颖练达，不仅以她羸弱的双肩挑起了一家老小十多口人的穿衣吃饭，更以农村妇女少有的远见与睿智将我一次次从地里、从田间、从山上拉回到学校，用她喂猪、砍柴、摘茶叶、编凉席换取的微薄收入来维持我并不算高但对我的家庭来说却是十分昂贵的学杂费与生活费。家中少我一个劳力，就多母亲一份负担。可母亲却乐在其中，憧憬在其中，毫无怨言，从不动摇。于是我成了我们队上的第二个女初中生、第一个大学生。没有母亲不动声色却不容改变的坚持与坚定,也许我只是千千万万个失学儿童中普通的一员。是母亲改写了我的人生,是母亲教会了我坚强执著与不轻言放弃,是母亲教会了我在仰望星空中脚踏实地。如今,母亲离开我已整整十二个年头了,然而,我始终觉得母亲一直守护在我的身旁,站立于我的身前身后,转身便可见她慈爱的笑容与期许的眼神。

深深地感念我的姨父。他凭借一把锄头与一担菜篮挑出了家中的四个大学生和一个通过自学同样取得大学文凭的优秀军人。也许是爱屋及乌吧,因为崇尚教育,喜欢会读书的人,故而姨父对我总是怜爱有加,赞许有加。那时,他经常天不亮就来我就读的学校卖菜,深知家境窘迫的我只能靠家中带来的干菜维持一日三餐,于是姨父的菜担中便隔三差五地多了一饭盒新炒的新鲜菜,委托食堂的大师傅转交我,总是叮嘱大师傅对我多照顾一点。周六或周日没有回家,总是喜欢到姨父家去,一来生活上"打牙祭",二来喜欢听姨父的唠叨。姨父总是说:"孩子,安心读你的书,不要担心家务活,也不要担心钱的问题。万一你家供不起你,我来供你读,只要你会读书,你就会有书读。不要放弃,只有读书才能改变出路,只有读书才能改变命运,只有读书才能最终改变你的家境。"其时,姨父家的负担已经够重了,经济也够拮据的了。然而,姨父就是这样一个人,心里装着别人,一心为着别人。姨父用他的言传身教在我的心田播下了一颗"为他人着想"的"金种子",教会了我"做人要大气",培养了我的"向善之心"。姨父给我的求学之路平添了许多的温暖、憧憬与力量。

感谢我的先生。他虽然是教生物的,却特别喜欢读书,教育、历史、科学、文学、哲学、军事、经济,三教九流,什么书都喜欢读,读了就记得,并能自如地运用于教学中。刚参加工作那几年,家中订的报刊总是叫他先读,然后再让他摘取重点讲给我听；备课、上课、出试题缺少新鲜素材，就缠着他讲，不到满意绝不罢手。他似乎也乐在其中，并无反感。至今特别怀念那段时光。他让我深深地悟得要当一个让学生喜欢并敬佩的好教师没有两把"刷子"是不行的，教师的厚重与博学是其专业生涯的源头活水，更是其职业尊严与威信的本钱筹码。

感谢我的女儿。她是一个平凡而普通、善感而灵动的孩子。至今犹记得女儿两岁多一点的那年春天，我带女儿去浏阳河畔郊游，天气说变就变，上午阳光明媚，午后却乌云满天。我故作惊讶地逗女儿："崽崽，太阳公公咋不见了？藏哪去了？快找找看！"女儿仰着小脑袋，东张张，西望望，然后用食指遮住嘴唇，奶声奶气地轻声说："嘘，妈妈，小声点，太阳公公肯定是累了，躲在云奶奶撑起的帐子里睡觉觉去了。我们小声点，别吵醒了他。"女儿极富童趣与温情的表达深深地震撼着我的心。是啊，孩子的内心世界是多么的丰富多彩而温暖善良，孩子的表达是多么的富于个性与想象力！作为语文教师，最高的职业智慧在于精心呵护学生心中真、善、美的种子与幼芽，发现与善待学生敏锐的观察力与丰富的想象力，尊重与激活学生本真而独特的情感体验与生活体悟，欣赏与鼓励学生真诚而极具个性的表达与交流。这便成了我语文教改尤其是作文教学改革的切口与努力方向。

恩师对我的影响自不待言。我已在《他们，引我向高地飞翔》一文中详细述写，此不赘言。我由衷感谢我的导师周庆元教授一直以来对我的关爱、引领与扶持，并在百忙之中为我的这本小册子撰写序言。导师的激励与鞭策将成为我教育人生中不竭的动力。

深深感谢我工作过的浏阳三中、浏阳一中和长沙教育学院。这里和谐的人际关系、浓郁的学习氛围、协同的教学与教研团队，是我成长的肥沃土壤与雨露阳光。由衷感谢长沙教育学院院长肖万祥先生,是他"举着旗子走在前面"的率先垂范时时牵引着我几欲停下的脚步;是他的赏识鼓励不断唤醒我几欲休眠的自我超越意识;是他的敬业乐业与厚重博学不断激发我进取的热情。真诚感谢沈敦忠先生,是他"拿着鞭子站在后面"的督促与鞭策让我常怀危机之心,拒绝平庸与沉沦;是他经常与我进行的专业对话,让我对语文教育、语文教师培训常怀着一种热恋般的激情,并不断生发出新的动情点与着力点。真诚感谢我的同事许月良先生、张思明先生,从确定书名、研究框架到选定篇目,无处不有他们的智慧支持与专业指导。

感谢为拙著提供养料的学者、名师以及各种文献资料和网络资源,我只能以参考文献的形式予以列出,以表达我的尊敬与谢意。

诚如湖南省特级教师刘建琼先生所言:"一个语文前行者永远地属于他的母亲和儿子,属于他的学生和老师。"当然,还有他的知己与团队……

想起汪国真的诗——《感谢》:

让我怎样感谢你
当我走向你的时候
我原想收获一缕春风
你却给了我整个春天

让我怎样感谢你
当我走向你的时候
我原想捧起一簇浪花
你却给了我整个海洋
……

冯辉梅
2011 年 2 月 10 日

参考文献

[1] 丁钢.创新:新世纪的教育使命[M].北京:教育科学出版社,2000
[2] 周振铎.创新教育研究[M].长沙:湖南教育出版社,2000
[3] 卫灿金.语文思维培育学[M].上海:语文出版社,1994
[4] 彭华生.语文教学思维论[M].广西:广西教育出版社,1996
[5] 曹芹芳.阅读学新论[M].上海:语文出版社,1999
[6] 韩雪屏.语文教育的心理学原理[M].上海:上海教育出版社,2001
[7] 秦训刚等.高中语文课程标准教师读本[M].武汉:华中师范大学出版社,2003
[8] 秦训刚等.全日制义务教育语文课程标准教师读本[M].武汉:华中师范大学出版社,2002
[9] 唐新生.对语文课程理念的思考[J].教师报,2004.1.21
[10] 刘大谅.新课程语文教学中几个问题的思考[J].语文教学之友,2004.1
[11] 邱晔.新课标下中学语文教学的困惑与思考[J].常州师范专科学校学报,2003(4)
[12] 赵士勋.课堂教学呼唤返璞归真[J].中小学教师培训,2004(1)
[13] 朱瑛,丁时辉.去"浮华"求"真淳"[J].中小学教师培训,2004(3)
[14] 赵福祺.语文(初中卷)教学实施指南[M].武汉:华中师范大学出版社,2003
[15] 倪文锦.初中语文新课程教学法[M].北京:高等教育出版社,2003
[16] 区培民.语文课程与教学论[M].杭州:浙江师范大学出版社,2003
[17] 肖川.教育的视界[M].长沙:岳麓书社,2003
[18] 顾明远.国际教育新理念[M].海口:海南出版社,2001
[19] 周庆元.中学语文教学原理[M].长沙:湖南教育出版社,1992
[20] 周庆元.语文教学设计论[M].南宁:广西教育出版社,1996
[21] 韦志成.作文教学论[M].南宁:广西教育出版社,1998
[22] 韦志成.语文教学艺术论[M].南宁:广西教育出版社,1996
[23] 布卢姆等.教育评价论[M].上海:华东师范大学出版社,1987
[24] 吴纲.现代教育评价基础[M].上海:华东师范大学出版社,1993

[25]范晓玲.教学评价论[M].长沙:湖南教育出版社,1999
[26]杨道麟.语文教育导论[M].武汉:湖北人民出版社,1999
[27]周晓红.现代社会心理学[M].上海:上海人民出版社,1997
[28]李海林.李海林讲语文[M].北京:语文出版社,2008
[29]曾祥芹.文章学与语文教育[M].上海:上海教育出版社,1995
[30]王纪人.文艺学与语文教育[M].上海:上海教育出版社,1995
[31]倪宝元.语言学与语文教育[M].上海:上海教育出版社,1995
[32]孔庆东.审视中学语文教育[M].汕头:汕头大学出版社,1999
[33]刘京海.成功教育[M].福州:福建教育出版社,1996
[34]黄全愈.素质教育在美国[M].广州:广东教育出版社,1999
[35]于漪.于漪语文教育论集[M].北京:人民教育出版社,1996
[36]叶圣陶.叶圣陶语文教育论集[M].北京:教育科学出版社,1980
[37]舒广宇.卡耐基成功经典速成[M].西安:陕西旅游出版社,1999
[38]彭银祥.回眸与前瞻——世纪之交的教育批评[M].长沙:湖南师范大学出版社,1999
[39]刘振东等.新课程怎样评[M].北京:开明出版社,2003
[40]杨九俊.新课程教学评价方法与设计[M].北京:教育科学出版社,2004
[41]傅道春.新课程中教师行为的变化[M].北京:首都师范大学出版社,2001
[42]黎奇.新课程背景下的有效课堂教学策略[M].北京:首都师范大学出版社,2006
[43]钟启泉等.为了中华民族的复兴 为了每位学生的发展[M].上海:华东师大出版社,2001
[44]孙春成.语文反思性教学策略[M].南宁:广西教育出版社,2004
[45]周庆元.中学语文教育心理学研究[M].长沙:湖南师范大学出版社,1999
[46]高利华."案例教育"的启示[J].2000(6)
[47]黎千驹.实用模糊语言学[M].南宁:广西师范大学出版社,1996
[48]欧阳云、丁春生等.哈佛商学院MBA最新案例训练[M].北京:经济日报出版社,1997
[49]施良方.学习论[M].北京:人民教育出版社,1994
[50]张大均.教育心理学[M].北京:人民教育出版社,1999
[51]袁振国.教育新理念[M].北京:教育科学出版社,2002

[52]韦志成.语文学习论[M].南宁:广西教育出版社,1996
[53]曹明海.追问与发现[M].青岛:青岛海洋大学出版社,1998
[54]教育部基础教育司.走进新课程[M].北京:北京师范大学出版社,2002
[55]陈大伟.建设理想课堂[M].北京:中国轻工业出版社,2007
[56]王德俊.新课程教学设计·初中语文[M].北京:首都师范大学出版社,2004
[57]谢利民.教学设计应用指导[M].上海:华东师范大学出版社,2007
[58]吴永军.新课程备课新思维[M].北京:教育科学出版社,2004
[59]石义堂.初中语文课堂的有效教学[M].北京:北京师范大学出版社,2007
[60]袁卫星.听袁卫星老师讲课[M].上海:华东师范大学出版社,2006
[61]程敬宝.教学方法的变革与探新[J].教育探索,2007(11)
[62]姚利民.有效教学论:理论与策略[M].长沙:湖南大学出版社,2005
[63]文学荣.做智慧的教师——提升课堂教学实效应关注的55个问题[M].成都:四川出版集团,2006
[64]徐世贵.新课程实施难点与教学对策[M].北京:开明出版社,2004
[65]李之宣,谢先国.优秀教学案例与评析[M].长沙:中南大学出版社,2005
[66]王开东.非常语文课堂[M].上海:华东师范大学出版社,2006
[67]李玉上.展开你阅读联想的翅膀——柳永《雨霖铃》教学实录[J].读写月报(综合版),2000.11
[68]刘显国.课堂提问艺术[M].北京:中国林业出版社,2000
[69]孙春成.语文课堂问题教学策略[M].南宁:广西教育出版社,2003
[70][美]加里·D.鲍里杰.有效教学方法[M].南京:江苏教育出版社,2002
[71]赵国忠.中国著名教师的课堂细节[M].南京:江苏人民出版社,2007
[72]周广强.教师专业能力培养与训练[M].北京:首都师范大学出版社,2007
[73]余文森.论教学情境的主要类型[J].教育探索,2006
[74]余文森.为什么要创设教学情境[J].江西教育,2007
[75]余文森.有价值的教学情境什么样[J].新课程研究,2007
[76]马友文.名师最吸引学生的课堂切入点[M].重庆:西南师范大学出

版社,2008

[77] 严永金.名师最激发潜能的课堂提问艺术[M].重庆:西南师范大学出版社,2008

[78] 李启嘉.问题即学习、问题即创新、问题即发展——培养学生问题意识的思考[J].基础教育课程,2007

[79] 熊英.培养学生问题意识探新[J].宁夏教育科研,2007

[80] [美]史蒂芬·柯维.培养高效能人士7个习惯的方法[M].北京:中国青年出版社,2005

[81] 王志刚.成大事必备的9项修炼[M].北京:中国华侨出版社,2005

[82] 刘次林.幸福教育论[M].北京:人民教育出版社,2003

[83] 吴金辉.教师专业化发展的理论与实践[M].北京:中国传媒大学出版社,2006

[84] 刘晓明.关注教师的心理成长[M].长春:东北师范大学出版社,2006

[85] 金美福.教师自主发展论[M].北京:教育科学出版社,2005

[86] 肖川.教育的智慧与真情[M].长沙:岳麓书社,2005

[87] 郑慧琦等.教师成为研究者[M].上海:上海教育出版社,2004

[88] 郑金洲.教师如何做研究[M].上海:华东师范大学出版社,2005

[89] 杨骞.教师专业发展"五部曲"[J].教育研究,2006(4)

[90] 柳斌.中国著名特级教师教学思想录(上、下卷)[M].南京:江苏教育出版社,1999

[91] 叶澜等.教师角色与教师发展新探[M].北京:教育科学出版社,2001

[92] 陈霞.班主任新思维[M].南京:南京师范大学出版社,2000

[93] 黄正平.专业化视野中的中学班主任[M].长春:东北师范大学出版社,2005

[94] 田恒平.班主任理论与实务[M].北京:首都师范大学出版社,2007

[95] 麦志强、潘海燕.班主任工作培训读本[M].北京:中国轻工业出版社,2007

[96] 苏勇.课堂偶发事件的类型与处理办法[J].基础教育课程,2007(1)

[97] 张锐.课堂偶发事件处理方式例谈[J].天津教科院学报,2006(6)

[98] 费国平.浅谈如何艺术处理课堂偶发事件[J].中小学教学研究,2007(5)

[99] 李镇西.听李镇西老师讲课[M].上海:华东师大出版社,2005